U0627461

山东省金融科技发展报告
（2018）

孙国茂　主编

中国金融出版社

责任编辑：肖丽敏
责任校对：孙　蕊
责任印制：裴　刚

图书在版编目（CIP）数据

山东省金融科技发展报告（2018）（Shandongsheng Jinrong Keji Fazhan Baogao.
2018）/孙国茂主编．—北京：中国金融出版社，2018.10
ISBN 978 - 7 - 5049 - 9766 - 1

Ⅰ.①山…　Ⅱ.①孙…　Ⅲ.①地方金融—科技发展—研究报告—山东—2018
Ⅳ.①F832.752

中国版本图书馆 CIP 数据核字（2018）第 220987 号

出版
发行　中国金融出版社

社址　北京市丰台区益泽路 2 号
市场开发部　（010）63266347，63805472，63439533（传真）
网上书店　http://www.chinafph.com
　　　　　　（010）63286832，63365686（传真）
读者服务部　（010）66070833，62568380
邮编　100071
经销　新华书店
印刷　北京市松源印刷有限公司
尺寸　185 毫米×260 毫米
印张　12.25
字数　245 千
版次　2018 年 10 月第 1 版
印次　2018 年 10 月第 1 次印刷
定价　80.00 元
ISBN 978 - 7 - 5049 - 9766 - 1
如出现印装错误本社负责调换　联系电话（010）63263947

《山东省金融科技发展报告（2018）》
学术委员会

主任委员：邹平座

委　　员（以姓氏汉语拼音为序）：

管　涛　中国金融四十人论坛

郭　宏　中国人民银行济南分行

霍　兵　山东大学

黄　震　中央财经大学

刘　博　山东省金融工作办公室

刘喜华　青岛大学

李　彪　齐鲁财富网

彭江波　中国人民银行济南分行

孙国茂　青岛大学

徐如志　齐鲁工业大学

杨　东　中国人民大学

杨　涛　中国社会科学院

袁红英　山东省社科院

易宪容　青岛大学

张　文　山东省社科院

张衍森　齐鲁财富网

邹平座　中国人民银行研究局

《山东省金融科技发展报告（2018）》
课题组成员

课题组负责人：孙国茂

课题组成员：孙国茂　杨　杨　闫小敏　孙婷婷
　　　　　　刘　叶　李　猛　姚丽婷

金融科技的创新与发展趋势

（代序）

杨　涛

最近，为了贯彻落实国务院金融稳定发展委员会第一次会议精神，中国人民银行会同互联网金融风险专项整治工作相关部门召开会议，部署下一阶段互联网金融风险专项整治工作。会议提出，互联网金融领域风险防范化解任务仍然艰巨，适应互联网金融特点的监管体制、机制有待进一步完善，要用一到两年的时间完成互联网金融风险专项整治，化解存量风险，消除风险隐患，同时初步建立适应互联网金融特点的监管制度体系。这次会议引起了社会各界的广泛关注和热议，业界普遍认为，新形势下互联网金融的发展空间会受到较大抑制。

其实，国家对互联网金融的专项整治已经持续两年多了。2017 年，习近平总书记在第五次全国金融工作会议上又强调："加强互联网金融监管"。因此我认为，整个互联网金融行业应当以专项整治为契机，跳出对"过渡模式"的依赖，真正推动金融科技创新与发展。所谓金融科技，强调的是科技与金融的全面融合与互动，大致包括两大类：一是纯粹给金融业提供支撑的科技业务，二是利用科技从事金融和类金融业务的活动。党的十九大提出打赢"三大"攻坚战的战略目标，防范系统性风险要求互联网金融必须规范发展，金融科技必须适应金融监管。

第一，金融科技的发展必须把握风险可控的原则，不能给金融稳定制造麻烦。对于金融科技创新来说，需要关注两方面的问题。一是当金融技术与信息技术融合后带来更多的产品、组织和市场创新时，也必然面临更多的风险与不确定性，因为创新的源泉是追求高风险对应的高收益。由此，在金融发展的"效率与安全跷跷板"偏向后者的未来几年，应该避免过度追求高风险型的金融创新活动，更加偏重于稳健创新。二是不管是直接或间接进入金融领域，金融科技创新活动都必须充分明确和牢牢把握风险底线，避免非系统性风险的积累带来系统性影响，或者带来众多风险的"负外部性"。

第二，未来金融科技发展的"蓝海"在于如何更好地支持风险防范与金融安全。既然系统性风险是当前各方最担忧的，可以预计针对金融安全与风险防范的服务市场规模会不断增长，一些领域的科技应用会获得更大空间。过去，人们更关注投融资等资源配置、支付清算、信息管理和风险管理等前面几项，现在则需充分发掘金融科技的风险管理创新。具体地说，一是在宏观层面，可以把大数据、人工智能、区块链等新技术与宏观审慎监管、系统性风险判断与预警等结合起来，努力解决原有监管中的信息不对称、成本效益等难题。二是在行业层面，把新技术与行业自律、行业规则、技术与业务标准等有效结合起来，真正促进行业与市场结构优化，遏制金融风险在中观层面的累积。三是在个体层面，把新技术与风险管理类产品、组织模式创新有效结合起来，使得个体风险得到更加有效的管理和分散，从而既有利于不同主体更好地规避潜在金融风险，也能为宏观风险防范奠定更健康的微观基础。

第三，发挥科技对金融的促进作用。我们看到，根据中央的政策精神，未来金融科技创新的着眼点是科技在金融领域的应用。与此同时，科技类企业、互联网企业做金融将遭受更加严格的监管，不如过去那样"长袖善舞"。应该说，金融科技的真正"蓝海"，一方面是为现有金融体系提供新技术外包，而不涉及金融业务自营，如IT基础设施、大数据风控、客户分析等；另一方面是着眼于利用金融科技进行基础设施改造，为金融活动提供开放型平台的综合技术解决方案。但无论如何，需要真正推动金融科技行业转向扎实的技术驱动。一是面临新技术时代的重要转折期，无论金融还是类金融机构，都要减少对制度红利和套利的"迷恋"，而真正把科技驱动作为服务创新的核心动力，强化金融科技的"正外部性"。二是消除"金融科技腾飞幻觉"，例如，我们的支付工具创新虽然看似"眼花缭乱""赶英超美"，但是在基础技术研发、技术标准化等层面还有大量不足之处。三是金融科技可能使得金融与非金融的边界进一步模糊，但无论如何，金融运行的底线不能突破，相应地，穿透式、功能式监管体系也需完善。

第四，无论是纯粹做技术，还是以技术来做金融"小而美"，金融科技创新都要在安全稳健的前提下，更突出"服务实体经济"，有效支撑国家战略领域、薄弱领域，以及满足居民与实体的多元化需求。具体而言，金融创新是否真正服务实体和具有价值，关键看是否弥补了现有短板和不足，有助于改善效率和效益。以支付为例，美联储在研究中就指出，包括区块链在内的分布式技术之所以可利用，主要为了解决现有支付体系的许多难点，包括降低复杂性、改善端到端交易速度和资产可得性、降低多个交易记录持有方的沟通成本、提高交易记录的透明性和不变性、通过改善数据管理提高网络灵活性、降低运营和金融风险。

第五，面向金融科技的监管是核心环节。近年来，国家不断强调完善监管机制的重要性，一是需重视功能监管。金融科技进一步使得原有业态边界日益融合，因此必须跳出监管主体分割、围绕机构对象的传统思路，真正以功能监管、业务监管为主，通过加强监管协调和配合，真正解决新技术所导致的混业型金融创新带来的潜在风险与不确定性。二是协调监管。之所以强调协调监管的重要性，是由于交叉监管领域的"新金融"的蓬勃发展，以及各种"影子银行"或"银行的影子"所带来的挑战，都体现在各种金融科技和互联网金融创新上。在历次市场动荡和风险积累中，我们都看到某些"失控的创新"往往发生在监管部门职能重叠或空白区，使资金流向和产品创新都超出了原有机构业务边界，监管者很难预判风险点。同时，在人民币国际化和金融市场开放程度不断提高的背景下，金融科技的应用也带来对外协调的问题，应充分考虑国际因素的冲击，加强与各国监管部门的协调，在有效对接全球金融监管主流规则的同时，积极探索适合国情的发展道路。三是动态监管。金融科技带来了金融活动、组织、业态的持续多变，其内在的风险分布也可能处于不稳定状态。因此，各国都对这些"新金融"持续加以关注，不断完善现有的监管机制和模式，试图在事前、事中和事后都尽可能保障金融活动的安全性。尤其是如人工智能、区块链等技术本身就在不断变化之中，其金融应用也是多种多样，更需要监管在动态发展中不断完善。最后是效益监管。金融科技时代的监管，更需要充分考虑成本收益问题。从理论上来说，监管成本指监管部门为了实施有效监管，而对监管工作从组织、运行、实施所做的必要投入，还有因为金融监管而使金融业发展及金融创新受到遏制而产生的损失。一般来说，金融监管的成本可分为金融监管的直接成本和间接成本。无论在系统和非系统层面，充分考虑监管效益不仅是为了促使监管活动整体上达到最优，而且也有助于在效率与安全的"跷跷板"上更易实现平衡。

习总书记在十九大报告中强调了互联网、大数据和人工智能等新技术带来的巨大影响。现实是，金融领域受到新技术冲击影响最大、结果最明显。可以预测，新技术已经成为影响下一步我国经济金融高质量发展的关键所在，对此我们必须有清醒的认识和必要的应对。只有把握金融科技的发展趋势，才能实现有效监管，才能有效防范金融科技带来的各种风险。

无论在全球还是在我国，金融科技的发展都将呈现出一些新的变化趋势。一是技术分化和标准化，良币挤出劣币。技术对金融业的影响将在一定程度上出现分化，同时技术本身也需要予以甄别、规范和落地，尤其在金融领域应用时，需进一步推动技术的标准化，同时摒除各类"伪技术"。二是从长远来看，金融科技的业务与功能应为分类依据，而不是像传统金融对机构的分类方式。按照巴塞尔委员会的分类方法，金融科技活动主要分为四类：支付结算、存贷款与资本筹集、投资管理、市场设施（包括分布式账户）。因为技术已经使金融"是什么"的边界变得越来越模糊，对金融科技的分类只能着眼于"做什么"了。三是主流金融机构的金融科技应用全面提升。从全球来看，主流金融机构一旦"大象转身"，不断转变发展理念，将在整个金融科技应用中具有更重要的地位，其中，以银行科技与保险科技作为典型代表。或许10年后，现有的银行形态已经转变为完全的移动端APP。四是金融科技应用企业更受支持和鼓励。按照整个监管的方向来看，金融技术应用方案的提供者更受政策鼓励，其中或将出现一批全新的"独角兽"。现有互联网金融巨头面临"向左走还是向右走"的挑战，最大的难点是技术基础设施的提供能否保障"准公共性"。五是类金融需要明确定位。从长远来看，一些利用新技术的类金融领域需要安心从事小额业务，做传统金融的补充，如P2P、众筹、现金贷等，这一方面是因为监管的要求，另一方面，从全球来看这些领域都是小而美的补充。六是科技支持风险防范与金融安全将成为最重要的蓝海之一。考虑到全球市场都进入大大小小的危机波动愈加频繁的时期，未来五到十年，结合新技术的智能风控时代将逐渐来临，在这一领域会诞生越来越多的新主体、新模式与新产品。七是新兴产业链金融创新会体现天时地利人和。金融科技影响将从C端逐渐延伸到B端，其中新技术、新产业、新金融叠加在一起，使产业金融（产融结合）生态建设成为重要着力点。八是金融科技冲击更多地向基础设施进行下沉。比如从全球来看，支付清算体系是金融市场的基础设施，近年来伴随技术产生了重大变革。此外，能否对信息、信用的基础设施，以及会计、律师、反洗钱、经济鉴证类中介产生影响，决定了未来金融科技的"土壤"质量。九是移动场景时代的大势不可阻挡。移动端的用户飞速增长的趋势在我国非常突出，这意味着未来最终着眼于C端的所有服务场景，其生命力都在往移动端进行转移。过去基于线下的固定场景和PC互联网时代的场景，某种程度上都会遭遇重大挑战。十是金融的严监管将成为常态化。互联网金融、金融科技兴起早期，各国监管部门都对其提供了"观察期"，随着监管对金融科技看得越来越清楚，严监管将常态化。P2P网贷和比特币等虚拟货币的历史已经证明了这一点，任何与金融科技相关的产品或服务不会长期处于"飞地"而游离于金融监管之外。

客观地说，过去几年互联网金融之所以发展迅猛，一方面反映了金融消费者巨大的市场需求，另一方面也反映了社会各界对金融科技表现出极大的热情。政府决策部门和金融监管部门应当抓住重大历史发展机遇，充分利用金融科技发展的窗口期，推动新形势下金融科技健康发展。针对上述金融科技发展的十大趋势，我认为发展金融科技需要把握好十个重点环节。一是要加强金融科技领域的理论研究。重视金融科技的基础理论、应用理论、前沿理论研究，真正形成研究共识与稳定的分析框架，从而有效指导创新实践与政策制定。大力支持高等院校、科研机构与金融科技企业合作，设立相关学科或专业，推动金融科技的政、产、学、研、用跨界交流与一体化融合。二是要完善金融科技的法律制度保障。法律法规是金融科技健康发展的重要保障和安全网，面对金融科技的挑战，各国都在法律层面试图予以调整和适应。例如在支付清算领域，中国现有规则大多停留在部门规章层面，难以适应支付科技快速发展的需要。再如，各类融资活动、投资活动、类金融活动都需要考虑现有法规的不足和新技术的冲击，除了立法之外，在司法、执法层面也需要深入分析如何为健康的金融科技创新"保驾护航"。三是要优化金融科技监管与政策。在金融创新快速发展背景下，技术运用带来的效益与风险并存，以传统手段开展合规与监管工作，不足以应对行业快速发展转型和风险传播变化。金融监管者的监管资源、知识结构和监管能力也需要与时俱进，监管框架也可能随着金融科技的发展而发生改变，需要监管者在熟悉业务模式和技术特点的基础上设计出更加符合政策导向、切合金融发展实际需要的监管框架，实现创新与风险的平衡。在金融稳定发展委员会框架下，应把金融科技的跨部门监管协调作为重中之重，同时通过有中国特色的"监管沙盒"创新，探索监管部门、金融机构、科技企业的良性合作与试点机制。四是要改善信息数据治理与价值发掘模式。数据信息是金融科技创新最重要的"生产要素"，需在国家层面完善大数据发展协调机制，加强数据治理与质量控制，推进金融信息与数据产业协同规划、基础设施、数据标准规范和制度体系、数据共享机制建设等。推动构建各方参与并受益的数据交换机制，在数据价值发掘方面，既坚持企业、居民信息保护原则，又致力于打通数据信息割裂，增强数据整合能力，促进数据资源开发。五是要着力推动金融科技底层技术研发。从金融应用场景的需求入手，全面推动新一代技术创新。以重点支持企业和研究机构为主体，开展底层关键技术、前沿技术研发，在新技术领域尽快形成一批知识产权和专利。加快科技成果转化、产业化，统筹加强创新设施建设和研发投入。六是要引领金融科技场景与功能创新。鼓励金融机构开展金融科技创新示范应用，大力发展银行科技、证券科技、保险科技、信托科技等。支持有实力的互联网企业和互联网金融机构强化技术研发能力，对外输出技术服务方案，实现金融与技术板块的有效隔离。大力支持新一代科技企业与金融机构的合作。促使互联网金融、类金融组织摆脱"制度套利"，实现技术驱动型创新、规范发展。在令人眼花缭乱的各类场景中，真正该受到支持的，是那些能够助推金融服务实体、弥补现有金融短板的创新。七是要促进金融科技的标准化建设。无论是可应用于金融的技术本身，还是众多金融科技业务场景，都需要有标准化规则或者业务指引来推动创新项目真正落地，同时保障安全和风险可控。尤其是在金融机构和科技企业的合作场景中，更需要相应的技术与业务标准建设来衡量金融科技应用可行性，评价金融机构技术服务外包效果。八是要夯实金融科技的重大基础设施。从全球来看，金融科技的冲击都逐渐向各类金融基础设施下沉。金融基础设施拥抱新技术，不仅作为金融科技发展的支撑，也是整个金融体系变革的重要载体。在金融国际化与开放的大环境下，更需要推动技术助力金融基础设施国际化布局。例如，支付清算等金融市场基础设施、关键信息基础设施、征信与信用基础设施，还有适应金融科技多样需求的会计、税收、律师、反洗钱、经济鉴证类中介服务体系。此外，还需要甄别和引导具有互联网属性的新型金融基础设施发展，并强化监管和优化布局。九是要重视金融消费者保护与教育。要明确"保护谁"，因为不同金融科技产品与服务，面对的消费者偏好与风险容忍度截然不同，还需要辨别弱势金融消费者、普通金融消费者和高端金融消费者，以及"正常金融消费者"与"恶意金融消费者"。明确"保护什么"，需要对金融科技各类场景中的消费者权益进行更细致的分析。"由谁保护"则是明确多部门、多主体的协同推动，"怎样保护"则应从制度和技术着手。此外，理性的金融消费与投资文化、专业知识的普及教育，都是约束金融科技服务健康发展的"土壤"。十是要着力培育金融科技专业人才。金融科技发展并不能完全摆脱人力，反而在创新中更加依赖高端专业人才的知识与智慧。无论是监管部门、行业主体还是科研组织，想要推动金融科技的创新与发展，都需要既精通金融又了解科技的跨界人才。对此，应该大力促进一线城市对金融科技专业人才给予更多的支持与保障政策，并且在国家层面统筹推动金融科技人才的教育、培养、培训及国际交流机制建设。

在过去几年里，青岛大学资本市场研究院的孙国茂教授和他的研究团队一直在进行互联网金融和普惠金融方面的研究。与国内绝大多数同类研究所不同的是，他们不是对整个行业或者是宏观层面进行研究，而是"偏安一隅"地专注于对地方金融和局部金融市场进行研究，取得了大量研究成果，在我看来这实属不易。从连续四年出版的报告看，《山东省金融科技发展报告》不仅信息量大、具有较高的学术价值，而且具有很强的可读性。作为较早从事互联网金融研究的业内同行和山东同乡，我始终关注孙国茂教授的研究并希望他和他的研究团队一直坚持编写和出版这本报告，用更多的研究成果促进金融科技发展。

2018 年 7 月 20 日于北京

目　　录

第1章　中国金融科技发展现状

对于中国互联网金融来说，2017年注定是极为重要的一年。按照国务院最初提出的工作计划和时间安排，互联网金融风险专项整治将在2017年3月底结束。2016年4月，国务院办公厅印发了《互联网金融风险专项整治工作实施方案》（国办发〔2016〕21号），半年后专项整治工作实施方案以及与方案相关的配套文件向社会公开。专项整治工作实施方案明确提出，由中央政府有关部门和省级人民政府对牵头领域或本行政区域的互联网金融从业机构和业务活动开展集中整治工作。对清理整顿中发现的问题，向违规从业机构出具整改意见，并监督从业机构落实整改要求。对违规情节较轻的，要求限期整改；拒不整改或违规情节较重的，依法依规坚决予以关闭或取缔；涉嫌犯罪的，移送相关司法机关。由中央政府有关部门和省级人民政府形成牵头领域或本行政区域的整治报告，报送专项整治领导小组办公室，汇总形成总体报告和建立健全互联网金融监管长效机制的建议后，再由人民银行会同相关部门报国务院。但是，随着专项整治工作的深入开展，互联网金融各个领域暴露的问题越来越多。2017年3月，李克强总理在《政府工作报告》中提出，当前系统性风险总体可控，但对不良资产、债券违约、影子银行、互联网金融等累积风险要高度警惕。稳妥推进金融监管体制改革，有序化解处置突出风险点，整顿规范金融秩序，筑牢金融风险"防火墙"。2017年7月，习近平总书记在第五次全国金融工作会议上强调，要坚决整治严重干扰金融市场秩序的行为，严格规范金融市场交易行为，规范金融综合经营和产融结合，加强互联网金融监管，强化金融机构防范风险主体责任。总书记的讲话意味着国家将互联网金融专项整治工作提到了新的高度，专项整治工作在短时间内不会结束。

1.1　金融科技与互联网金融

2013年，余额宝的出现使互联网金融产品进入大众的视野，第三方支付、P2P网络借贷、众筹等互联网金融业务模式开始迅速发展，并广受大众欢迎。伴随着互联网金融的迅速发展和广泛覆盖，大量的风险问题开始出现，P2P网络借贷平台跑路、众筹平台非法集资等风险事件屡见不鲜，互联网金融也进入洗牌阶段。近两年，互联网金融概念逐渐冷却，金融科技（Fintech）逐渐取代"互联网金融"，成为当下金融业的热点。习近平总书记在 2017 年"一带一路"论坛开幕式和第五次全国金融工作会议上强调金融科技创新的重要性，指出"要坚持创新驱动发展，促进科技同金融深度融合；要推进金融科技创新，建立金融业云计算、大数据等应用技术规范"。业界对于金融科技与互联网金融的讨论也大量出现，虽然互联网金融逐渐被金融科技所取代，但是不代表互联网金融本身存在问题。交通银行首席经济学家连平认为，并不是互联网金融或是 P2P 网络借贷有什么问题，而是之前我们做的很多内容偏离了初衷。

对于金融科技（Fintech）的定义，目前国内外尚没有公认的标准。作为全球金融治理的核心机构，英国金融稳定理事会（The Financial Stability Board，FSB）在 2016 年 3 月发布了《金融科技的描述与分析框架报告》，指出金融科技（Fintech）是指技术带来的金融创新，它能创造新的业务模式、应用、流程或产品，从而对金融市场、金融机构或金融服务的提供方式造成重大影响。金融科技强调将技术作为服务金融产业发展的手段，在具体应用和发展过程中，仍需遵循金融市场的基本规律。国内学者李光磊、韩梅等认为"Fintech"一词是 Finance 与 Technology 的合成，本质是新兴的互联网或高科技信息技术公司利用互联网、大数据、人工智能等新兴高科技开展普惠的面向大众的金融服务。对于互联网金融的概念国内学者也有许多争论，2014 年中国人民银行发布的《中国金融稳定报告》将互联网金融定义为：广义的互联网金融既包括非金融机构的互联网企业从事金融业务，也包括金融机构通过互联网开展的业务；狭义的互联网金融是指互联网金融企业开展的、基于互联网技术的金融业务。郑联盛（2016）提出，互联网金融即信息中介、资金融通等金融业务借助于新兴网络信息技术实现。

学者对于金融科技（Fintech）与互联网金融的关系也有不同的观点。叶纯青（2016）分析学者对金融科技（Fintech）和互联网金融关系后认为，互联网金融的概念独属于中国，而 Fintech 则是欧美乃至全球范畴的说法。Fintech 一词在美国早已普及，与中国的互联网金融一样，都是用技术驱动金融创新，提高效率降低成本。因此，对于 Fintech 和互联网金融，学者有两种不同的观点：一种观点认为，这两者仅是名词上的不同，内涵是一样的；另一种观点则认为，两者不仅是表述方式有所区别，内涵也是不同，互联网金融只是借用互联网技术和手段，离高精尖科技解决金融的问题还有距离，而 Fintech 则可以看做是互联网金融发展的下一阶段，是简单的互联网技术支撑升级到科学技术在金融领域的应用，比如人工智能、区块链等技术在金融业的应用。中国银行业协会首席经济学家巴曙松、白海峰（2016）认为金融科技迄今为止经历了三个阶段：金融 IT 阶段、互联网金融阶段和金融科技阶段，他们认为互联网金融是金融科技发展的一个阶段。李文红、蒋则沈（2017）认为金融科技与互联网及金融概念既有联系又有区别。两者均体现了金融与科技的融合，都是对各种新技术手段提供、优化、创新金融服务等行为的概括。从差异来看，金融科技更强调新技术对金融业务的辅助、支持和优化作用，国内互联网金融概念则注重运用互联网技术促进业务发展，推动产品创新，但也存在忽视金融本质、风险属性和必要监管约束的现象，出现了业务运作不规范、风险管理不到位、监管适用不恰当的问题。杨涛（2017）认为，金融科技的使命是为了改变金融发展中的各种扭曲。以实现新金融技术与制度的优化组合。从中长期看，国内的"互联网金融"概念将逐步融入"金融科技"概念体系。

从学者对金融科技（Fintech）与互联网金融的定义及关系的研究发现，相对于互联网金融，Fintech 的定义更广泛，发展空间更大，是升级版的互联网金融。前期，由于金融科技在国内发展还处于初级阶段，区块链、大数据、人工智能等技术还未发展，所以本报告一直使用"互联网金融"这一概念来描述相关业务。随着我国区块链、人工智能等技术的发展以及在金融领域应用，加上"互联网金融"概念已经不能涵盖所有的业态，因此本报告开始使用"金融科技"概念来描述相关业务。但是由于国内政策文件等仍旧沿用"互联网金融"，因此在本年度报告中，互联网金融与金融科技是同一概念。

1.2　金融科技发展环境新特点

在全面而严格的行业专项整治中，2017 年中国金融科技行业不论是行业环境还是自身发展都出现了很多新的特点，这些特点将影响金融科技未来的走势。因此，我们首先回顾金融科技行业外部环境出现的新特点，之后对 2017 年各种金融科技业务的发展情况进行总结分析。借鉴分析企业宏观环境时常用的 PEST 模型，我们将从政治、经济、社会和技术四个方面分析金融科技行业发展的外部环境在 2017 年发生的变化。

1.2.1　防控金融风险的要求促使全金融业监管加强

2017 年 7 月 14 日，第五次全国金融工作会议在北京召开。在党的十九大之前召开这个五年一次的全国性金融工作会议意义重大。与以往会议不同且更重要的是，习近平总书记出席会议并作重要讲话。这次会议明确了金融工作的三项任务，即服务实体经济、防控金融风险、深化金融改革。习近平总书记强调做好金融工作要把握回归本源、优化结构、强化监管、市场导向等原则。会议强调了金融在实体经济发展中的辅助作用，突出防范化解金融风险的重要性和紧迫性，同时着重阐述未来的监管架构和方向。为了加强金融监管协调、补齐监管短板，会议决定设立国务院金融稳定发展委员会协调监管，强化中国人民银行宏观审慎管理和系统性风险防范职责。在这次会议上，习近平总书记明确提出要加强互联网金融监管，强化金融机构防范风险主体责任。

2017 年 10 月 18 日，党的十九大召开，习近平总书记在十九大报告中指出，"要坚决打好防范化解重大风险、精准脱贫、污染防治的攻坚战，使全面建成小康社会得到人民认可、经得起历史检验。……深化金融体制改革，增强金融服务实体经济能力，提高直接融资比重，促进多层次资本市场健康发展。健全货币政策和宏观审慎政策双支柱调控框架，深化利率和汇率市场化改革。健全金融监管体系，守住不发生系统性金融风险的底线。"

全面强化金融监管、防范化解金融风险的举措在 2017 年初就已经陆续展开，其中较为有代表性的是中国银监会在 2017 年初开展"三三四十"的专项治理行动①。截至 2017 年底，在"三三四十"专项治理工作中，各级监管机构发现问题 5.97 万个，涉及金额 17.65 万亿元。中国银监会做出的行政处罚涉及金额和责任人数量均创下历史纪录：2017 年银监系统做出行政处罚决定 3452 件，罚没 29.32 亿元，处罚责任人员 1547 名，270 名相关责任人取消一定期限直至终身银行从业和高管任职资格。表 1－1 列出了 2017 年部分行政处罚典型案例。

表 1－1　　　　　　　　　银监系统行政处罚典型案例（2017 年）

处罚时间	违法违规事实	被处罚机构	罚款金额	人事处罚
5 月 8 日 9 月 18 日	同业票据业务严重违反审慎经营规则	中国农业银行北京市分行	1950 万元	姚尚延、张鸣、王冰、刘咏梅、龙芳、胡则刚、吴增强、殷俊、辛铭 9 名相关责任人被不同程度处罚，其中 4 人被禁止终身从事银行业工作
11 月 21 日	销售虚构理财产品以及北京分行内控管理严重违反审慎经营规则	中国民生银行北京分行	2750 万元	张颖被取消终身的董事、高级管理人员任职资格，禁止终身从事银行业工作；肖野、何蕊禁止终身从事银行业工作的行政处罚；其余 10 名责任人分别受到禁止任职、罚款等处罚
11 月 21 日	广发银行惠州分行违规担保	广发银行总行、惠州分行及其他分支机构	7.22 亿元	广发银行惠州分行原行长、2 名副行长和 2 名原纪委书记分别给予取消五年高管任职资格、警告和经济处罚；6 名涉案员工禁止终身从事银行业工作
12 月 29 日	广发银行惠州分行违规担保	包括中国邮政储蓄银行、恒丰银行在内的 13 家出资机构	13.41 亿元	取消 6 人高管任职资格；禁止 3 人一定期限直至终身从事银行业工作；对 36 名高级管理人员和相关责任人分别给予警告和经济处罚

资料来源：根据公开资料整理，齐鲁财富网。

---

① "三违反"指违法、违规、违章；"三套利"指监管套利、空转套利、关联套利；"四不当"指不当创新、不当交易、不当激励、不当收费；"十乱象"指股权和对外投资、机构及高管、规章制度、业务、产品、人员行为、行业廉洁风险、监管履职、内外勾结违法、涉及非法金融活动十个方面市场乱象。

2017 年 11 月末，理财产品特别是同业理财累计净减 3 万亿元，理财中的委外投资较年初减少 5888 亿元。表外业务逐渐回归表内，"影子银行"行为有所遏制，委托贷款中的"金融机构委托贷款"同比少增 889 亿元，表外业务增速由过去的 50% 以上降到 19%。商业银行同业资产负债出现了自 2010 年以来的首次收缩，资产余额比年初减少 2.8 万亿元，负债余额比年初减少 8306 亿元。与此同时，2017 年前 11 个月，银行业新增贷款 13.3 万亿元，贷款增速自 2015 年以来首次超过同期资产增速。制造业贷款增速较 2016 年同期上升 1.7 个百分点，小微、保障性安居工程、基础设施行业信贷增速高于贷款平均增速。

2017 年，"一行三会"以及其他相关监管部门针对金融科技行业密集出台了一系列监管规章和政策。这些监管措施大致可以分为三类：严禁开展业务、控制新增机构和严格原有监管。

（1）校园贷和代币发行业务被叫停

2017 年 5 月，中国银监会、教育部与人力资源和社会保障部联合印发《关于进一步加强校园贷规范管理工作的通知》（银监发〔2017〕26 号），要求现阶段一律暂停网贷机构开展在校大学生网贷业务，逐步消化存量业务。杜绝网贷机构发生高利放贷、暴力催收等严重危害大学生安全的行为。对校园贷的重点整治始于 2016 年，中国银监会、教育部等六部委曾经联合发布了《关于进一步加强校园网贷整治工作的通知》（银监发〔2016〕47 号），加大对网络借贷信息中介机构校园网贷业务的清理整顿，取得了初步成效。2017 年监管措施进一步趋严，明确了校园贷的退出时间表。根据网贷之家的统计，截至 2017 年 6 月底，全国已有 59 家校园贷平台选择退出校园贷市场，其中 37 家平台选择关闭业务，占总数的 63%；有 22 家平台选择放弃校园贷业务转型其他业务，占比为 37%。

2017 年 7 月，中国人民银行等七部委联合发布《关于防范代币发行融资风险的公告》，叫停各类代币发行融资活动，要求已完成代币发行融资的组织和个人应当做出清退等安排。该公告将代币发行融资定性为"是一种未经批准非法公开融资的行为，涉嫌非法发售代币票券、非法发行证券以及非法集资、金融诈骗、传销等违法犯罪活动。"关于代币的地位，该公告明确表示，"代币发行融资中使用的代币或'虚拟货币'不由货币当局发行，不具有法偿性与强制性等货币属性，不具有与货币等同的法律地位，不能也不应作为货币在市场上流通使用。"2017 年 9 月 2 日，互联网金融风险专项整治工作领导小组办公室向各省市金融办（局）发布了《关于对代币发行融资开展清理整顿工作的通知》（整治办函〔2017〕99 号）。该通知的主要内容包括：全面摸排、一律叫停 ICO 新发行的项目；对已完成的 ICO 项目要进行逐案研判，针对大众违规发行的要清退，打击其中的违法违规行为。互联网金融风险专项整治工作领导小组办公室同时提供了 ICO 平台名单，名单中的 60 家平台的运营主体所在地主要集中在广东（14 家）、上海（11 家）和北京（6 家）三地，此外运营主体所在地在香港的有 3 家，在浙江、江西、湖北和四川的各有 2 家，在江苏、山东、辽宁、宁夏、贵州、重庆、福建和安徽的各有 1 家，另外 10 家运营主体不明但是运营主体所在地确定在国内或者运营主体所在地在国外但面向国内开展项目。由于措施明确、目标清晰，这一轮对 ICO 平台及相关业务的清理很快收到了明显的成效。2017 年 9 月 13 日，中国第一家也是最大的比特币交易平台"比特币中国"发布公告，称将在 2017 年 9 月 30 日停止其数字资产交易平台的所有交易业务。2017 年 9 月 15 日，国内知名的交易平台 OKCoin 币行网、火币网也发布公告宣布停止交易。2017 年 10 月 31 日，国内数字货币交易平台全部关闭。

（2）网络小贷公司和第三方支付机构严格控制增量

2017 年 11 月 21 日，互联网金融风险专项整治工作领导小组办公室紧急下发《关于立即暂停批设网络小额贷款公司的通知》（整治办函〔2017〕138 号），其中规定，"自即日起，各级小额贷款公司监管部门一律不得新批设网络（互联网）小额贷款公司，禁止新增批小额贷款公司跨省（区、市）开展小额贷款业务。"2017 年 12 月 1 日，互联网金融风险专项整治工作领导小组办公室、P2P 网络借贷风险专项整治工作领导小组办公室发布了《关于规范整顿"现金贷"业务的通知》（整治办函〔2017〕141 号），针对过度借贷、重复授信、不当催收、畸高利率、侵犯个人隐私等问题明确了"现金贷"的开展原则。该通知还明确提出，小额贷款公司监管部门暂停新批设网络（互联网）小额贷款公司；暂停新增批小额贷款公司跨省区市开展小额贷款业务。已经批准筹建的，暂停批准开业。同时，将暂停发放小贷公司牌照。值得注意的是，该通知指出，对于不符合相关规定的已批设机构，要重新核查业务资质。针对小额贷款公司资金来源，"要求以信贷资产转让、资产证券化等名义融入的资金应与表内融资合并计算，合并后的融资总额与资本净额的比例暂按当地现行比例规定执行，各地不得进一步放宽或变相放宽小额贷款公司融入资金的比例规定。"2017 年 12 月 8 日，P2P 网络借贷风险专项整治工作领导小组办公室下发《关于印发小额贷款公司网络小额贷款业务风险专项整治实施方案的通知》（网贷整治办函〔2017〕56 号），要求重点排查和整治网络小贷公司，涉及审批管理、经营资质、股权管理、融资端及资产端等 11 个方面，并要求在 2018 年 1 月底前完成摸底排查。其中，关于"小额贷款公司是否主要以自有资金从事放贷业务，是否进行非法集资、吸收或变相吸收公众存款"也是排查的重要方面。三份通知的发布，暂停了新增网络小贷公司的批设，网络小贷机构也进入了存量时代。伴随着新增网络小贷机构被叫停，许多上市公司纷纷宣布终止设立正在筹备中的网络小贷公司，比如新国都（300130.SZ）、步森股份（002569.SZ）、海联金汇（002537.SZ）、*ST 三泰（002312.SZ）、星期六（002291.SZ）等企业。

2017 年 6 月 26 日，中国人民银行官网公布了第四批支付牌照续展结果，其中 9 家支付机构均因存在《中国人民银行关于〈支付业务许可证〉续展工作的通知》

（银发〔2015〕358号）第六条规定的不予续展的情形（通过伪造、变造、隐匿数据等手段故意规避监管要求，或恶意拒绝、阻碍检查监督的）而不予续展；有2家支付机构的预付卡业务因违反相关规定而不予续展；有1家支付机构的支付业务被其他机构合并。中国人民银行官网显示，在2017年6月27日新生成了一条支付业务许可证信息，传化支付有限公司成为中国人民银行批准的第271家第三方支付机构。该条信息同时显示该许可证实际上是在2015年12月8日第一次获得，其背景情况是从"2015年12月起，传化支付有限公司及其母公司通过债权债务承接方式，配合地方政府处置浙江易士企业管理服务有限公司风险事件，中国人民银行暂未公告其许可信息。目前，浙江易士公司的风险处置已基本完毕，现按规定予以公告。"由此可见，第271张支付业务许可证的发放，并未改变2016年8月中国人民银行在第一批支付牌照到期续展时的表态："一段时期内原则上不再批设新支付机构"。截至2017年底，中国人民银行共发出了271张支付业务许可证，进行了四批次的续展工作；市场中现存的许可证数量减少到了247张。减少的24张许可证中，由于机构合并造成的有10张；由于机构经营不符合相关规定而不予续展所导致的有10张（其中有9张是在2017年被注销）；由于机构存在挪用客户备付金或者涉嫌非法吸收公众存款而在许可证到期之前被中国人民银行注销的有3张；由支付机构主动申请注销的有1张。

（3）个人网络借贷、金交所业务以及现金贷业务监管趋严

2017年是网贷行业加速合规步伐的一年。2017年2月22日中国银监会发布银监办发〔2017〕21号文，公布了《网络借贷资金存管业务指引》；同年8月23日中国银监会发布银监办发〔2017〕113号文，公布了《网络借贷信息中介机构业务活动信息披露指引》，这两个指引与2016年发布的《网络借贷信息中介机构业务活动管理暂行办法》和《网络借贷信息中介备案登记管理指引》一起形成了网贷行业"1+3"（1个办法，3个指引）制度框架，网贷行业的备案、银行存管、信息披露，以及发展路径都已经有法可依。2017年12月8日P2P网贷风险专项整治工作领导小组办公室向各地P2P整治联合工作办公室下发了《关于做好P2P网络借贷风险专项整治整改验收工作的通知》（网贷整治办函〔2017〕57号），对下一步的整改验收工作作出了详细的计划，明确了验收标准和具体的整改和备案时间表，而且还要求各地在2018年4月底前、最迟6月末之前全部完成辖内主要网贷机构的备案登记工作。网贷行业已经进入了整改验收的阶段。根据网贷之家研究中心不完全统计，2017年已有553家平台上线银行存管系统，占上线总数的83.26%，是2016年全年上线总数的5.32倍，接入银行存管的速度加快。

2017年6月，互联网金融风险专项整治工作领导小组办公室下发《关于对互联网平台与各类交易场所合作从事违法违规业务开展清理整顿的通知》（整治办函〔2017〕64号），要求在2017年7月15日前停止互联网平台与各类交易场所合作开

展涉嫌突破政策红线的违法违规业务的增量。该通知表示，一些互联网平台明知监管要求（包括交易场所不得将权益拆分发行、降低投资者门槛、变相突破 200 人私募上限等政策红线），仍然与各类交易场所合作，将权益拆分面向不特定对象发行，或以"大拆小""团购""分期"等各种方式变相突破 200 人限制；一些产品无固定期限、资金和资产无法对应，存在资金池问题；一些产品未向投资者披露信息和提示风险，甚至将高风险资产进行包装粉饰，向不具备风险承受能力的中小投资者出售，一旦信用风险爆发，可能影响社会稳定。目前不少互联网金融平台已下架金交所相关产品，"良币驱逐劣币"的趋势正在形成。

2017 年 12 月 1 日，《关于规范整顿"现金贷"业务的通知》（整治办函〔2017〕141 号）发布，其中诸多条规定对部分现金贷企业形成了强大的压力。该通知规定，暂停发放无特定场景依托、无指定用途的网络小额贷款，逐步压缩存量业务，限期完成整改；未依法取得经营放贷业务资质，任何组织和个人不得经营放贷业务；各类机构以利率和各种费用形式对借款人收取的综合资金成本应符合最高人民法院关于民间借贷利率的规定，禁止发放或撮合违反法律有关利率规定的贷款；银行业金融机构不得以任何形式为无放贷业务资质的机构提供资金发放贷款，不得与无放贷业务资质的机构共同出资发放贷款。现金贷小额、短期、"高利贷"的时代一去不复返，"综合资金成本不得超过 36%、展期次数不超过两次"等明确的红线将令现金贷平台迎来大转型时代。

1.2.2　稳中向好的经济环境有助于金融科技发展

2017 年，在全球经济初现复苏态势、经济持续扩张、劳动力市场表现良好的国际经济背景下，中国经济运行稳中向好且好于预期，消费需求对经济增长的拉动作用保持强劲势头，投资增长稳中略缓、结构优化，进出口扭转了连续两年下降的局面，服务业对经济增长的贡献不断提高，企业效益继续改善，经济结构调整加快，总供求更趋平衡，内生增长动力有所增强。

（1）经济发展规模稳步提升

全年实现经济较快增长和物价平稳的较好组合。根据国家统计局数据，2017 年国内生产总值为 82.71 万亿元，按可比价格计算，同比增长 6.9%，为 2011 年以来首次增速回升；四个季度增速分别为 6.9%、6.9%、6.8% 和 6.8%。分产业看，第一产业增加值为 6.55 万亿元，同比增长 3.9%；第二产业增加值为 33.46 万亿元，同比增长 6.1%；第三产业增加值为 42.70 万亿元，同比增长 8.0%。从产业增加值占 GDP 比重看，第一产业为 7.9%，比上年下降 0.6 个百分点；第二产业为 40.5%，比上年提高 0.6 个百分点；第三产业为 51.6%，与上年持平。从对经济增长的贡献率来看，三次产业的贡献率分别约为 4.9%、36.3% 和 58.8%，第三产业的贡献率比第二产业高出 22.5 个百分点，比上年提高了 1.3 个百分点。

（2）经济发展质量明显改善

从经济质量看，万元 GDP 能耗比上年下降 3.7%，人们可以切身感受到环境状况的改善、雾霾天数的减少，污染治理初见成效；城镇新增就业 1351 万人，比上年多增 37 万人，城镇登记失业率为 3.90%，比上年下降 0.12 个百分点；居民人均可支配收入 25974 元，扣除价格因素实际同比增长 7.3%，比上年加快 1.0 个百分点，城乡居民人均收入倍差 2.71，比上年缩小 0.01；居民消费升级态势明显，居民恩格尔系数为 29.3%，比上年下降 0.8 个百分点，2017 年人均教育文化娱乐支出和医疗保健支出增速分别为 8.9% 和 11%，明显快于人均消费支出 7.1% 的平均增速。

（3）金融市场运行平稳

第一，2017 年中国货币供应量增速适度放缓。2017 年末，中国广义货币供应量（M2）余额为 169.02 万亿元，同比增长 8.1%。狭义货币供应量（M1）余额为 54.38 万亿元，同比增长 11.8%。流通中货币（M0）余额为 7.06 万亿元，同比增长 3.4%。全年现金净投放 2342 亿元，同比少投放 2745 亿元。M2 增速适度放缓主要反映了去杠杆和金融监管逐步加强背景下，银行资金运用更加规范，金融部门内部资金循环和嵌套减少，资金更多流向实体经济，而缩短资金链条也有助于降低资金成本。长期来看，随着去杠杆深化和金融进一步回归为实体经济服务，比过去低一些的 M2 增速可能成为常态。

第二，社会融资规模合理增长。2017 年末，社会融资规模存量为 174.71 万亿元，同比增长 12%，增速比上年末低 0.8 个百分点。全年社会融资规模增量为 19.44 万亿元，比上年多增 1.63 万亿元。从结构上看，对实体经济发放的本外币贷款和表外融资大幅增加，全年对实体经济发放的本外币贷款增加 13.85 万亿元，比上年多增 1.97 万亿元；实体经济以委托贷款、信托贷款和未贴现银行承兑汇票方式合计融资 3.57 万亿元，比上年多增 2.48 万亿元；直接融资有所下降，非金融企业境内债券和股票融资合计 1.32 万亿元，比上年少增 2.93 万亿元。

第三，市场利率运行趋稳，企业融资成本仍处于相对较低水平。2017 年 12 月，同业拆借和存款类机构间以利率债为质押的债券回购加权平均利率分别为 2.91% 和 2.72%，同比分别上升 0.48 个和 0.42 个百分点。非金融企业债务融资工具加权平均发行利率为 4.82%，贷款加权平均利率为 5.74%，贷款利率全年上行幅度低于债券利率，银行自身吸收了部分成本，并未完全传导至实体经济。全年规模以上工业企业财务费用同比上升 6.5%，其中利息支出同比上升 3.8%，既低于同期贷款和社会融资规模的增速，也低于主营业务成本 10.8% 的增幅，融资成本仍处于相对较低水平。

第四，人民币对美元汇率有所升值，国际收支基本实现自主平衡。2017 年末，人民币对美元汇率中间价收于 6.5342 元，较上年末升值 6.16%；CFETS 人民币汇率指数和参考 BIS 篮子的人民币汇率指数分别为 94.85 和 95.93，较上年末分别升值

0.02%和贬值0.32%。2017年，国际收支经常账户实现顺差1649亿美元，与GDP之比为1.3%，依然处于合理区间。非储备性质的金融账户实现顺差1486亿美元，非储备性质的金融账户由前两年的逆差转为顺差，国际收支状况更加稳健。从更长的历史进程看，中国国际收支在经历了长达十余年持续净流入和一段时期净流出后，初步呈现自主平衡的发展态势，主要表现为外汇储备平稳增加和人民币对美元汇率双向波动明显增强。截至2017年末，国家外汇储备总额为31399.49亿美元。

1.2.3 人口结构、消费心理等因素影响金融产品选择

2017年，中国人口达到13.9亿人，同比增长0.53%，增速比2016年略有下降。已有学者对各国在互联网金融（或金融科技）领域的比较优势研究表明，美国在原发创新方面占据优势，而中国则在规模化应用方面占据优势。中国获得这一优势主要依靠的就是庞大的人口基数。图1-1清楚地显示了中国在人口规模方面相对于美国或是欧盟一直保有绝对优势；但在人口增速方面，中国却低于美国，近几年这一差距有所减小。有专家预测在二胎政策放开后，未来人口增速会维持在0.57%左右，中国将迎来新一轮人口红利。

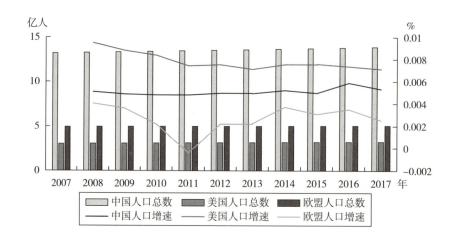

资料来源：中国、美国、欧盟官方统计机构官网，齐鲁财富网。

图1-1 中国、美国、欧盟人口规模及增速变动情况（2007—2017年）

同时，随着"90后"人口逐渐成长为中青年，其心理、行为习惯将会逐渐主导市场的表现。中国的"90后"人口常常被称为互联网土著，与"60后"、"70后"人口相比，其成长环境由于互联网的出现而发生巨大改变，从而形成了"90后"特殊的心理和行为习惯，这种差异已经反映到其对互联网金融产品消费的态度和行为上。如图1-2所示，在中国金融认证中心2017年的调查数据中，"90后"与"80后"人群在选择消费金融产品时的心态和结果与"70后"及"60后"人群存在显著差异，相对于银行系消费金融产品其更偏好使用电商平台消费金融产品。

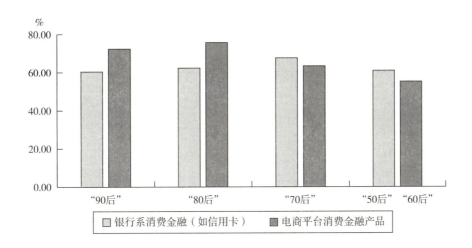

资料来源：中国金融认证中心，2017 年中国电子银行调查报告，齐鲁财富网。

图 1 – 2　中国各年龄段人群消费金融产品使用情况调查（2017 年）

　　图 1 – 3 显示，从 "90 后" 人群对两类消费金融产品的评价看，互联网消费金融产品在快捷、便利方面更具优势，而银行消费金融产品则在免息期长以及信任度高方面更具优势。图 1 – 2 已经显示，"90 后" 人群更偏好以电商平台消费金融为代表的互联网消费金融产品，这说明相对于价格和信任因素，操作的快捷和便利才在年轻人的效用函数中占据更大的权重。

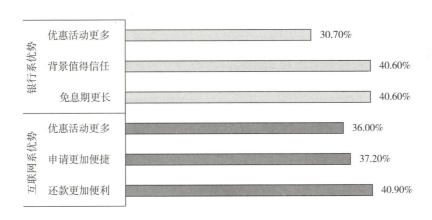

资料来源：中国金融认证中心，2017 年中国电子银行调查报告，齐鲁财富网。

图 1 – 3　中国 "90 后" 认为银行系、互联网系消费金融产品优势前三项（2017 年）

　　使用便利性对消费者的吸引不仅仅体现在 "90 后" 群体在消费金融产品的选择上，也体现在个人网银用户使用手机银行的动机上。图 1 – 4 显示对个人网银用户的调查中，尽管安全、稳定是人们使用手机银行重点关注的首要因素，但是真正促使其选择使用手机银行的首要原因仍然是操作便利性。

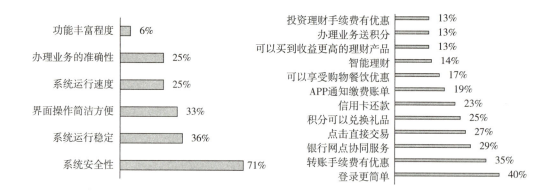

资料来源：中国金融认证中心，2017年中国电子银行调查报告，齐鲁财富网。

图1-4 个人网银用户使用手机银行重点关注因素（左）和
选择手机银行的原因（右）调查（2017年）

随着"80后"、"90后"成为生育主体，中国新一代儿童的家庭环境与之前大为不同，这批新一代婴儿的父母学历与收入水平更高，并且非常适应互联网生活，生活习惯的变迁会潜移默化地改变中国婴幼儿群体的认知，这将给中国未来经济和金融走向带来深远的影响。

1.2.4 科技发展进一步改造金融业态

信息处理是金融活动核心内容。因而，信息技术的发展对金融的推动和变革作用一直非常强大。伴随着智能移动终端设备的普及和通信基础设施的进步，信息技术与金融业务的深度交叉融合使得"金融科技"（Fintech）成为关注的焦点。2017年11月，毕马威与国际知名金融科技投资公司 H2 Ventures 发布《2017全球金融科技百强榜》（2017 Fintech 100）。从上榜企业在各国的数量分布看，美国排在第一位，有19家；澳大利亚排在第二位，有10家；中国排在第三位，有9家；英国排在第四位，有8家。9家上榜的中国企业中，主要业务在借贷领域的企业有6家，其余3家则分别专注于支付、保险和资本市场领域。借贷、支付和保险也是全球上榜金融科技企业集中度最高的三个领域。

中国金融科技企业的进步十分迅速，在2014年的榜单中，只有1家中国企业上榜；2015年，有7家企业上榜；2016年，有8家企业上榜，并且其中4家排在前五位；到了2017年，有9家中国企业上榜，5家企业排在前十位。中国企业在金融科技领域连续数年快速发展的态势反映出科技对金融创新发挥出强大推动力，也反映出以海量用户为基础的市场需求对产业发展的基础性作用。

表 1 - 2   全球金融科技企业前十名榜单（2017 年）

排名	公司名称	国家	专注领域	简介	上年排名
1	蚂蚁金服（Ant Financial）	中国	支付	全球第三方支付领导者	1
2	众安保险（Zhong An）	中国	保险	使用大数据实现保险业务自动化、产品定制以及精准营销	5
3	趣店（Qudian/ Qufenqi）	中国	借贷	针对学生和年轻人提供多终端应用的灵活的分期消费产品	2
4	Oscar	美国	保险	利用大数据增加医疗保健体系的透明度，降低运行成本	3
5	Avant	美国	借贷	利用大数据和机器学期算法提供个性化、便捷化的信贷产品	8
6	陆金所（Lufax）	中国	资本市场	国际领先的金融资产交易线上市场，利用大数据和信息技术开发风险评估模型并实施风险控制	7
7	Krediteck	德国	借贷	使用大数据、专有算法、自动化工作流为全球客户提供金融服务	4
8	Atom Bank	英国	借贷	英国第一家纯线上数字零售银行，获得审慎监管局和金融行为监管局的认可	6
9	京东金融（JD Fiancial）	中国	借贷	为个人及企业用户提供包括供应链金融、消费金融、众筹、财富管理、支付、保险和证券服务	10
10	Kabbag	美国	借贷	通过其自动化贷款平台为小企业提供资金	17

资料来源：H2 Ventures, KPMG *2017 Fintech 100.*

2017 年金融科技的发展已经不仅仅体现在技术本身的进步，还体现在金融领域市场化应用不断涌现，这其中既包括科技公司不断将技术进步的成果运用到金融领域，也包括传统金融机构使用相关技术对传统业务内容、流程、方法进行颠覆式改造。

（1）将区块链技术应用于交易所业务

区块链技术作为独立的底层数据存储和验证技术，具有去中介信任、防篡改、交易可追溯等特性，能够实现交易过程中，各节点共同维护一套交易账本数据，实时掌握并验证账本内容。2017 年 8 月 18 日，"百度—长安新生—天风 2017 年第一期资产支持专项计划"在上海证券交易所发行，这是中国首单应用区块链技术的交易所 ABS，即场内 ABS。项目中百度金融作为技术服务商搭建了区块链服务端 BaaS（Blockchain as a Service），项目中的各参与机构作为联盟链上的参与节点发挥相应作用。

（2）应用人工智能和大数据进行风控管理

2017年12月20日，阿里云发布 ET 金融大脑。ET 金融大脑可辅助银行、证券、保险等金融机构实现对贷款、征信、保险等业务的智能决策及风控监管，可大幅降低资损率，提高信用卡等金融产品在违约率方面预测准确率，促进金融机构在互联网消费金融、中小微企业金融服务等普惠金融方面的探索。通过 ET 金融大脑，阿里云能把蚂蚁小贷的"310"能力（三分钟申请，一秒钟放贷，零人工干预）、消费金融场景下的花呗和借呗能力赋能给每一家金融机构，将人工智能融入金融应用。

百度利用自身人工智能和大数据技术优势，推出大数据风控平台——"般若"，加快业务探索和布局。"般若"平台通过百度独有的数据特征和算法，可以解决金融数据的高维、稀疏、小样本的难度：百度的梯度增强决策树可以聚合大数据高维特征，可以实现高维数据降维、增加风险区分度；百度的深度学习，将特征嵌入，利用关联挖掘等解决数据稀疏问题。从实际效果看，当数据的维度从 3000 + 降至 400，行为的风险区分度有效提升超过 5%；基于百度数亿级用户数据，通过图计算，可以实现信用标签传递，丰富信贷样本。在信用领域，中央银行征信数据加百度大数据可以将客群的风险区分度提升 13%；在反欺诈领域，百度已拥有百亿节点、五百亿边的关联网络，可以提升识别骗贷团伙的成功率。目前，"般若"对外服务超过百万次。

（3）应用人工智能开展投资顾问业务

2017年8月1日，招商银行公布最新数据，国内银行业首家智能投顾——"摩羯智投"经过七个月的运营，已成长为国内最大的智能投顾，规模突破 50 亿元。作为国内最早试水人工智能应用的金融机构，招商银行此前在其新版 APP 中推出了"摩羯智投"，用户可以选择投资期限和风险等级，"摩羯智投"会推荐给用户一个包含债券、股票和商品类基金的组合，并提供该组合的历史模拟收益率和波动率作为参考。

（4）应用人工智能提高获客能力和服务水平

平安人寿借助人工智能持续创新服务模式，首次在业内推出"智慧客服"，通过生物认证、大数据、语音语义识别等 AI 技术，随时随地在线办理保单贷款、生存金领取、保单信息确认和受益人变更、理赔等保险业务。"智慧客服"的推出，很大程度上解决了寿险业服务上的难点、痛点，为客户提供了良好的服务体验。在智能获客方面，2017年，南京银行与百度金融合作，引入了包括智能获客等在内的全套金融解决方案，实现信贷业务流程全覆盖。据报道，在智能获客上，百度金融帮助南京银行拓展客户，通过百度的大数据推送给南京银行的客户群，通过率已经达到 81.5%。百度拥有覆盖超过 95% 中国网民的大数据能力，百度金融利用基于百度大数据的 Pre–A 信用评估体系和百度的信贷需求响应模型，已拥有可授信用户 1.9 亿人。依据大数据，百度金融通过对客户群的需求分析和风险预估，基于对用户的需求、信用、风险层面的判断，以及和产品之间的匹配，进行精准画像，帮助南京银行为不同的用户提供适合的信贷产品。

2017 年是金融与科技合作发力的一年，多家银行都加快进行多元化布局，大力拓展与科技企业的合作。表 1-3 列出了 2017 年科技公司与金融机构开展合作的情况。可以看出，无论是互联网科技公司还是商业银行，它们的合作都存在一对多的特点，在基础设施层面的合作重点在数据，而在应用层面的合作重点则是渠道。

表 1-3　　　　　　　　金融机构与科技公司合作情况统计（2017 年）

序号	合作消息发布时间	金融机构	科技（金融）公司	合作的主要内容
1	3 月 28 日	中国建设银行	阿里巴巴蚂蚁金服	双方将共同推进建行信用卡线上开卡业务，以及线下线上渠道业务合作、电子支付业务合作、打通信用体系
2	6 月 16 日	中国工商银行	京东金融	双方将在金融科技、零售银行、消费金融、企业信贷、校园生态、资产管理、个人联名账户乃至电商物流等方面展开全面合作
3	6 月 20 日	中国农业银行	百度	双方的合作领域主要是金融科技、金融产品和渠道用户，双方还将组建联合实验室、推出农行金融大脑，在智能获客、大数据风控、生物特征识别、智能客服、区块链等方面进行合作探索
4	6 月 22 日	中国银行	腾讯	双方共同成立"中国银行—腾讯金融科技联合实验室"，开展重点基于云计算、大数据、区块链和人工智能等方面开展深度合作，共建普惠金融、云上金融、智能金融和科技金融
5	6 月 22 日	华夏银行	腾讯	双方将通过创建联合实验室等方式建立更加紧密的合作关系，探索深化大数据和人工智能技术在金融服务领域的应用，推动"AI 即服务"的"智能云"在金融行业创造更多价值
6	7 月 5 日	中国民生银行	小米科技	双方将在金融、电商、生态链等各个板块展开深入合作，推动互联网金融持续创新升级
7	8 月 9 日	上海浦东发展银行	唯品会等互联网企业	结成 VIPlus 联盟，并推出国内首张跨界联盟的白金信用卡。该卡将通过资源的跨界整合，围绕消费者购物、美食、出行、娱乐等支付场景，打通线上线下，为消费者提供安全、快捷的支付服务
8	8 月 31 日	中国光大银行	京东金融	京东金融成为光大银行在金融科技层面第一个战略合作伙伴

续表

序号	合作消息发布时间	金融机构	科技（金融）公司	合作的主要内容
9	11月22日	北京银行	京东金融	将落地开展一系列业务合作。双方将在支付互通、产品共建、营销推广等维度开展深度合作，并联合打造丰富的数据模型。北京银行成为第一家与京东金融风控联合建模的金融机构
10	11月24日	交通银行	唯品会	双方将在公司金融、现金管理、智慧供应链金融、互联网金融业务等领域展开全面合作
11	12月20日	招商银行	华为	合作成立联创实验室。双方将共同应对"Cloud First"的挑战，利用云、大数据、人工智能先进技术，链接业务与技术，共同进行分布式数据库联合创新实验室的成立
12	12月15日	上海银行	新浪	合作将逐步拓展到以金融科技信息化为基础的更多领域，同时在个人大数据、微博金融等多个方面加强合作

资料来源：齐鲁财富网。

　　总体来看，2017年稳中向好的经济金融环境为科技金融业务的展开奠定了坚实的物质基础，人口结构、消费心理等因素的变化为互联网金融在获客方面提供了有利的社会条件，信息技术的发展、金融科技市场化应用程度的提高为互联网金融的持续创新提供了可行的技术保障，而全面从严金融监管的实施则让科技金融各项业务的发展都有了更加明确的规范参照和路径预期。

1.3　互联网支付在规范中持续增长

　　在2017年强监管的政策环境下，中国互联网支付业务发展的合规性不断提高，同时业务规模仍然延续了多年来的上涨趋势，在业务品种上持续创新。

1.3.1　新规密集出台，合规要求进一步提高

　　互联网支付是互联网金融行业中最早实行牌照管理的领域，其监管措施也是各行业中最严格的。尽管如此，鉴于支付业务在整个金融业务体系中的基础地位，在互联网金融加强监管、严控风险的2017年，支付领域的各项监控措施进一步严格，在年底密集出台了一系列监管新规，本报告对此进行了梳理（见附录1表1）。

　　附录1表1中列出的《中国人民银行办公厅关于实施支付机构客户备付金集中存管有关事项的通知》和《中国人民银行支付结算司关于将非银行支付机构网络支付业务由直连模式迁移至网联平台处理的通知》中的相关内容对非银行支付机构的

规范经营提出了更高的要求，同时中国人民银行对第三方支付业务的监控能力大大加强。第三方支付机构的商业模式也面临新的严峻考验。一方面，"支付机构受理的涉及银行账户的网络支付业务全部通过网联平台处理"彻底改变第三方支付机构通过直连多家银行，形成的"类银联"的地位和业务模式，支付机构通过大量交易金额和备付金数量而形成的议价权优势也将大大削弱；另一方面，有关客户备付金集中存管的规定，也将使依靠备付金在银行的存款利息或其他形式收入形成利润来源的方式难以为继。

与此同时，附录 1 表 1 列出的《关于持续提升收单服务水平，规范和促进收单服务市场发展的指导意见》《中国人民银行关于规范支付创新业务的通知》和《中国人民银行关于印发〈条码支付业务规范（试行）〉的通知》等规章，在为支付机构的业务创新画出划线的同时，也鼓励聚合支付、条码支付等新兴支付业务在合规的框架下为消费者提供更好的支付服务。

1.3.2　严格相关执法，行政处罚数量增加

根据 2017 年中国人民银行各分行及中心支行公开的处罚记录，中国人民银行全年针对支付机构开出的罚单达到 113 张，罚款总额超过了 2000 万元，远远超过了 2016 年的水平。其中罚款金额超过 100 万元的罚单有 9 张，详细信息见附录 1 表 2。

从对支付机构行政处罚金额超过 100 万元的处罚信息表可以看出，支付机构违规的主要内容是违反支付业务规定，并且 9 张罚单中有 6 张是由中国人民银行上海总部开出的，这与上海作为全国金融中心的地位有关。一方面，上海地区持牌支付机构数量较多；另一方面，总部在其他地区的支付机构在上海设立分支机构的数量较多。除了附录 1 表 2 中列出这几张罚款金额较大的罚单外，在 2017 年中国人民银行开出的所有罚单中，中国人民银行上海总部开出了 48 张，是开出数量最多的机构；排第二位的是中国人民银行长沙中心支行，开出了 11 张罚单；排在第三位的是中国人民银行济南分行，开出了 9 张罚单；其余 20 家中国人民银行分支机构开出的罚单数量均不超过 5 张，且都集中在北上广深、中部以及东南沿海各地，除宁夏、内蒙古等个别省份外，相对偏远的西北、西南地区尚未有公开处罚记录。所有的信息都显示出，2017 年监管当局对第三方支付机构的处罚频率和力度在明显加强，第三方支付机构的违规成本大大提高。

值得注意的是，2017 年 4 月、5 月间，支付宝和财付通相继因违规而收到中国人民银行的罚单，这是两家在第三方支付市场份额中排在前两位的支付机构公开记录中的首次被罚，业内人士普遍认为其警示意义大于处罚意义。

1.3.3　业务规模增长，业务种类增加

根据中国支付清算协会发布的《中国支付清算行业运行报告（2018）》，截至

2017 年底，全国共有非银行支付机构 243 家（根据中国人民银行官网公布的信息，截至 2017 年底全国尚有 247 家非银行支付机构的支付许可证处于有效期内，但其中 4 家机构在 2018 年中国人民银行第五次许可证续展中由于主动注销、被动注销或是合并等原因而失效），其中支付清算协会统计的 218 家法人支付机构共有分公司 1541 家，互联网支付、银行卡收单和预付卡受理业务覆盖全国所有地级市，从业人员数量和营业收入初具规模。2017 年全国共办理非现金支付业务 1600 多亿笔，金额达 3750 多万亿元，同比分别增长 28.59% 和 1.97%，笔数增长略有放缓，金额增长放缓较大，非现金支付交易趋于高频小额化。

预付卡业务在规范中稳定开展。2017 年，153 家预付卡发卡机构合计发卡 1.89 亿张，发卡数量同比下降 14.48%，下降速度低于 2016 年；发卡金额 890 多亿元，同比增长 9.09%，增速高于 2016 年。114 家预付卡机构共发生预付卡受理业务 116 多亿笔，受理金额 870 多亿元，样本数少于 2016 年（2016 年的样本数据是 124 家预付机构），但是受理金额高出 2016 年样本统计量的 18%。

个人银行账户和支付账户分类监管政策得到有效落实。我国个人账户多层次分类架构基本形成，基于 II 类、III 类银行账户和 I 类、II 类支付账户的无卡、移动支付方式为社会公众日常生活消费中的小额、高频支付提供了更为便捷、高效的选择。2017 年，商业银行 II 类、III 类账户的公众认可程度不断提升，共开立 II 类、III 类个人银行账户 5 亿多户，资金累计流入近 11 万亿元、流出 10 多万亿元，账户余额 4390 多亿元。开展网络支付业务的非银行支付机构共开立支付账户 32 多亿户，I 类、II 类、III 类支付账户占比分别为 41.54%、43.84% 和 14.62%。2017 年共新增实名支付账户 4 亿多户，其中新增 I 类、II 类支付账户数量占比为 76.24%。

新兴支付业务保持快速增长。一方面，移动支付业务规模在 2017 年延续高速增长态势。国内商业银行共处理移动支付业务 375 多亿笔、金额 202 多万亿元，同比分别增长 46.06% 和 28.80%。非银行支付机构共处理移动支付业务 2390 多亿笔、金额 105 多万亿元，同比分别增长 146.53% 和 106.06%。非银行支付机构共处理互联网支付业务 483 多亿笔、金额 38 多万亿元，同比分别下降 27.14% 和 28.61%。与商业银行的移动支付业务相比，非银行支付机构在交易笔数和交易金额增速方面具有明显优势。移动支付快速增长导致互联网支付业务规模增速放缓甚至出现下降。2017 年，我国商业银行共处理网上支付业务 485 多亿笔、金额 2070 多万亿元，笔数同比增长 5.20%，金额同比下降 0.47%。2017 年非银行支付机构互联网支付和移动支付业务金额占网络支付总业务金额的比重分别为 26.9% 和 73.1%，与 2016 年的 51.6% 和 48.4% 相比，移动支付业务的比重大幅提升，对互联网支付业务产生了显著的替代效应。另一方面，条码支付在 2017 年快速普及，推动移动支付从线上向线下场景渗透，交易量不断扩大。全年非银行支付机构共办理条码支付业务 73 多亿笔，金额 9100 亿元，消费占比 99.93%，单笔消费金额 500 元以下的占绝大比重，小微、快捷、便民支付特点越加明显。

1.4　网络借贷行业监管成效显现

在行业监管措施明确、规范发展理念不断深入的背景下，2017 年中国网络借贷行业在优胜劣汰的过程中合规化程度不断提高。在平台数量显著减少的情况下，业务规模仍保持增长态势，部分质量指标持续改善，整个行业仍受到资本的青睐，有望步入规范发展的良性轨道。

1.4.1　行业整改效果初现

图 1-5 显示，根据网贷之家的统计，截至 2017 年 12 月底，网络借贷行业正常运营平台数量为 1931 家，比 2016 年底减少了 517 家，已经低于 2014 年的水平，同时平台数量减速下降。2017 年网络借贷行业整改进程已进入收尾阶段，退出行业的平台数量相比 2016 年大幅度减少，全年下线平台数量为 643 家，而在 2016 年这一数字为 1713 家。

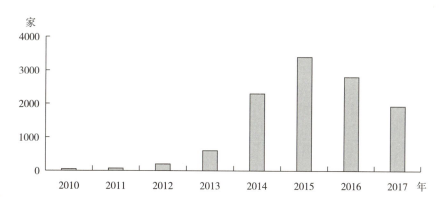

资料来源：网贷之家，齐鲁财富网。

图 1-5　年末正常运营网络借贷平台数量（2010—2017 年）

与此同时，问题平台在下线平台总量中的占比持续降低。图 1-6 显示，2017 年问题平台数量仅占下线平台数量的 33.49%，另外 66.51% 的平台选择了良性退出，延续了从 2016 年开始的良性退出平台占比高于问题平台的态势。平台总数下降、良性退出主导平台退出种类等数据均表明，我国网络借贷行业监管卓有成效。

1.4.2　业务规模稳定增长

在正常营业平台数量大幅减少的背景下，2017 年网络借贷行业成交量达到了 28048.49 亿元，相比 2016 年增长了 35.9%，增速较 2016 年有显著下降。从历史数据看，行业历史累计成交量突破 6 万亿元大关。2017 年单月成交量均在 2000 亿元以

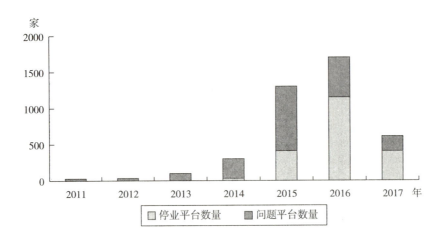

资料来源：网贷之家，齐鲁财富网。

图 1-6 历年下线网络借贷平台结构（2011—2017 年）

上，尤其是 3 月和 7 月的成交量均超过了 2500 亿元。这些数据表明在行业监管日趋严格的背景下，市场对网络借贷行业的健康发展充满信心。

随着成交量稳步上升，网络借贷行业贷款余额也同步走高。截至 2017 年底，网络借贷行业总体贷款余额已经达到了 12245.87 亿元，同比 2016 年上升了 50%，增速略有下降，如图 1-7 所示。运营平台数量下降的同时贷款余额持续上升反映出行业内大平台的稳定性效应。网络借贷行业贷款余额继续稳步上升，体现了资金持续净流入网络借贷行业的过程，也表明行业仍保持持续稳定的发展。

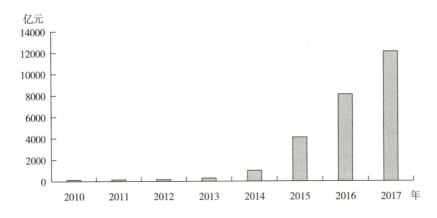

资料来源：网贷之家，齐鲁财富网。

图 1-7 年末网络借贷平台贷款余额（2010—2017 年）

1.4.3 业务质量持续改善

网络借贷行业总体综合收益率继续下降，平均借款期限继续延长，投资人数与借款人数继续增加。2017 年网络借贷行业总体综合收益率为 9.45%，相比 2016 年下降了 1 个百分点。2017 年综合收益率延续 2016 年整体下行的走势，但下降速度有所放缓。一方面业务规模较大的平台，大部分已经在业内累积了较高信誉度，比较受投资人青睐，但其综合收益率相对较低；另一方面响应监管政策要求，资产端借款利率也在逐步下行，影响网络借贷行业综合收益率下行。

2017 年网络借贷行业平均借款期限为 9.16 个月，相比 2016 年拉长了 1.27 个月。从 2017 年各月的平均借款期限走势看，虽然有波动，但整体趋势向上，其中 12 月的平均借款期限高达 10.02 个月。借款期限持续延长主要归因于部分成交规模大的平台，其较长期限的项目标的数量占比增加，从而带动了整个行业平均借款期限增加。

2017 年网络借贷行业投资人数与借款人数分别约为 1713 万人和 2243 万人，较 2016 年分别增加 24.58% 和 156.05%，网络借贷行业人气热度仍然维持较高水平。受限额政策的影响，不少平台向消费金融等小额业务转型，还有部分平台对接了现金贷资产，此类业务的共性是小额分散且涵盖的借款人多，使得 2017 年借款人数数量和增长速度均超过投资人数。

1.4.4　行业融资热度不减

网络借贷行业的健康发展在行业融资方面也有所体现。继宜人贷之后，2017 年信而富、拍拍贷及和信贷、趣店等多家平台在美国成功上市，国外资本市场的认可成为网络借贷行业的利好消息。据不完全统计，截至 2017 年底，网络借贷行业历史累计获得风投的平台数量已经达到了 153 家，上市公司、国资入股的平台数量分别为 126 家、212 家，银行背景的平台数量为 15 家。

1.4.5　市场集中度仍然较高

截至 2017 年底，正常运营平台数量排名前三位的是广东、北京、上海，数量分别为 410 家、376 家、261 家，浙江紧随其后，正常运营平台数量为 233 家，四地占全国总平台数量的 66.29%。这种行业集中度高的特征与网络借贷行业的金融属性、地区政策支持力度都紧密相关。

同时网贷之家的统计数据显示，2017 年度全年累计成交量以及年底贷款余额排名前 100 位的平台中接近 90% 的平台都集中在北京、广东、浙江和上海 4 个省市，反映出这些地区网络借贷业务发展在数量和质量上都在全国居于领先地位。

1.5　股权众筹平台数量大幅减少

据不完全统计，截至 2017 年 12 月底，全国正常运营众筹平台共有 294 家，与

2016 年底的数量相比，降幅达 44.75%，可见 2017 年是众筹行业经历了深度的优胜劣汰。

在行业专项整治进一步趋严的大背景下，非良性发展的众筹平台逐步退出市场，行业进入规范期。2017 年全国众筹行业共成功筹资 220.25 亿元，与 2016 年成功筹资 224.78 亿元相比，差距较小。据盈灿咨询统计，2015 年众筹行业成功融资 114.24 亿元，2014 年众筹行业成功融资 21.58 亿元，而在 2013 年及之前全国众筹行业仅成功筹资 3.35 亿元。截至 2017 年 12 月底，全国众筹行业历史累计成功筹资金额达 584.20 亿元。2017 年全年全国众筹行业虽然新增 113 家众筹平台，但问题及转型平台数量高达 331 家，其中有 270 家众筹平台倒闭，目前主动停业及转型平台居多，转型方向主要为众创空间、孵化器和互联网服务商等。2017 年众筹平台出现大面积问题的主要原因是一方面平台规模小，资源上无法与巨头平台竞争，且又未及时调整细分方向，导致经营难以为继；另一方面，由于众筹行业投资环境缺乏法律规范、监管政策不明确、业务运作不规范等，盲目追求速度和规模的同时，就会陷入非理性发展。2017 年全国股权融资金额为 21.44 亿元，成功融资项目数为 472 个，与 2016 年的 4087 个项目数相比缩水了近九成。

1.6 互联网消费金融面临新的挑战

2017 年互联网消费金融交易规模接近万亿元，与金融机构的短期消费贷款规模相比差距继续缩小，同时在年轻客户获得方面具备显著优势。图 1-8 中艾瑞咨询的统计数据显示，2017 年，包括持牌消费金融公司、电商系、消费分期平台、P2P 平台以及其他各类互联网消费金融公司提供的个人消费金融业务放贷规模（本报告中为了与 2016 年进行同口径比较，剔除了银行互联网消费金融放贷数据）接近 4 万亿

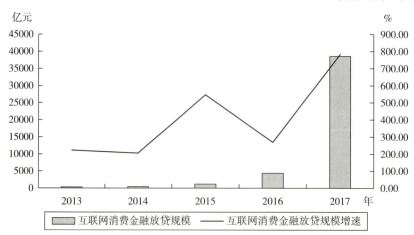

资料来源：艾瑞咨询，齐鲁财富网。

图 1-8 互联网消费金融放贷规模及其增速（2013—2017 年）

元，比 2016 年增加了 7 倍多。

　　图 1 – 9 中中国金融认证中心的调查数据显示，从消费金融产品使用率的数据看，受调查的 1327 人中只有不到 6% 的受访者表示没有使用过任何消费金融产品，显示出消费金融产品的渗透率较高。在不同种类的消费金融产品中，电商平台消费金融产品的使用率最高，为 70.7%；其次是银行系消费金融产品，使用率为 63.1%；P2P 平台消费金融产品排在第 3 位，使用率为 42.5%；持牌消费金融公司则由于在机构数量等方面的限制，使用率仅有 14.7%。电商平台消费金融产品主要依靠网络购物渠道获客，国内规模较大的电商平台大都提供包括绑定银行信用卡在内的多种备选支付方式，在这样的情况下，电商平台消费金融产品的使用率仍能明显高于银行系消费金融产品，结合前文提及的社会因素，我们认为可能的原因包括两个方面：一是电商平台消费金融产品的用户体验更好。前文述及，互联网系消费金融产品的主要优势在于操作的方便快捷，无论在申请、消费还是还款方面。银行系消费金融产品的主要优势在于市场信任度较高。当前，智能移动终端高度普及，大量个人金融活动都在向移动终端迁移，操作方便快捷对消费金融用户来说显然更具有吸引力。二是互联网金融产品在年轻用户中的受欢迎程度更高。这其中既有年轻用户在新成长环境中形成的对互联网产品偏好的原因，也有银行信用卡产品因为监管要求曾经彻底退出校园的历史原因。

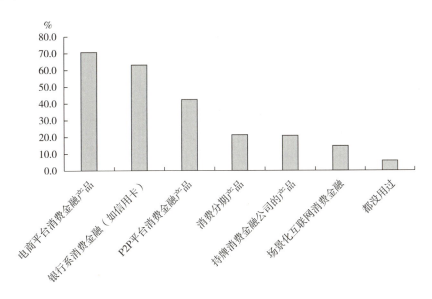

资料来源：中国金融认证中心，2017 年中国电子银行调查报告，齐鲁财富网。

图 1 – 9　各种类消费金融产品使用率（2017 年）

　　互联网消费金融业务在发展过程中也暴露各类机构在业务经营层面的一些问题，如授信重复、催收不当、利率畸高、个人隐私保护不力等。曾经被寄予发展普惠金融厚望的互联网消费金融领域出现了异化甚至失控的局面，不良校园贷、高利贷、裸贷等非法现象严重破坏了金融市场秩序，也引起社会对整个互联网消费金融行业的不满。与此同时，从制度层面看，我国个人征信系统尚不完善，消费金融风控体系建设仍处于起步时期，但是互联网技术的使用使得服务客群快速下沉、消费信贷规模急剧扩张，这些都使得互联网消费金融平台面临较高的违约风险。

在金融监管环境趋严的背景下，2017年网络借贷、现金贷等与互联网消费金融相关的领域受到的监管不断加强，金融监管转向功能监管和全面监管，互联网消费金融的合规经营问题也将要提上日程。可以预见的是，不合规的小平台将会在监管的压力下逐步退出市场，合规平台的市场份额进一步扩大。与此同时，互联网消费金融的大平台在2017年则面临着较大的"去杠杆"压力。近年来，包括电商金融在内的多种互联网消费机构通过大规模发行场内资产证券化产品，提高杠杆水平，进而快速做大规模、获取利润，这显然与当前去杠杆的宏观要求相悖。虽然2017年末出台的规范现金贷业务的新规并没有禁止有场景的网贷平台发行资产证券化产品，但在强监管的趋势之下，大型网贷平台的资产证券化扩大规模的可能性大大降低了。

1.7　互联网保险保费收入显著减少

互联网保险是指保险公司或新型第三方保险网以互联网和电子商务技术为工具来支持保险销售的经营管理模式。任何机构从事互联网保险业务都需要取得牌照。互联网保险牌照是依据中国保监会2015年7月22日颁发的《互联网保险业务监管暂行办法》而来的。互联网保险牌照分为两种。一种是保险机构（含保险公司和保险专业中介机构）依托互联网和移动通信等技术，通过自营网络平台订立保险合同、提供保险服务。截至2017年上半年，国内共有129家保险机构经营互联网保险业务，传统保险公司大多已经通过自建网站或与第三方平台合作等模式开展了互联网保险业务，保险公司基本已全部触网。另一种则是第三方网络平台在互联网保险业务活动中，为保险消费者和保险机构提供网络技术支持辅助服务。当前国内持有互联网保险牌照的全线上保险公司有众安保险、泰康在线、易安保险和安心保险。

1.7.1　人身保险业务规模保费首次出现负增长

中国保险行业协会发布的《2017年度互联网人身保险市场运行情况报告》显示，2017年互联网人身保险市场规模发展势头放缓，全年累计实现规模保费1383.2亿元，同比下滑23%。相比2013—2015年三位数的高速增长，以及2016年保费增速放缓且逐月下降的趋势，2017年保费增速出现近年以来的首次负增长。

2017年互联网人身保险市场经营主体较为稳定，共有61家人身险公司开展互联网保险业务，占人身险会员公司总数的八成，其中中资公司39家，外资公司22家。排名前十的公司为建信人寿、工银安盛人寿、国华人寿、农银人寿、光大永明人寿、国寿股份、平安人寿、弘康人寿、太平人寿及渤海人寿，累计实现规模保费 1273.5 亿元，占互联网人身保险总保费的 92.1%，行业集中度较高。

在经营互联网人身保险业务的 61 家人身险公司中，48 家公司通过自建在线商城（官网）展开经营，55 家公司与第三方电子商务平台进行深度合作，其中 47 家公司采用官网和第三方合作"双管齐下"的商业模式。2017 年全年通过第三方渠道实现规模保费 1229.8 亿元，占互联网人身保险保费的 88.9%，同比减少 6.3 个百分点。2017 年全年通过官网所实现的规模保费为 153.4 亿元，占互联网人身保险保费的比重增至 11.1%，较上年同期增长了 77.3%。互联网人身保险的销售主要依靠第三方渠道。

互联网人身保险各险种中，2017 年互联网寿险共实现规模保费 799.6 亿元，同比减少 694.5 亿元，降幅为 46.5%，占互联网人身保险总保费的 57.8%，较上年同期占比下降 25.4 个百分点。其中，包括万能险和投连险在内的理财型业务保费合计 296.6 亿元，较上年同期大幅减少 880 亿元，降幅为 74.8%，占互联网人身保险保费的比例为 21.4%，较上年同期占比下降 44.1%。2016 年以来，监管部门发布了一系列针对中短存续期产品的严监管政策，受此影响，此前以万能险为代表的中短期存续产品保费收入规模大幅下降，这也使得人身险互联网保险业务中包括万能险和投连险在内的理财型业务保费大幅减少，占互联网人身保险保费的比例出现大幅下降。与此同时，年金保险发展势头迅猛，2017 年全年累计实现规模保费 461.4 亿元，同比增长 86.4%，占互联网人身保险保险收入的 33.4%，成为仅次于寿险的第二大互联网人身保险险种。其中，非养老年金保险共实现规模保费 384.5 亿元，同比增加 2.5 倍。互联网健康保险迅猛发展，共实现规模保费 58.9 亿元，同比增长 85.5%，在人身保险总保费规模中的占比上升至 4.3%，较上年同期占比增长 2.5%。其中，费用报销型医疗保险保费规模为 27.5 亿元，占比为 46.5%；重大疾病保险保费规模为 20.1 亿元，占比为 34.1%，较上年同期占比上升 12.6%；防癌保险保费规模为 6.5 亿元，占比为 11.1%；定额给付医疗保险、失能收入损失保险、护理险等其他险种保费规模合计 4.8 亿元，占比为 8.3%。2017 年，互联网意外伤害保险累计规模保费达到 63.3 亿元，同比增长 171.7%，在人身保险总保费中的占比升至 4.6%，较上年同期占比上升 3.3%。其中，交通意外险保费规模为 12.3 亿元，占比为 19.4%；旅游意外险保费规模为 2.9 亿元，占比为 4.7%；其他类型意外险保费规模为 48.1 亿元，占比为 75.9%。互联网意外险多为消费型保险，保险期间为一年期及一年期以下，销量较高的交通意外险和旅游意外险非常贴合互联网的场景营销。

1.7.2　财产保险累计保费收入出现负增长，市场集中度下降

中国保险行业协会发布的"2017 年度互联网财产险业务数据通报"显示，2017 年，互联网财产保险累计保费收入 493.49 亿元，同比负增长 1.75%。其中，车险保

费收入 307.19 亿元，同比负增长 23.00%，占比 62.25%；非车险保费收入 186.30 亿元，同比增长 80.25%，占比 37.75%。互联网非车险热销产品中，退运险、出行相关意外险成为 2017 年互联网非车险的主要热销产品。

2017 年互联网财产险市场集中度明显下降，8 个最大的企业占该市场的份额为 71.26%，相比 2015 年和 2016 年分别下降 22.91 个和 11.23 个百分点。2017 年虽然市场集中度在下降，但专业互联网保险公司的市场占有率却快速提升。众安在线、泰康在线、易安保险和安心保险 4 家专业互联网保险公司累计保费收入为 93.61 亿元，占总体保费的 18.97%，相比 2016 年上升 10.16 个百分点；累计签单总量为 62.78 亿单，占总体签单量的 48.00%。

从业务渠道情况看，2017 年保险公司自营网络平台（包括 PC 官网、移动 APP、移动 WAP 和微信）实现累计保费收入为 256.48 亿元，同比负增长 29.31%。其中通过公司 PC 官网实现累计保费收入 71.86 亿元，同比负增长 40.75%；通过移动终端（APP、WAP 和微信等方式）实现累计保费收入 184.62 亿元，同比增长 117.28%；而保险公司通过第三方（包括保险专业中介机构和第三方网络平台）实现累计保费收入 217.59 亿元，同比增长 73.12%。从各渠道业务占比情况来看，2017 年，保险公司自营网络平台业务占比 51.97%，同比减少 20.26 个百分点。其中 PC 官网业务占比 14.56%，同比减少 40.75 个百分点；移动终端业务占比 37.41%，同比增长 20.49 个百分点；而通过第三方的业务占比达 44.09%，同比增加 19.07 个百分点。与互联网人身保险的销售相比，由于移动终端业务的发展，互联网财险销售对第三方渠道的依赖性较小。

1.7.3 相互保险企业正式开业

2015 年 1 月，中国保监会持续深化供给侧结构性改革，出台了《相互保险组织监管试行办法》，正式对相互保险公司这一组织机构开闸，以期促进相互保险组织规范健康发展，20 多家机构申请牌照。2016 年 4 月，国务院正式批准同意开展相互保险社试点并进行工商登记注册。2017 年，3 家相互保险企业的第一份业绩报告面世。开业首年，众惠相互、汇友建工和信美相互的保险业务收入分别为 6711.14 万元、465.31 万元和 4.74 亿元。从年度利润看，3 家相互保险社均未实现盈利，分别亏损 6058.54 万元、3106.63 万元和 1.69 亿元。

依据行业特点，相互保险机构首年亏损是业界规律。仅依靠第一年的亏损数据，我们还无法得出有价值的结论。从 3 家机构的战略规划看，每个机构都有自己清晰的市场定位。众惠相互提出了"相互场景论"。和场景保险一样，众惠相互规划的路径是首先找到能够发挥相互保险优势的典型场景，并以"一条一块"将场景具象化。所谓的"一条"，是指面向一条产业链上下游的企业提供服务，而"一块"则是面向特定人群，为其填补保障的空白点。具体而言，"小微企业及个体经营者融资保证相互保险计划"从现金流角度切入，基于对国际贸易产业的洞察，为链条上下游主体普遍存在的资金周转需求提供融资服务。信美相互则聚焦于用户的养老和健康两大需求，既不设计销售任何理财型保险产品，也没有保险代理人，而是主要依靠科技的力量来推动业务发展。背靠蚂蚁金服，信美相互提出了依靠金融科技的策略。目前，信美相互近一半员工是技术人员，运用区块链技术增加透明度。此外，其将聚焦特定人群，走定制化路线，具体的模式是精算师与用户面对面，通过访谈、调研的方式，根据用户的需求有针对性地为用户设计产品。另外，其将采取"乐高式"的产品模式，把保单模块化，尽量避免复杂的、大块头的保单，将单个保险做简单、做透明、责任清晰，用户可以根据自己的需求进行产品组合。汇友建工的战略发展定位与前二者均不同，利用建工领域相关制度改革带来的市场机遇，在工程招投标、施工合同履约、工程监理、工程延保等风险管理领域，发挥保险机制的优势，解决相应矛盾纠纷及风险保障问题，形成"小而专、小而精、小而优"。

以往相互保险以同质化风险人群为服务对象，受限于时空距离，传统相互保险机构很难大范围地去发掘同质风险人群。互联网天然形成一个渠道，大大缩短了人与人之间的距离，减少了时空距离带来的信息不对称，在更大范围内快速聚集有同质风险保障需求的人群，突破传统相互保险的范围和地域限制，为相互保险发展提供更加便捷的条件。传统意义上的相互保险机构一直被人诟病可能存在信息不透明、内部人控制等风险，这些在移动互联网时代将有望得到很好地解决。借助移动互联网、社交媒体等，相互保险机构可以持续、实时地与会员进行双向沟通，信息披露也可以第一时间让分散在各地的会员获知。会员则可以依靠互联网，方便地行使自身权利，履行相应义务。更进一步的是，新技术的共享精神更加凸显了相互保险源于"互帮互助"向善力量的公益、聚善属性。政策的明确支持、政府的大力推进、社会的快速转型、技术的持续进步等多重利好因素使相互保险的未来充满了更多的可能性。

1.8　金融科技其他子行业发展情况

除了前文述及的 5 个子行业之外，科技金融行业还包括互联网银行、互联网证券、互联网基金销售、网络小贷、互联网个人征信等几个领域。

1.8.1　首家独立法人的直销银行正式开业

从 2014 年底腾讯参与发起设立的微众银行开业以后，阿里参与的网商银行以及小米参与的新网银行分别于 2015 年中和 2016 年底开业。2017 年，美团点评参与的亿联银行、苏宁云商参与的苏宁银行以及百度参与的百信银行也先后正式开业。

互联网银行收入的主要来源是存贷款业务的利息差以及理财产品代销的手续费

与佣金等，这与传统银行区别不大，只是相对聚焦在支付、融资、理财等小额高频业务领域。更具意义的是，互联网银行借助技术手段实现业务创新，能够服务于传统银行无法覆盖的客户或者服务盲区。首先，互联网银行运用互联网、大数据等技术，在服务模式、客户群体、风控制度等领域进行创新，为没有享受到传统银行完善金融服务的消费者和小微企业提供服务；其次，互联网银行在服务模式上不设物理网点，主要采取互联网在线的方式展业，绝大多数业务均通过在线申请、云端审批并迅速完成签约，降低了交易成本；最后，互联网银行在风控方面主要利用大数据、人工智能等技术手段实现对个人的征信分析，绝大多数贷款产品都不需要抵押和担保。由于互联网银行一般都背靠业内知名的互联网公司，各自均拥有庞大的用户基础甚至现成的应用场景，同时基于互联网运营和基于数据分析进行风控的经验相对更为成熟，因而用户转化获取及运营成本也相对更低。

表 1-4　　　　　　　　　　互联网公司持股的互联网银行基本信息一览

银行	开业时间	注册资本（亿元）	参与的互联网公司
微众银行	2014.12.28	42.00	腾讯持有 30% 的股权
网商银行	2015.6.25	40.00	蚂蚁金服持有 30% 的股权
新网银行	2016.12.28	30.00	小米持有 29.5% 的股权，与新希望、红旗连锁等共同设立
亿联银行	2017.5.16	20.00	美团点评关联方为第二大股东持股 28.5%
苏宁银行	2017.6.16	40.00	苏宁云商为第一大股东持股 30%
百信银行	2017.11.18	20.00	中信银行控股 70%，百度占 30%

资料来源：齐鲁财富网。

2017 年底，第一家独立法人的直销银行——百信银行正式开业，为互联网银行（或数字银行）的发展和创新提供了更大的空间。早在 2015 年 11 月，中信银行董事会就通过了筹建百信银行的相关议案。2017 年 1 月 5 日，百信银行获中国银监会批复筹建，其注册资本为 20 亿元人民币，中信银行占 70% 的股权，福建百度博瑞网络科技公司占 30% 的股权。根据中国银监会 2017 年 8 月 15 日发出的《关于中信百信银行股份有限公司开业的批复》（银监复〔2017〕255 号），中信百信银行股份有限公司业务范围为：吸收公众存款，主要是个人及小微企业存款；主要针对个人及小微企业发放短期、中期和长期贷款；通过电子渠道办理国内外结算；办理电子票据承兑与贴现；发行金融债券；买卖政府债券、金融债券；从事同业拆借；买卖、代理买卖外汇；从事银行卡业务；代理收付款项及代理保险业务；经国务院银行业监督管理机构批准的其他业务。从中国银监会的批复内容来看，（产品和服务内容）百信银行是一家纯线上、全业务的银行，在业务层面具有存、贷、汇、理财、发债等全牌照功能。百信银行作为首家独立法人直销银行获中国银监会批筹后，2017 年国内已有包括招商银行、浦发银行、江苏银行、徽商银行等 20 多家银行发布公告拟设立独立法人直销银行。

1.8.2 互联网证券业务基本实现全移动端开户

2000 年中国证监会和中国证券业协会联合发布了《网上证券委托暂行管理办法》《证券公司网上委托业务核准程序》，从而揭开了中国证券业互联网化的序幕。表 1–5 简单梳理了 2000—2017 年中国互联网证券业监管发展中的关键事件。

表 1–5　　　　　　　　　互联网证券业大事年表（2000—2017 年）

年份	事　件
2000	中国证监会和中国证券业协会联合发布了《网上证券委托暂行管理办法》《证券公司网上委托业务核准程序》
2005	国务院办公厅印发《关于加快电子商务发展的若干意见》
2007	A 股大幅度下跌，导致证券市场互联网化进程受阻
2012	中国证监会发布《证券账户非现场开户实施暂行办法》
2014	中国证监会批准中信证券、国泰君安证券、银河证券、长城证券、平安证券、华创证券 6 家券商成为首批网络券商业务试点机构
2015	中国证券登记结算有限公司取消一人一户制度
2015	中国证监会批准财达证券等 10 家券商获得第四批网络券商业务试点资格，至此共有 55 家券商获得该资格
2015	证券市场发生异常波动，证券公司创新业务受到严格监管，互联网证券试点没有新批

资料来源：齐鲁财富网。

虽然现代化证券市场起步较晚，但是中国却利用后发优势成为第一个实现全交易流程线上化的国家。根据易观千帆的统计数据，截至 2017 年底，中国证券业移动端开户比例达到 96.1%，基本实现了全移动端开户，移动端成交量占整个证券成交量的 36.8%；证券服务应用的月活跃用户规模达到 1 亿户，该规模接近证券市场投资人数。

2017 年，互联网证券业的服务提供机构种类众多，但由于业务牌照的限制，仍以传统券商为主导。据易观千帆数据统计：在前二十名证券服务 APP 中，券商数量占据优势，为 15 家，占比 75%，第三方服务商为 5 家，占比 25%；与此同时，券商的互联网用户资源较为分散，第三方服务商则呈现出以同花顺、大智慧、东方财富网为主导的寡头市场格局。

在券商内部，不同规模券商的互联网化方式也存在显著差异：大型综合券商积极性较高、转型较快，小型券商转型相对滞后。在 131 家券商中，已有 55 家获得互联网证券试点资质，约占券商总数的 44%；从获得试点资质的券商所属业务规模看，大型券商较为积极，小型券商互联网进程相对缓慢。目前互联网证券业的主流运营模式分为三类。第一类是大型券商大都选择自建互联网平台，以华泰证券为例，其在 2017 年累计研发投入达到 4.13 亿元，坚持自主进行 IT 系统的开发建设，拥有全券商行业中最庞大的研发团队。第二类是中小型券商与互联网机构合作。中小型券商有证券业务牌照，但无力自主开发互联网客户资源，于是选择与互联网金融信息服务机构合作，形成优势互补。以同花顺公司为例，截至 2017 年底，该公司与 43 家券商有 A 股股票开户合作，与 74 家券商有股票交易合作。在与互联网金融信息机构合作时，用户的开户行为和交易行为大多停留在互联网机构平台上，券商难以提供增值服务，随着佣金率持续走低，中小券商的议价能力越来越弱。第三类是互联网金融信息服务机构直接收购中小券商，形成高流量与牌照兼备的优势。2015 年底，东方财富网收购了西藏同信证券，成为第三种模式的典型代表。

1.8.3 互联网小贷公司进入存量发展时期

在 2017 年 11 月 21 日晚间，互联网金融风险专项整治工作领导小组办公室发布《关于立即暂停批设网络小贷公司的通知》（以下简称《暂停通知》）。《暂停通知》明确要求自 2017 年 11 月 22 日起，各级小额贷款公司监管部门一律不得新批设网络（互联网）小贷公司，禁止新增批小贷公司跨省（区、市）开展小额贷款业务。互联网小贷也进入了存量发展阶段。

根据第一消费金融的统计，截至 2017 年 11 月 22 日，全国共批准了 276 家网络小贷牌照（含已获地方金融办批复未开业的公司），其中有 273 家在 2017 年底之前完成了工商注册。如图 1-10 所示，从注册时间分布看，2017 年新注册网络小贷公司的数量达到顶峰，新注册网络小贷公司数量增速则在 2016 年达到最大值，这两个年份注册的小贷公司数量之和与前 10 年注册数量的总和基本持平。

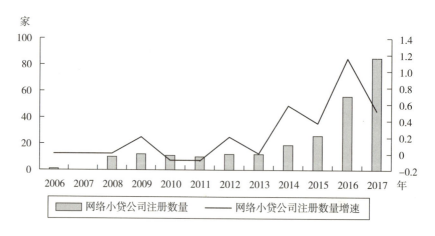

资料来源：第一消费金融，齐鲁财富网。

图 1-10　网络小贷公司注册数量及其增速（2006—2017 年）

从网络小贷公司的注册地分布来看，276 家取得牌照的公司分布在全国 23 个省级行政区域，其中东部沿海地区中只有山东省没有发出网络小贷的牌照。276 家网络小贷公司中，注册地在广东的数量最多，为 53 家；其次是重庆，有 46 家；排在第三位至第五位的地区是江苏（24 家）、江西（22 家）和浙江（22 家）。这 5 地网络小贷牌照的数量占全国总数的比重超过了 60%。

从网络小贷公司注册时间看，同一地区的网络小贷公司在时间分布上呈集中之势，例如，浙江 22 家网络小贷公司中有 12 家是集中在 2008 年 9 月至 2010 年 3 月这个区间注册的；再如，江苏的 24 家网络小贷公司中有 11 家尚未在 2017 年底之前完成注册，但是集中在 2017 年 6~11 月这个区间内公开披露了获得牌照的信息。

从网络小贷公司的资本金来源渠道看，据不完全统计，这 276 家网络小贷公司中有 136 家有上市公司背景，占网络小贷公司总数的 49.27%。没有上市公司背景的网络小贷公司大多具有知名互联网金融公司背景或是大企业背景。同时，还存在部分大企业手中持多张网络小贷牌照，或是 1 家网络小贷公司有多家大企业背景的情况。此外，部分网贷平台选择通过网络小贷公司消化大额标的，以达到规避监管限额要求的目的。

从网络小贷公司与其他互联网金融机构的关系看，至少有 17 家网络借贷平台直接申请或由其股东申请共获取了 20 家网络小贷牌照，从地域上看主要集中在江西和广东两省。至少有 30 家现金贷平台通过其运营主体公司或其股东持有了 35 张网络小贷牌照，从地域上主要集中在江西和重庆地区。从这两个方面的数据看，江西成为互联网金融公司设立网络小贷的聚集地。

1.8.4　互联网个人征信业务即将上线

2015 年 1 月，中国人民银行下发《关于做好个人征信业务准备工作的通知》，要求芝麻信用管理有限公司、腾讯征信有限公司、深圳前海征信中心股份有限公司、鹏元征信有限公司、中诚信征信有限公司、中智诚征信有限公司、拉卡拉信用管理有限公司和北京华道征信有限公司 8 家机构做好个人征信业务的准备工作，准备时间为 6 个月。首批 8 家获批筹备个人征信业务的机构历经两年攻坚依然难以获得中央银行的认可。2017 年 4 月，中央银行征信局局长万存知在一次公开讲话中直言"8 家机构实际开业准备的情况离市场需求、监管要求差距很大"，并称"达不到监管标准情况下不能把牌照发出去"。但现金贷、P2P 网络借贷等互金业务中不断凸显的信用问题又迫切需要中央银行征信中心之外的合法征信机构通过采集、共享银行类持牌金融机构以外机构的信息加以解决。

2017 年 11 月 24 日，在中国互联网金融协会第一届常务理事会 2017 年第四次会议上，审议并通过了互金协会参与发起设立个人征信机构的事项，完成了程序上的重要一环。"信联"由中国人民银行主导、中国互金协会出面牵头，邀请此前的 8 家试点机构各出资 8% 筹建。根据公开信息和财经新闻报道，信联将致力于纳入中央银行征信中心未能覆盖到的个人金融信用数据，数据来源将是"200 多家网贷公司、8000 多家县域的小贷公司、消费金融公司等"。信联将专业从事个人信用信息采集、整理、保存和对外提供信用报告、信用评分、反欺诈等各类征信服务；将与中央银行征信中心形成"错位发展、功能互补"的市场格局。

在设计上，信联链接了网络小贷、消费金融、P2P 等平台的多样化征信数据，可以解决"信息孤岛"问题。此前，个人在借贷、电商、社交、支付等场景的应用数据往往为各家平台所独有，互联网金融、互联网电商等内部以及与外部之间的信息并未形成数据共享，而中国人民银行个人征信的覆盖率仅在 50% 左右，而且中央银行征信中心记录个人征信维度相对单一，仅仅以个人在银行渠道的信用记录作为个人征信的评判标准。信联的成立，有望实现互联网金融机构内外部之间互通有无、信息共享，提高风控效率、降低风控成本，有效防止大量多头借贷、欺诈借贷行为发生，为互联网金融行业健康发展创造条件。

此外，对个人而言，信联能在一定程度上解决个人征信数据"被滥用""被污染"的问题。一方面，在数据乱象之下，有些数据公司出现对个人数据的过度采集、非法采集、非法交易、数据滥用等，用户成为虚拟世界中的"透明人"，电信欺诈、骚扰电话、暴力催收等屡禁不止；另一方面，以前有些小规模的互金公司为了多查询数据，将白名单客户数据当成黑名单客户数据贡献给数据公司，换取数据查询权，导致个人数据被污染。信联作为一个具有行业自律性质的机构，一旦发现有机构滥用数据或是污染数据，可以做出一些惩罚，在一定程度上解决了市场失灵问题。

第 2 章　2017 年山东金融运行分析

2017 年是实现"十三五"规划重要的一年，也是供给侧结构性改革深化之年。2017 年 7 月 15 日，全国金融工作会议召开，习近平总书记在会上强调，金融是实体经济的"血脉"，为实体经济服务是金融的天职，是金融的宗旨，也是防范金融风险的根本举措。金融工作应坚持回归本源、结构优化、强化监管和市场导向四大原则。习近平总书记明确要求，金融工作要紧紧围绕服务实体经济、防控金融风险、深化金融改革三项任务。2017 年 12 月 25 日，为贯彻落实全国金融工作会议和中央经济工作会议精神，山东省经济工作暨金融工作会议召开，会议围绕加快推动经济高质量发展的目标，提出以供给侧结构性改革为主线，着力做好新旧动能转换重大工程、破除体制机制障碍、实施乡村振兴战略、加快创新型省份建设、塑造开放型经济新优势、加快建设海洋强省、推进军民融合深度发展、打赢污染防治攻坚战、打赢脱贫攻坚战、做好保障和改善民生生活十个方面的工作；会议强调，要以习近平总书记在全国金融工作会议上的重要讲话精神为指导，做好山东省金融工作，更好地服务实体经济和防控金融风险。

2.1　山东经济运行情况

2017 年，山东全省上下认真贯彻落实习近平总书记提出的"走在前列"根本要求和"凤凰涅槃""腾笼换鸟"等重要指示精神，加快推进新旧动能转换重大工程，全省经济总体保持稳中向好发展态势。产业结构持续优化，动能转换持续加快，推动经济实现高质量发展的有利因素不断累积，经济发展的稳定性、协调性、柔韧性和可持续性持续增强。全省实现生产总值 72678.18 亿元，比上年增长 7.4%（见图 2-1）。具体地说，2017 年全省第一产业增加值为 4876.74 亿元，增长 3.5%；第二产业增加值为 32925.12 亿元，增长 6.3%；第三产业增加值为 34876.32 亿元，增长 9.1%。人均 GDP 达到 72851 元/人，增长 6.5%，按年均汇率折算为 10790 美元/人。2017 年全省经济运行出现一些令人瞩目的新的特征。

一是实施新旧动能转换重大工程激活新引擎。全省充分发挥新旧动能转换重大工程的主导作用，"无中生有"和"有中出新"竞相涌现，新旧动能转换加速发力

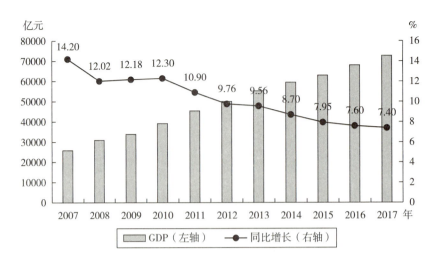

资料来源：Wind 资讯，齐鲁财富网。

图 2－1　山东省 GDP 总量与增速变化（2007—2017 年）

成为经济高质量发展的助推器。二是"三去一降一补"成效逐步显现。全省全面深化体制机制的改革，注重优势产业的成果转化，查漏补缺，配置资源更加优化，供给质量明显提升。三是经济转型升级迈上新台阶。年初，省政府办公厅下发《关于加快推进工业创新发展转型升级提质增效的实施意见》（鲁政办发〔2017〕1 号）提出加快推进发展动能由要素驱动为主向创新驱动主导转变、产业分工由价值链中低端向中高端转变、资源配置由市场机制不全与政府职能错位并存向有效市场与有为政府协同联动转变、方式目标由注重规模扩张向着力提质增效转变"四个转变"。四是消费拉动和市场需求展现出新的内涵。借助互联网和信息技术，大众消费观念和消费模式加快升级，市场需求不断优化。五是实现质量效益的新突破。2017 年 4 月，山东新旧动能转换重大工程正式启动，全省经济坚持质量第一，效益优先；居民收入持续增加，城镇居民人均可支配收入与农村居民人均可支配收入均有超过 8% 幅度的增长，城乡居民人均收入倍差 2.43，同比缩小 0.01。六是民生和社会保障取得新进展。2017 年，山东在经济发展的同时，把改善和保障民生作为各项工作的重中之重，人民群众的获得感和幸福感明显提高。七是绿色发展初现成效。实施新旧动能转换重大工程要求推进生产生活方式绿色化，坚持"绿水青山就是金山银山"发展理念，坚持市场为导向、法治为保障的原则，以环保督查为突破口，不间断不定期地开展环境治理专项行动，实现自然效益与经济效益的双赢。八是区域经济发展的龙头效应进一步凸显。2018 年 1 月 3 日，国务院《关于山东新旧动能转换综合试验区建设总体方案的批复》（国函〔2018〕1 号）批准了《山东新旧动能转换综合试验区建设总体方案》。《方案》将青岛确定为新旧动能转换综合试验区三核引领之一，明确青岛市的核心引领地位，发挥海洋科学城、东北亚国际航运枢纽和沿海重要中心城市综合功能，突出西海岸新区，打造东部沿海重要的创新中心、海洋经济发展示范区，形成东部地区转型发展新的增长点。

2.2 山东金融业运行情况

2017 年山东省金融业增加值为 3707.24 亿元，不变价增速为 8.0%，占 GDP 的比重为 5.10%，占服务业比重为 10.6%。近十年来，山东省金融业增加值以及金融增加值占 GDP 的比重一直稳步增长，金融业在山东国民经济的发展过程中作用日益明显（见表 2-1）。

表 2-1   全国及四省金融业增加值占 GDP 的比重（2007—2017 年）   单位：%

年份	全国	广东	江苏	浙江	山东
2007	5.62	5.37	4.05	6.67	2.85
2008	5.73	5.36	4.19	7.70	2.85
2009	6.24	5.78	4.63	8.26	3.08
2010	6.22	5.78	5.08	8.39	3.48
2011	6.27	5.48	5.29	8.45	3.62
2012	6.51	5.56	5.80	7.97	3.87
2013	6.92	6.60	6.63	7.40	4.32
2014	7.25	6.56	7.26	6.89	4.56
2015	8.40	7.91	7.56	6.82	4.75
2016	8.22	7.58	7.77	6.46	4.95
2017	7.95	7.62	7.90	6.60	5.10

资料来源：Wind 资讯，齐鲁财富网。

与全国及经济总量排名靠前的广东、江苏、浙江三省相比较可以看出，虽然山东省金融业增加值稳步增长，但是金融业增加值占 GDP 的比重不仅低于全国，也低于其他三省。这也就说明山东省金融业的发展与其他省份相比较还存在一定的差距，深化金融体制改革，发展与实体经济和企业创新相适应的现代金融体系，仍是山东金融工作未来一段时间的奋斗目标。

2.2.1 银行业机构稳健运行，业务增长放缓

（1）资产负债规模增速放缓

截至 2017 年底，山东省银行业金融机构本外币资产总额为 114886.8 亿元，比 2016 年增长 4.52%，比全国低 3.18 个百分点；负债总额为 111078.0 元，比 2016 年增长 4.54%，比全国低 3.86 个百分点（见表 2-2）。2017 年受中国银监会多项监管政策实施的影响，监管层持续推动金融去杠杆，银行业金融机构主动放缓业务扩张

和结构调整速度，资产负债规模增速放缓，全年山东省银行业金融机构本外币资产总额及负债总额增速均创新低。

表 2 – 2　　山东银行业金融机构本外币资产总额及负债总额变化（2014—2017 年）

单位：亿元、%

年份	资产总额	资产增速	负债总额	负债增速
2014	86763.07	9.70	83708.95	9.58
2015	97029.22	11.83	93686.82	11.92
2016	109923.60	13.29	106255.50	13.42
2017	114886.80	4.52	111078.00	4.54

资料来源：山东银监局，齐鲁财富网。

（2）存贷款余额增速创新低

从存贷款余额来看，截至 2017 年底，山东省银行业金融机构存款余额为 91018.7 亿元，比上年增长 6.2%；贷款余额为 70873.9 亿元，比上年增长 8.6%，其中涉农贷款余额为 25819.4 亿元，增加 1690.4 亿元；县域贷款余额为 20707.9 亿元，增加 1353.7 亿元；小微企业贷款余额为 15330.7 亿元，增加 1426.9 亿元。从表 2 – 3 可以看出，2017 年山东省存贷款余额增幅均创 2007 年以来新低。

表 2 – 3　　　　　山东金融机构存贷款余额及增长速度（2007—2017 年）　　单位：亿元、%

年份	存款余额	存款增速	贷款余额	贷款增速
2007	22414.0	12.1	18280.0	12.7
2008	27295.3	21.8	20928.0	14.5
2009	35170.7	28.9	27385.9	30.9
2010	41653.7	18.4	32536.3	18.8
2011	46986.5	12.8	37522.0	15.3
2012	55386.0	17.9	42900.0	14.3
2013	63358.0	14.4	47952.0	11.8
2014	69151.9	9.1	53662.2	11.5
2015	76795.0	9.9	59063.0	10.0
2016	85683.5	11.6	65243.5	10.5
2017	91018.7	6.23	70873.9	8.63

资料来源：山东银监局，齐鲁财富网。

金融机构存款余额来源主要为住户存款和非金融企业存款。截至 2017 年底，山东省住户及非金融企业存款总额为 73881.3 亿元，占存款余额的比重为 81.2%，存款来源相对集中。值得注意的是，截至 2017 年底，全国住户存款占存款余额的比重为 38.5%；山东省住户存款 44409.1 亿元，占存款余额的比重为 48.8%；比全国高出 10.3 个百分点，山东住户存款意识相对保守，投资渠道比较单一。

表 2 – 4	山东金融机构存贷款结构及增长速度（2017 年）	单位：亿元、%
指　　标	年末数	比上年末增长
存款余额	91018.7	6.2
住户存款	44409.1	6.4
非金融企业存款	29472.2	5.0
贷款余额	70873.9	8.6
境内短期贷款	28927.9	3.2
境内中长期贷款	37609.5	20.3

资料来源：山东省统计局，齐鲁财富网。

　　一般来说，金融机构贷款去向主要为境内短期贷款和中长期贷款。截至 2017 年底，山东省境内短期贷款和中长期贷款总额为 66537.4 亿元，占贷款余额的比重为 93.9%。由表 2 – 4 可以看出，山东省贷款以境内中长期贷款为主，占贷款余额的比重为 53.1%。但是比全国 59.8% 的比重低 6.7 个百分点。山东省境内短期贷款占贷款余额的比重为 40.8%，比全国 32.7% 的比重高出 8.1 个百分点。山东省金融机构在发放贷款方面相对保守，不能充分发挥对企业的长期支持作用。

　　（3）净利润创最大跌幅

　　2017 年山东省银行业金融机构实现净利润 383.90 亿元，同比下降 47.11%，创 2008 年以来最大跌幅，总资产收益率仅有 0.34%。自 2013 年净利润创出 1092.74 亿元的成绩以来，连续 4 年出现下滑（见表 2 – 5）。

表 2 – 5	山东银行业金融机构净利润变化（2008—2017 年）		单位：亿元、%
年份	平均资产总额	净利润	总资产收益率
2008	30180.11	484.00	1.60
2009	37812.64	470.72	1.24
2010	46119.38	619.73	1.34
2011	53721.55	820.00	1.53
2012	63470.49	960.20	1.51
2013	74140.56	1092.74	1.47
2014	82923.96	1031.48	1.24
2015	91896.15	771.60	0.84
2016	103476.41	725.80	0.70
2017	112405.20	383.90	0.34

资料来源：山东银监局，齐鲁财富网。

（4）不良贷款连续四年"双升"

山东省银行业金融机构不良贷款余额为 1813.2 亿元，比年初增加 416.2 亿元；不良贷款率为 2.56%，比年初上升 0.42 个百分点。其中，辖区中小法人金融机构不良贷款余额为 591.2 亿元，比年初增加 233.9 亿元，不良贷款率为 3.54%，比年初上升 1.16 个百分点。截至 2017 年底山东省银行业金融机构不良贷款余额及不良贷款率已经是连续 4 年增长（见表 2-6）。

表 2-6　　　　山东银行业金融机构不良贷款变化（2011—2017 年）　　单位：亿元、%

年份	不良贷款余额	不良贷款率
2011	684.39	2.31
2012	691.51	1.61
2013	648.06	1.35
2014	995.95	1.86
2015	1219.80	2.06
2016	1397.10	2.14
2017	1813.20	2.56

资料来源：山东银监局，齐鲁财富网。

2.2.2　保险业平稳发展，严监管倒逼转型

2017 年保险业"严监管"迎来集中之势。全年中国保监会公开发布了 21 项政策法规，其中规范性文件多达 16 个，公开披露的征求意见稿有 15 份，涉及人身险、车险、信用保证保险、互联网保险等多个业务领域，同时规范了公司治理、产品设计、关联交易、销售展业等多个公司发展方面。特别是 2017 年 5 月 12 日中国保监会下发的《关于规范人身保险公司产品开发设计行为的通知》（保监人身险〔2017〕134 号），对人身险产品设计提出了更高的要求。明确并强调开发设计保险产品的要求：就人身险产品开发设计提出了万能险、投连险不得作为附加险；年金产品生存金返还需于保单生效 5 年之后且比例不超过已交保费的 20%。保险产品定名、产品说明书以及相关产品宣传材料中不得包含"理财""投资计划"等表述，被称做"史上最严新规"。为了遏制保险公司通过销售"理财化"的保险产品做大规模，多项政策均是降低行业风险，让保险行业回归本源，从监管角度弱化保险产品投资属性，倒逼行业转型，回归保险本源，释放风险。2017 年山东省保费收入合计 2737.79 亿元，占全国的比重为 7.48%，其中财产险、寿险、意外险、健康险保费收入分别为 694.15 亿元、1633.51 亿元、51.44 亿元、358.69 亿元（见表 2-7）。与 2007 年相比全省保费收入总额涨幅 445.68%，比全国高出 25.75 个百分点。

表 2 – 7		山东历年保费收入情况（2007—2017 年）			单位：亿元
年份	合计	财产险	寿险	意外险	健康险
2007	501.72	144.72	315.92	12.45	28.63
2008	673.95	164.23	452.76	13.81	43.15
2009	792.89	208.01	521.12	16.74	47.01
2010	1030.07	291.12	662.35	20.83	55.77
2011	1036.04	332.27	627.56	22.83	53.37
2012	1128.04	382.55	653.94	26.06	65.48
2013	1280.42	445.60	716.69	29.32	88.82
2014	1454.93	514.63	775.49	33.22	131.58
2015	1787.60	567.00	1006.95	37.81	175.84
2016	2302.19	626.29	1335.14	44.31	296.45
2017	2737.79	694.15	1633.51	51.44	358.69

资料来源：中国保监会，齐鲁财富网。

2017 年山东省保险保费收入 2737.79 亿元，同比增长 18.92%。其中，财产险保费收入 694.15 亿元，增长 10.84%；人身险保费收入 2043.64 亿元，增长 21.94%。支付各项赔款与给付 831.3 亿元，增长 5.7%。农业保费收入 23.6 亿元，增长 18.5%，为 1729.2 万户次农户提供了 647.3 亿元的风险保障。全年保险行业呈现如下特点：

（1）保费收入增速近七年首次下滑

近十年来山东省保费收入增速基本与全国保持相同的趋势（见图 2 – 2）。2017 年山东省保费收入 2737.79 亿元，同比增长 18.92%，虽高于全国 0.76 个百分点，但是与 2016 年相比增速下滑 9.87 个百分点，也是自 2011 年以来出现的首次增速下滑。

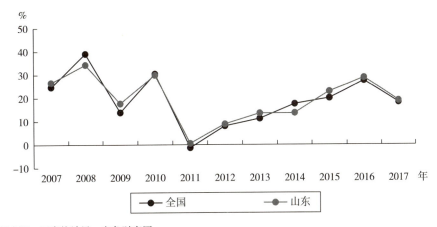

资料来源：国家统计局，齐鲁财富网。

图 2 – 2 全国与山东保费收入增速变化（2007—2017 年）

　　具体到险种来看，除了财产险收入增速略有反弹外，2017 年人身险（含寿险、意外险、健康险）收入增幅为 21.94%，比上年下滑 15.36 个百分点，其中寿险、意外险、健康险收入增速分别下滑 10.24 个、1.08 个、48.59 个百分点（见表 2-8）。

表 2-8　　　　　　　　山东各险种保费收入增速（2007—2017 年）　　　　　单位：%

年份	合计	财产险	寿险	意外险	健康险
2007	26.63	36.26	24.90	33.23	3.21
2008	34.33	13.48	43.32	10.95	50.72
2009	17.65	26.66	15.10	21.24	8.96
2010	29.91	39.95	27.10	24.39	18.64
2011	0.58	14.14	-5.25	9.63	-4.31
2012	8.88	15.13	4.20	14.15	22.69
2013	13.51	16.48	9.60	12.48	35.65
2014	13.63	15.49	8.20	13.33	48.15
2015	22.87	10.18	29.85	13.81	33.64
2016	28.79	10.46	32.59	17.18	68.59
2017	18.92	10.84	22.35	16.10	21.00

资料来源：国家统计局，齐鲁财富网。

（2）保费收入全国排名第三

　　2017 年山东省保费收入为 2737.79 亿元，全年保费收入继广东省和江苏省之后，全国排名第 3 位，占全国保费收入的比重为 7.48%。其中寿险保费收入 1633.51 亿元，同比增长 22.35%，低于全国平均 0.66 个百分点，全年寿险保费收入继广东省、江苏省之后，全国排名第 3 位；财产险保费收入 694.15 亿元，同比增长 10.84%，低于全国平均 1.88 个百分点，全年财产险保费收入继广东省、江苏省、浙江省之后，全国排名第 4 位；健康险保费收入 358.69 亿元，同比增长 21.00%，高于全国平均 12.42 个百分点，全年健康险保费收入继广东省之后，全国排名第 2 位；意外险保费收入 51.44 亿元，同比增长 16.10%，低于全国平均 4.09 个百分点，继广东省、江苏省、上海市、浙江省、北京市之后，全国排名第 6 位（见图 2-3）。

（3）青岛市保费收入全省第一

　　2017 年山东省保费收入总额在全国排名第三位，全省 17 个地市平均保费收入160.69 亿元/市，青岛市以 396.72 亿元的保费总额在山东省排名第一位。保费收入过百亿元的城市有 12 个，其中青岛市、济南市、烟台市、临沂市、潍坊市、济宁市、淄博市 7 个地市的保费收入均高于山东省平均水平。值得注意的是，青岛市除了财产险保费收入高于排名第二的济南市外，其寿险、意外伤害险、健康险保费收入均低于济南市。

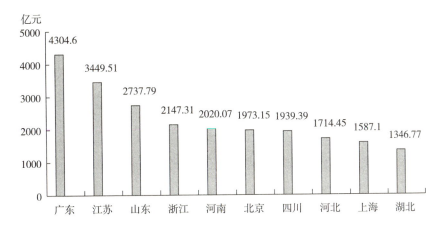

注：集团、总公司本级是指集团、总公司开展的业务，不计入任何地区。

资料来源：各地保监局，齐鲁财富网。

图 2 - 3　全国保费收入排名前十位的省市情况（2017 年）

表 2 - 9　　　　　　　　全省 17 个地市保费收入情况（2017 年）　　　　单位：亿元

排名	地市	合计	财产险	寿险	意外伤害险	健康险
1	青岛	396.72	107.78	226.05	8.01	54.87
2	济南	381.07	75.83	237.91	9.58	57.74
3	烟台	251.21	62.91	154.04	4.15	30.11
4	临沂	234.72	69.06	130.16	4.86	30.64
5	潍坊	219.91	60.71	129.05	4.17	25.97
6	济宁	176.80	46.73	105.07	3.05	21.95
7	淄博	161.24	35.97	103.05	2.77	19.45
8	菏泽	121.48	27.38	74.65	1.88	17.57
9	泰安	116.92	24.61	71.79	1.83	18.69
10	德州	111.97	25.97	70.47	1.75	13.78
11	聊城	105.64	30.50	60.88	1.32	12.94
12	滨州	100.27	26.91	58.25	1.69	13.43
13	威海	99.34	24.42	61.64	1.63	11.64
14	东营	90.35	27.03	53.29	1.94	8.09
15	枣庄	71.73	15.72	44.18	1.09	10.73
16	日照	63.27	21.19	32.72	1.24	8.12
17	莱芜	29.11	5.44	20.25	0.47	2.96
	山东省本级	6.05	5.98	0.05	0.01	0.01
	合计	2737.79	694.15	1633.51	51.44	358.69

注：按地区保费合计排名。

　　本级是指集团、总公司开展的业务，不计入任何地区。

资料来源：中国保监会，齐鲁财富网。

（4）财产险赔付比例最高

2017 年山东省保险行业全年共支付各项赔款与给付 831.27 亿元，增长 5.7%，赔付支出占保费收入的比重为 30.36%，略低于全国平均水平 0.2 个百分点。全年财产险给付 353.96 亿元，占该险种保费收入的比重为 50.99%，低于全国平均水平 0.74 个百分点。人身险给付 477.31 亿元，占该险种保费收入的比重为 23.36%，高于全国平均水平 0.57 个百分点。其中，人身意外伤害险给付 13.61 亿元，占该险种保费收入的比重为 26.46%，高于全国平均水平 1.64 个百分点；健康险给付 121.17 亿元，占该险种保费收入的比重为 33.78%，高于全国平均水平 4.28 个百分点；寿险给付 342.52 亿元，占该险种保费收入的比重为 20.97%，低于全国平均水平 3.85 个百分点（见表 2 – 10）。

表 2 – 10　　　　　　　山东保险行业经营情况（2017 年）　　　　　　单位：亿元

险种	金额
一、保费收入	2737.79
1. 财产险	694.15
2. 人身险	2043.64
（1）人身意外伤害	51.44
（2）健康险	358.69
（3）寿险	1633.51
二、赔付支出	831.27
1. 财产险	353.96
2. 人身险	477.31
（1）人身意外伤害	13.61
（2）健康险	121.17
（3）寿险	342.52

资料来源：山东省保监局，齐鲁财富网。

2.2.3　上市公司新增数量大幅上升，新三板业务萎缩

2017 年山东省大力发展多层次资本市场，加快推进资产证券化工作，企业杠杆率稳中趋降。截至 2017 年底，全省共有上市公司 294 家，比上年净增加 26 家。其中，境内上市公司 197 家[①]，比 2016 年增加 25 家；1 家公司年内迁出山东省。"新三板"、齐鲁股权交易中心、蓝海股权交易中心挂牌企业分别达到 636 家、2270 家和 1124 家。全年证券公司代理买卖证券交易金额为 11.8 万亿元，比上年增长 0.9%。期货公司代理成交金额为 7.8 万亿元，增长 39.9%。年末私募基金机构 443 家，管理基金规模为 1568.6 亿元。山东加大供给侧结构性改革，发展多层次资本市场，全

---

① 该统计数据含 2 家 B 股上市公司，即山航 B（200152.SZ）、中鲁 B（200992.SZ），鉴于原 * ST 济柴（000617）经过重大资产重组于 2017 年 5 月 9 日将注册地址由山东变更到新疆，2017 年统计数据仍然含有该公司。

年新增直接融资额 5366.9 亿元；争取国家批复企业债券 20 只，总规模为 246.3 亿元。全省积极开展市场化、法治化债转股，债转股签约实际落地金额为 156 亿元。

（1）山东上市公司运行情况

截至 2017 年底，山东省的境内上市公司数量为 197 家，占全国沪深上市公司的比例为 5.65%，数量继广东省、浙江省、江苏省、北京市、上海市之后，全国排名第六位（见图 2 – 4）。其中，主板、中小板、创业板上市公司分别为 99 家、68 家、30 家。自 IPO 常态化以来，全国新股发行有愈演愈烈之势，2017 年山东省新上市公司为 25 家，创历史第二高峰，仅次于 2010 年的 26 家。全年上市公司运行呈现如下特点：

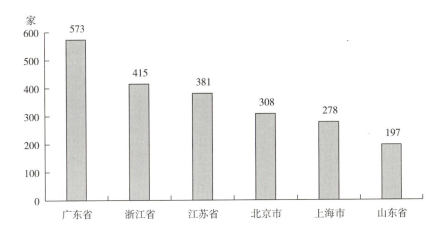

资料来源：Wind 资讯，齐鲁财富网。

图 2 – 4　全国上市公司数量 TOP 6 省市上市公司家数（2017 年）

山东上市公司市值较低。山东省 197 家上市公司的总市值为 22937.79 亿元，占江苏省、浙江省、广东省的市值比例分别为 57.53%、48.47%、21.34%。从平均市值来看，截至 2017 年底，山东省上市公司的平均市值为 116.44 亿元/家，比全国上市公司平均市值低 60.13 亿元/家，比广东省低 71.10 亿元/家。另外，截至 2017 年底，山东省上市公司总市值占 GDP 的比重为 31.56%，广东省、浙江省、江苏省上市公司总市值占 GDP 的比重分别为 119.56%、91.41%、46.41%（见图 2 – 5）。可见，山东省虽然为经济大省，但金融业发展相对滞后，对于上市公司的培育、市值管理等方面还有很长的路要走。

股权融资总额全国排名第七位。2017 年山东省上市公司股权融资总额[①]为 623.28 亿元，占全国的比重为 4.10%。广东省、浙江省、江苏省的融资总额分别比山东省高出 241.84%、147.39%、139.62%，山东省上市公司融资总额在四省中排名垫底（见表 2 – 11）。

---

① 本报告的股权融资总额为通过首发、增发、配股融资获得的融资总额。

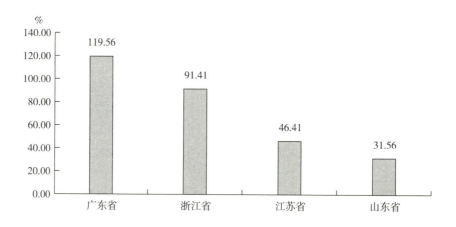

资料来源：Wind 资讯，齐鲁财富网。

图 2 - 5　四省上市公司总市值占 GDP 比重（2017 年）

表 2 - 11	四省股权融资规模对比（2017 年）			单位：亿元
区域	合计	首发	增发	配股
广东	2130. 61	521. 23	1609. 39	0
江苏	1541. 91	303. 50	1202. 79	35. 63
浙江	1493. 50	486. 46	1007. 04	0
山东	623. 28	167. 47	375. 52	29. 98

资料来源：Wind 资讯，齐鲁财富网。

首发融资额高于全国平均水平。2017 年山东省新上市公司 25 家（见表 2 - 12），创历史第二高峰，仅次于 2010 年的 26 家。首发融资额 167.47 亿元，同比增长 10.81%，占全国首发融资总额的 7.28%，首发平均融资额 6.70 亿元/家，高于全国平均水平（5.28 亿元/家）。

表 2 -12	山东上市公司首发融资额（2017 年）		单位：亿元
股票代码	股票简称	上市日期	融资额
601019. SH	山东出版	2017 - 11 - 22	27. 12
601366. SH	利群股份	2017 - 04 - 12	15. 52
603367. SH	辰欣药业	2017 - 09 - 29	11. 66
603586. SH	金麒麟	2017 - 04 - 06	11. 22
300583. SZ	赛托生物	2017 - 01 - 06	10. 74
300699. SZ	光威复材	2017 - 09 - 01	10. 36
603113. SH	金能科技	2017 - 05 - 11	10. 34
603278. SH	大业股份	2017 - 11 - 13	7. 96
603639. SH	海利尔	2017 - 01 - 12	7. 49

续表

股票代码	股票简称	上市日期	融资额
300690. SZ	双一科技	2017 – 08 – 08	5. 57
603856. SH	东宏股份	2017 – 11 – 06	5. 37
300677. SZ	英科医疗	2017 – 07 – 21	4. 96
002899. SZ	英派斯	2017 – 09 – 15	4. 82
603612. SH	索通发展	2017 – 07 – 18	4. 74
002891. SZ	中宠股份	2017 – 08 – 21	3. 87
603086. SH	先达股份	2017 – 05 – 11	3. 53
002838. SZ	道恩股份	2017 – 01 – 06	3. 21
603638. SH	艾迪精密	2017 – 01 – 20	2. 90
300659. SZ	中孚信息	2017 – 05 – 26	2. 62
002871. SZ	伟隆股份	2017 – 05 – 11	2. 62
300653. SZ	正海生物	2017 – 05 – 16	2. 34
002921. SZ	联诚精密	2017 – 12 – 27	2. 31
603536. SH	惠发股份	2017 – 06 – 13	2. 29
002890. SZ	弘宇股份	2017 – 08 – 02	2. 13
300654. SZ	世纪天鸿	2017 – 09 – 26	1. 80

资料来源：Wind 资讯，齐鲁财富网。

增发融资家数大幅减少。2017 年山东共有 20 家上市公司实施增发，融资总额达 425. 83 亿元（见表 2 – 13），占全国增发融资总额的比重为 3. 35%，平均融资额 17. 74 亿元/次，远低于全国平均水平（23. 53 亿元/次）。与 2016 年 34 家上市公司增发 45 次融资 541. 69 亿元相比，实施增发家数减少 41. 18%，累计增发次数减少 46. 67%，融资总额减少 21. 39%，平均融资额却由 12. 04 亿元/次提高到 17. 74 亿元/次，同比增加 47. 34%。也就是说，虽然 2017 年实施增发的公司数量减少了一半，但是平均融资额却增长了一半。

表 2 – 13　　　　　　　　山东上市公司增发融资明细（2017 年）　　　　　单位：亿元

股票代码	股票简称	融资总额
600760. SH	中航黑豹	96. 48
600777. SH	新潮能源	81. 65
002359. SZ	北讯集团	50. 31
300308. SZ	中际旭创	32. 90
002217. SZ	合力泰	26. 42
600309. SH	万华化学	25. 00
000720. SZ	新能泰山	24. 29

股票代码	股票简称	融资总额
300233. SZ	金城医药	21.80
600986. SH	科达股份	15.16
601058. SH	赛轮金宇	13.00
300224. SZ	正海磁材	7.55
600448. SH	华纺股份	6.06
603779. SH	威龙股份	5.75
300391. SZ	康跃科技	5.13
002094. SZ	青岛金王	3.52
002363. SZ	隆基机械	3.47
000756. SZ	新华制药	2.35
300099. SZ	精准信息	1.80
300214. SZ	日科化学	1.60
002339. SZ	积成电子	1.59

资料来源：Wind 资讯，齐鲁财富网。

　　山东上市公司地区分布差距大。截至 2017 年底，烟台市以 38 家上市公司的总量在山东省 17 个地市中数量保持第一位，数量排名第二位的青岛市上市公司 29 家，比排名第三位的济南市多出 3 家，而 2016 年两者的差距仅为 1 家；另外排名第四位的淄博市与济南市上市公司的数量只差 3 家（见图 2-6）。从新增上市公司地区分布来看，2017 年新增的 25 家上市公司来自山东 10 个地市，其中烟台市、青岛市、德州市、济宁市分别新增上市公司 5 家、4 家、4 家、3 家，而济南市仅新增上市公司 2 家（见图 2-7）。

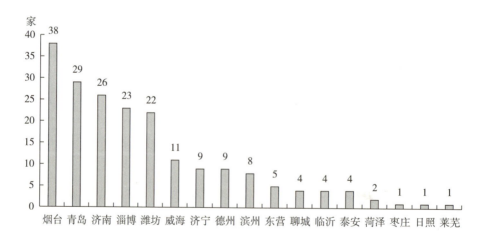

资料来源：Wind 资讯，齐鲁财富网。

图 2-6　山东省 17 个地市上市公司数量分布

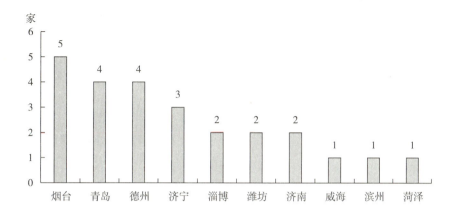

资料来源：Wind 资讯，齐鲁财富网。

图 2 - 7　2017 年山东各地市新增上市公司数量分布

一家上市公司迁出山东。继 2016 年宏达矿业（600532、SH）华联矿业（600882、SH）将注册地址由山东省变更到上海市后，2017 年有 1 家上市公司将注册地址迁出山东。中油资本（000617.SZ）通过重大资产重组①，置出原有全部资产与负债，置入了包括注册地在新疆的昆仑银行股份有限公司和中油专属财产保险股份有限公司等公司的金融业务及资产，主营业务类型及业务地域均发生变化，为了顺应"一带一路"战略，充分发挥公司业务的现有地域优势，进一步提升公司的整体竞争力，将注册地址由济南市变更为新疆克拉玛依市。

山东墨龙遭中国证监会处罚。2017 年，中国证监会紧紧围绕服务实体经济、防范风险、整治市场乱象的工作要求，连续部署了四批次专项执法行动，直指财务造假、炒作次新股、利用高送转等违规交易以及私募领域违法违规四大市场乱象，着力整顿市场秩序，相关工作取得积极进展，资本市场新闻舆论工作水平和市场沟通能力进一步增强。山东墨龙（002490.SZ）因虚假陈述欺诈投资者，先是发布盈利业绩预告，短短数月更正为巨额亏损，其间实际控制人借机违法累计减持比例为

---

①　*ST 济柴（000617.SZ）在 2016 年 4 月启动资产重组，以重大资产置换并发行股份及支付现金的方式，购买中国石油天然气集团公司持有的中国石油集团资本有限责任公司 100% 股权并募集配套资金。中国石油集团将所持部分金融业务的股权打包无偿划至全资子公司中油资本，并以划入上述金融资产包后的中油资本 100% 股权为本次重组的置入资产。上述金融资产包含中油财务有限责任公司 28% 股权、昆仑银行股份有限公司 77.1% 股份、中油资产管理有限公司 100% 股权（含昆仑信托有限责任公司 82.18% 股权、山东省国际信托股份有限公司 25% 股份）、昆仑金融租赁有限责任公司 60% 股权、中石油专属财产保险股份有限公司 40% 股份、昆仑保险经纪股份有限公司 51% 股份、中意财产保险有限公司 51% 股权、中意人寿保险有限公司 50% 股权、中银国际证券有限责任公司 15.92% 股权、银河基金管理有限公司 12.5% 股权和中债信用增进投资股份有限公司 16.5% 股份。2017 年 2 月 10 日，中油资本（000617.SZ）正式挂牌登陆深交所，至此中油资本以 755 亿元的资产规模成为 A 股市场交易规模最大的重组案例，这也是 2017 年首个同步完成金融平台搭建和上市的经典案例，项目完成仅历时 8 个月，创下同类型和相似规模重组中用时最短纪录。重组完成后，中油资本（000617.SZ）拥有较为齐全的金融牌照，成为 A 股市场持有金融牌照数量最多的上市公司。

6.44%，被中国证监会罚没金额合计 1.2 亿元。[①] 山东墨龙（002490.SZ）通过虚增收入、虚减成本的方式，致使 2015 年、2016 年部分定期报告存在经营业绩虚假记载；且 2016 年 6 月对其子公司增资 3 亿元已达到临时信息披露标准，而未及时履行信息披露义务。中国证监会责令山东墨龙（002490.SZ）改正，给予警告，并处以 60 万元罚款，对 18 名相关责任人员给予警告，并分别处以 3 万 ~ 30 万元不等的罚款。

（2）山东新三板挂牌公司运行情况

自 2014 年新三板扩容至全国以来，经历了 2015 年和 2016 年的扩张后，2017 年新三板挂牌数量增幅放缓，发展进入平衡期。2017 年底，全国新三板市场市值达 3.48 万亿元，创历史新高，但新三板做市指数继续走低，第四季度更是跌破了 1000 点，市场流动性依然缺乏。为了推动新三板的发展，2017 年 9 月，《创新创业公司非公开发行可转换公司债券业务实施细则（试行）》的出炉，为挂牌企业提供了新的融资工具。2017 年 12 月股转系统发布《全国中小企业股份转让系统挂牌公司分层管理办法》、《全国中小企业股份转让系统股票转让细则》等法规，对分层、交易制度和信息披露进行了全面改革。截至 2017 年底，山东省新三板挂牌企业共计 636 家，全国排名第 6 位。全年新三板运行呈现如下特点：

新增挂牌企业大幅减少。截至 2017 年末，山东省新三板累计挂牌企业 636 家（见图 2 - 8），同比增长 11.58%，低于全国 14.43% 的增幅。山东省新三板企业的变化趋势同全国情况相似，挂牌企业数量经过前两年迅速扩张后增速变缓，2017 年山东省仅新增 66 家，与 2016 年的增幅相比回落 71.79%，回落幅度也与全国水平相仿。

摘牌企业数量增加。截至 2017 年底，山东省新三板企业共计摘牌 57 家，占全省挂牌企业总数的比重为 8.96%，超过全国平均水平（6.90%）2.06 个百分点。广东省累计退市 137 家，占其新三板挂牌企业总量的比重为 7.29%；浙江省累计退市

---

① 2016 年 10 月 28 日，山东墨龙（002490.SZ）三季报业绩报告中披露了 2016 年全年业绩预告，预计全年业绩扭亏为盈，净利润金额为 600 万 ~1200 万元。3 个月后，公司新发布了业绩修正公告称，公司预计 2016 年净利润为 -4.8 亿元至 -6.3 亿元。在信息披露违法违规及内幕交易案中，山东墨龙（002490.SZ）控股股东、董事长、实际控制人张恩荣分别于 2014 年、2017 年两次减持公司股票 1390 万股、3000 万股，减持比例分别为 1.74%、3.76%；其公司副董事长、总经理张云三于 2016 年 11 月 23 日减持公司股票 750 万股，减持比例为 0.94%。张恩荣与张云三系父子关系，两人作为一致行动人，在上述期间累计减持 5140 万股，合计占山东墨龙（002490.SZ）总股本的比例为 6.44%。张恩荣所持山东墨龙（002490.SZ）已发行的股份比例累计减持 5% 时，未按照《证券法》第八十六条规定及时履行相关的报告和公告义务，也未停止买卖上市公司股票。对此，依据《证券法》第一百九十三条规定，中国证监会决定对张恩荣信息披露违法行为责令改正，给予警告，并处以 30 万元罚款。同时，张恩荣系山东墨龙（002490.SZ）截至 2016 年第三季度末发生重大亏损并持续至 2016 年全年重大亏损这一内幕信息的知情人，在内幕信息敏感期（2016 年 10 月 10 日至 2017 年 2 月 3 日）内，张恩荣卖出 3000 万股，避险金额约 1625 万元；张云三卖出 750 万股，避险金额约 1434 万元。张恩荣、张云三的上述行为违反了《证券法》第七十三条、第七十六条规定，依据《证券法》第二百零二条规定，对此，中国证监会决定对张恩荣内幕交易行为没收违法所得约 1625 万元，并处以约 4877 万元罚款；对张云三内幕交易行为没收违法所得 1434 万元，并处以约 4303 万元罚款。

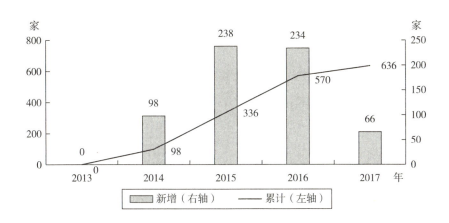

资料来源：Wind 资讯，齐鲁财富网。

图 2 - 8　山东新三板挂牌公司数量变化（2013—2017 年）

86 家，占其新三板挂牌企业总量的比重为 8.33%；江苏省累计退市 125 家，占其新三板挂牌企业总量的比重为 8.99%（见表 2 - 14）。

表 2 - 14	全国及四省新三板公司退市情况（2017 年）		单位：家
区域	挂牌企业	历年累计退市	2017 年退市
广东	1878	137	127
江苏	1390	125	109
浙江	1032	86	77
山东	636	57	52
全国	11630	802	709

资料来源：Wind 资讯，齐鲁财富网。

　　值得注意的是，山东省累计退市的 57 家新三板企业中，仅 2017 年退市的企业数量就高达 52 家，占全年新增挂牌公司数量（66 家）的比重为 78.79%。对比广东、江苏、浙江 3 省，从 2017 年退市数量来看，4 省虽为挂牌大省，但当年退市数量占本省挂牌总量的比重都高于全国 6.09% 的平均水平，而山东省在 4 省中退市数量占本省挂牌总量比重最高（见图 2 - 9）。

　　济南、青岛挂牌企业数量遥遥领先。从山东省 17 个地市新三板挂牌总量来看，济南市共计挂牌 145 家，排名第 1 位，其次是青岛市挂牌 114 家，两市在 17 个地市中数量遥遥领先（见图 2 - 10）。烟台市虽然上市公司数量居全省首位，但新三板挂牌公司仅有 76 家，虽然全省排名第 3 位，但数量远少于济南和青岛。菏泽市共有 5 家挂牌企业，位居全省最后一名。

　　从新增挂牌公司数量看，2017 年青岛市新增 22 家，排名第 1 位，济南市以 1 家之差排名第 2 位，烟台市新增 12 家，居第 3 位。排名靠后的日照市、枣庄市均增加

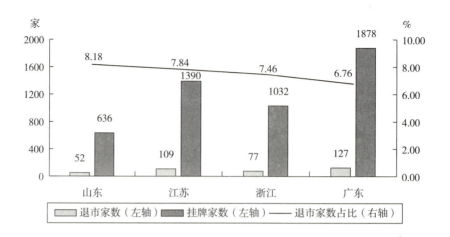

资料来源：Wind 资讯，齐鲁财富网。

图 2 – 9　山东等四省新三板企业退市情况（2017 年）

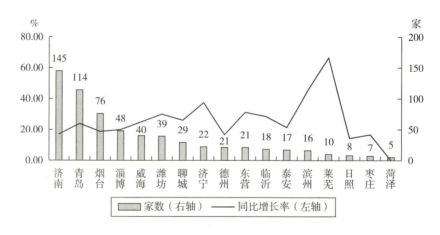

资料来源：Wind 资讯，齐鲁财富网。

图 2 – 10　山东省 17 个地市新三板企业数量排名及同比增幅（2017 年）

1 家，而菏泽市没有新增。对比之下，挂牌数量两极分化明显，呈现了强者更强、弱者更弱的特征。

定向增发融资额大幅增加。定向增发仍是新三板的重要融资方式，2017 年山东省新三板企业定向增发 138 次，比 2016 年减少 4 次；但是定增融资额为 94.61 亿元，比 2016 年增加 54.56 亿元，同比增长 136.23%（见图 2 – 11），位居全国第 5 名，2017 年山东新三板企业定向增发融资额占全国的比重为 7.43%。其中最大的一笔为齐鲁银行（832666），共募集 49.99 亿元，占当年全省新三板企业定增募资额的 52.84%。

世纪天鸿（300654）实现创业板上市。2017 年世纪天鸿（300654）成功登陆创业板市场，是山东省新三板转板上市第一股。从挂牌公司上市辅导来看，截至 2017

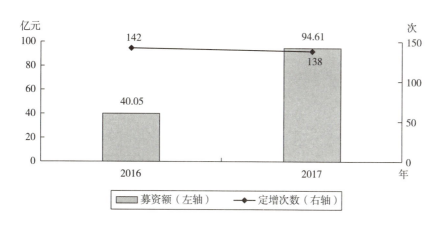

资料来源：Wind 资讯，齐鲁财富网。

图 2-11　山东省新三板定增发行完成次数及募资额（2016—2017 年）

年底，山东省共有 27 家上市公司接受了券商辅导，20 家公司已经实现辅导备案登记受理，领信股份（831129）、昌润钻石（430713）、海容冷链（830822）3 家公司申报了 IPO 材料（见表 2-15）。

表 2-15　　　　　　　　　山东新三板企业转板情况（2017 年）

转板情况	家　数
转板上市	1
已申报 IPO 材料	3
券商辅导备案登记	20
券商辅导	27

资料来源：Wind 资讯，齐鲁财富网。

（3）区域股权交易中心运行情况

2017 年 1 月，国务院办公厅颁布《关于规范发展区域性股权市场的通知》，明确区域性股权市场是服务中小微企业的私募市场，是多层次资本市场体系的重要组成部分，是地方政府扶持中小微企业政策措施的综合运用平台。从 2017 年 7 月 1 日起，区域市场正式纳入中国证监会统一监管体系。党的十九大和全国金融工作会议着重提出要提高直接融资比重，促进多层次资本市场健康发展。山东省正处在加快新旧动能转换、实现"由大到强"战略性转变的关键时期，发挥多层次资本市场促进经济转型升级的作用至关重要。全省高度重视区域股权市场发展，积极借助区域股权市场助推经济实现转型升级。截至 2017 年底，齐鲁股权交易中心、蓝海股权交易中心挂牌企业分别达到 2270 家和 1124 家。

齐鲁股权交易中心自 2010 年成立以来首创多个国内"第一"：挂牌企业中股份公司家数全国第一；国内唯一与新三板建立批量转移对接机制的市场；国内首家与社保基金尝试联合成立基金；国内首个落地针对区域市场挂牌企业的直投基金；国

内首个开展区域市场挂牌企业的股权质押增信基金试点；备案发行国内首只区域市场可转债；研发设立了国内第一个具有自主知识产权的"非上市公司网上协议转让系统"；服务全省规模企业规范化公司制改制，创新形成"规改＋挂牌＋直投"的新模式；推动山东省政府出台国内第一只股权质押增信基金，为挂牌企业融资提供增信缓释；全国首创"O2O"模式多层次资本市场资源联合培育基地，联合更高层次资本市场服务山东企业。

2017年齐鲁股权交易中心新增挂牌企业459家，达到2270家，实现挂牌企业全省区县域全覆盖，其中有11个市挂牌企业超过100家，3个市超过200家，有效地推动了区县域经济发展。截至2017年底，托管企业2447家，展示企业6080家。中心累计帮助企业实现各类融资350.69亿元，其中直接融资近190亿元，股权质押融资72.6亿元。培育发展投资机构、会计师事务所、律师事务所等各类会员机构716家，发展融资服务合作商207家，其中银行58家。2017年，金融服务集团架构初步搭建，各类综合配套服务进一步提升，市场推广力度加大，挂牌数量持续增长，企业融资服务及产品不断创新，普惠融资进一步落地，特别是率先在全国完成城商行、民营银行股权集中登记托管，创建国内首家多层次资本市场资源联合培育基地，聚集金融要素资源服务中小微企业，引领国内区域资本市场探索创新。2016年下半年至2017年上半年，齐鲁股权交易中心全力推动省直投基金落地挂牌企业，将山东省政府直投基金惠及符合条件的挂牌企业中。共组织筛选挂牌企业1800家，组织近600家挂牌企业与省直投基金对接，最终340家挂牌企业获得总计10亿元省直投基金支持，平均每家挂牌企业获得294.12万元。2017年下半年，齐鲁股权交易中心又积极推动与省财政厅共同设立专项投资于挂牌企业的省级股权质押增信基金，总规模达10亿元以上，通过区域市场股权质押增信基金的使用和放大，每年将为挂牌企业带来30亿元以上间接融资。

青岛蓝海股权交易中心作为省内的股权交易机构，自2014年正式成立运营以来，根据山东省政府金融"十三五"规划定位——"将青岛蓝海股权交易中心打造成为财富管理特色突出、适合中小企业培育成长的金融综合服务平台"这一要求，中心设立了中小企业股权交易、财富管理产品交易和"信蓝筹"互联网融资三大平台。立足"规范＋融资"为重点，一直致力于打造中小企业股权交易平台。中小微企业利用资本市场发展壮大的意识不断提高，中心作为资源聚集的载体，着力为挂牌企业搭建起更加高效的资源对接桥梁，引导挂牌企业更好地利用资本市场工具，助推企业稳健快速发展。

截至2017年底，青岛蓝海股权交易中心挂牌展示企业达到1234家；挂牌交易企业比2016年增加554家，数量达到1124家，挂牌企业总市值约300多亿元；累计实现各类融资金额65亿元。其中，直接融资额33.5亿元；股权质押融资额4.5亿元。成立以来，有10家企业通过中心培育已成功登陆"新三板"，1家企业已上报中小板申请材料，2家已启动海外主板上市程序，20多家企业正在准备"新三板"

挂牌材料。挂牌地域覆盖了青岛、济南、烟台、日照、东营、威海等 14 个地市。培育发展投资机构、会计师事务所、律师事务所等各类会员机构 342 家，举行各类培训活动 200 多场次，培训企业 5000 多家次。下一步，中心将继续深入贯彻落实十九大和全国金融工作会议精神，再接再厉，开拓创新，不断提高创新水平，为推动全市经济转型升级、提质增效，建设宜居幸福创新型国际城市作出新的更大贡献。此外，中心也在不断创新。2017 年 5 月，中国证监会发布的《区域性股权市场监督管理试行办法》中明确提到"在区域性股权市场可以非公开发行、转让中小微企业股票与可转换为股票的公司债券"，随后中心设立了完善的中小企业可转债规则与制度，并于 2017 年 7 月为德州某公司完成备案规模 1.67 亿元的首期可转债项目。

除此之外，山东省规范发展融资担保、互联网金融、股权融资、要素交易等新业态，稳步推进债券品种创新，更好地发挥齐鲁股权交易中心等区域股权市场功能，促进多层次资本市场健康发展。支持济南区域性产业金融中心、青岛财富管理金融综合改革试验区、烟台区域性基金管理中心建设。构建普惠金融体系，积极发展绿色金融。大中型商业银行普惠金融事业部改革取得初步成效，工商银行、农业银行、建设银行、中国银行、交通银行、民生银行等机构的省级管辖行已成立了专门的普惠金融事业部，在信贷政策、授信审批、激励考核等方面加大对普惠金融的倾斜力度。省内首家民营银行——威海蓝海银行开业运营，2017 年末资产总额为 103.1 亿元，负债总额为 84.1 亿元。新设山东齐鲁农产品、国商商品、东营新华福岛能源 3 家介于现货与期货之间的大宗商品交易市场，总数达到 11 家，实现交易额 2451.7 亿元，同比增加 1267.4 亿元。稳妥有序地推进权益类和大宗商品类交易市场建设，股权、金融资产、文化产权、农村产权等权益类交易蓬勃开展，海产品、矿石、板材、畜牧产品等大宗商品交易日趋活跃。

第3章 山东互联网应用发展状况

习近平总书记在十九大报告中提出，要建设网络强国、数字中国、智慧社会，发展数字经济、共享经济，培育新增长点、形成新动能。十九大报告多次提到了互联网，近年来互联网在经济社会发展中的重要作用日益凸显，我国向网络强国建设目标持续迈进。过去一年，中国互联网产业发展加速融合，《中国制造2025》全面实施、工业互联网全力推进，"互联网＋"持续助推传统产业升级；互联网、大数据、人工智能和实体经济从初步融合迈向深度融合的新阶段，转型升级的澎湃动力加速汇集；数字经济成为经济发展新引擎，互联网和数字化推动传统经济向互联网经济升级和转型；信息化服务普及、网络扶贫大力开展、公共服务水平的提升，让广大人民群众在共享互联网发展成果上拥有了更多获得感。

金融科技发展深度影响互联网金融行业的格局。2017年被称为"金融监管年"，互联网金融近年来屡屡被推到风口浪尖。2014—2017年，互联网金融连续四年被写入政府工作报告。由"促进健康发展"到"规范发展"，再到"高度警惕"风险，反映了监管态度从鼓励促进转变成规范和防范风险，见证了监管政策逐步落地、行业逐渐步入正轨。金融领域的关键信息基础设施是经济社会运行的神经中枢，金融业务高度依赖金融网络和信息系统。将金融业信息技术发展应用与防控金融风险、保障金融安全相结合，统筹监管好金融业重要基础设施，可以有效防控互联网金融领域的风险。

3.1 互联网基础设施现状

3.1.1 网站建设持续推进

截至2017年12月，我国网站数量为533万个，年增长10.6%，同期山东省网站数量达31.23万个，与2016年相比，网站数量净增3.95万个，在全国网站总数中的占比为5.9%。2010—2016年山东省网站数量在全国网站总数中的占比一直维持在5%左右，一直没有突破6%。2015年网站数量增速为43.10%，是2010—2017年的最高水平，随后网站数量增速出现较大幅度的下滑。2017年全省网站数量增速下滑至 14.48%，并且全省网站数量在全国中的占比依然偏低（见图 3 – 1）。

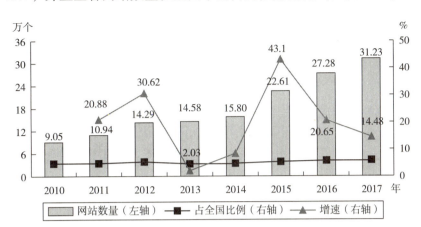

资料来源：第 41 次《中国互联网络发展状况统计报告》，公司金融研究中心。

图 3 – 1　山东网站数量及增速与全国占比（2010—2017 年）

2017 年山东省网站数量处于缓慢增长阶段，与其他东部沿海省市的差距进一步拉大，尤其是与广东、北京的网站数量差距更大。截至 2017 年 12 月，广东省网站数量是山东省网站数量的 2.49 倍，山东与上海相差 10.23 万个，仅比福建省多 0.95 万个（见图 3 – 2）。由此可以看出，山东省网站数量已经远远落后于广东、北京和上海。在当前互联网信息时代背景下，网站是大众获取信息资源的重要渠道，同时网站也是展示个人、企业或者机构的有效信息平台，作为高效开放的平台，需满足大众对于互联网资源的需求。网站数量的多少会直接影响大众对网上信息资源的获取程度，因此，山东省必须加快网站的建设步伐，积极满足民众对网上资源的需求，增强山东省互联网资源的整体实力。

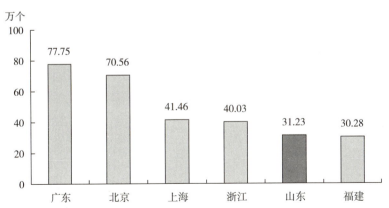

资料来源：第 41 次《中国互联网络发展状况统计报告》，公司金融研究中心。

图 3 – 2　部分省市网站数量对比（2017 年）

3.1.2 网页数量增速趋缓

截至 2017 年 12 月，我国网页总数达 2604 亿个，年增长 10.3%。同期山东省网页数量达 50.21 亿个，占全国网页总数的 1.93%，2017 年全省网页数量净增 5.52 亿个。纵向来看，2010—2014 年山东省网页数量持续增加，2015 年山东省内网页数量一反增长态势，出现了较大幅度的下滑，2010—2014 年山东省内网页数量在全国网页数量总数中的占比一直维持在 2%~3%，2015 年山东省内网页数量全国占比下降至 1.83%，首次低于 2%，2017 年山东省内网页数量在全国网页数量总数中的占比达 1.93%（见图 3-3），增速出现下滑态势。

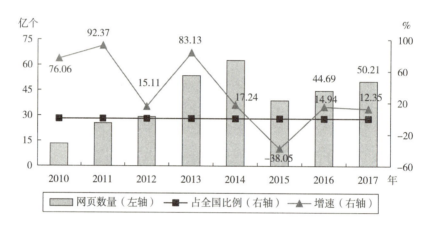

资料来源：第 41 次《中国互联网络发展状况统计报告》，公司金融研究中心。

图 3-3　山东省网页数量及增速与全国占比（2010—2017 年）

长久以来，山东省网页数量一直低于北京、广东、上海和浙江等东部发达省市。2017 年山东省与上述省市的差距进一步加大，北京网页数量是山东网页数量的 18.98 倍，可见差距非常之大。从图 3-4 可以看出，山东省网页数量存在明显欠缺。因此，

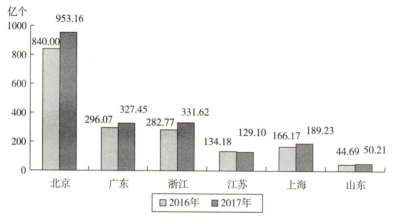

资料来源：第 41 次《中国互联网络发展状况统计报告》，公司金融研究中心。

图 3-4　部分省市网页数量对比（2016—2017 年）

为了增强山东省互联网基础资源的整体实力，必须不断加强山东省内网站建设，增加山东省内网页数量，积极满足民众对上网资源的需求，增强山东省互联网资源的整体实力。

3.1.3　互联网普及率有待提升

2017 年我国网民规模继续保持平稳增长。互联网商业模式不断创新、线上线下服务融合加速以及公共服务线上步伐加快，成为网民规模增长的推动力。截至 2017 年 12 月，我国网民规模为 77198 万人，全年共计新增网民 4074 万人，增长率为 5.6%，互联网普及率为 55.8%，较 2016 年底提升 2.6 个百分点。2017 年，习近平总书记在十九大报告中多次提及互联网，近年来，互联网在经济社会发展中的重要地位更加凸显，我国向网络强国建设目标持续迈进。过去一年，中国互联网产业发展加速融合，《中国制造 2025》全面实施、工业互联网全力推进，"互联网 +"持续助推传统产业升级；互联网、大数据、人工智能和实体经济从初步融合迈向深度融合的新阶段，转型升级的澎湃动力加速汇集；数字经济成为经济发展新引擎，互联网和数字化推动传统经济向互联网经济升级和转型；信息化服务普及、网络扶贫大力开展、公共服务水平的提升，让广大人民群众在共享互联网发展成果上拥有了更多获得感。

注：因 CNNIC 未公布 2017 年山东省网民规模数据，因此存在数据缺失。

资料来源：第 39 次、第 41 次《中国互联网络发展状况统计报告》，公司金融研究中心。

图 3-5　山东网民规模与全国对比（2010—2017 年）

2016 年山东省网民规模达到 5207 万人，全年共计新增网民 412 万人，互联网普及率达 52.9%，网民规模增速为 8.7%。2016 年山东网民规模有所增加，互联网普及率在各省份中排名第 13 位，网民普及率与上年相比有所改善。但相较于全国网民总数，比重仍然处于较低水平，近几年来在全国网民中的比重为 6%～7%，网民普及率仍有待提高。

2016 年山东省网民规模虽稳居全国第二位（仅次于广东 8024 万人），但网民规模增速排名相对靠后，山东省是人口大省，人口基数大，相应地网民规模绝对数远超北京、上海、江苏、浙江等地。虽然山东省网民规模相对较大，但与其他东部沿海城市的互联网普及率相比差距甚远。

从动态角度来看，2016年山东互联网普及率与全国基本持平，但是其中大部分年份都低于全国平均水平。山东自2009年加快了互联网的普及速度，经过近8年发展也未能追及与之差距最小的江苏。2016年山东省互联网普及率（52.9%）分别低于北京24.9个百分点，上海21.2个百分点，广东21.2个百分点，可见山东互联网普及率与其他省份的差距仍然较大。

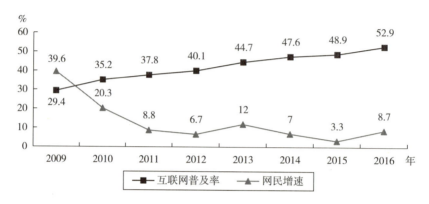

注：因CNNIC未公布2017年山东省网民规模、互联网普及率的数据，上图仍是2016年相关数据。

资料来源：第39次《中国互联网络发展状况统计报告》，公司金融研究中心。

图3－6 山东省互联网普及率及网民增速（2009—2016年）

一般而言，经济发达地区的互联网普及率应该高于经济欠发达地区。2017年山东省实现生产总值72678.18亿元，仅次于广东和江苏，排名第三位，是名副其实的经济大省，但互联网行业的发展却始终处于劣势。2016年山东省互联网普及率不仅远远低于北京（77.80%）、上海（74.10%）、广东（74.00%）、浙江（65.60%）、江苏（56.60%），而且也低于新疆（54.90%）和青海（54.5%）等内陆经济欠发达地区。

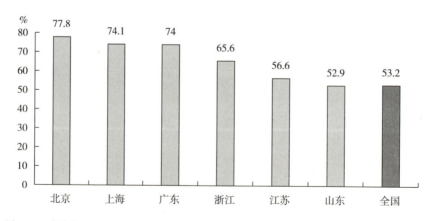

注：因CNNIC未公布2017年分省的互联网普及率，上图仍是2016年相关数据。

资料来源：第39次《中国互联网络发展状况统计报告》，公司金融研究中心。

图3－7 部分省市互联网普及率对比（2016年）

　　2016 年互联网普及率排名相比 2015 年上升了 4 个名次，位居全国第十三名，但还是低于全国互联网普及率水平。通过比较 2016 年部分省市的网民规模，网民规模增速、互联网普及率和互联网普及率排名得出，虽然山东省网民规模位居全国第二名，但网民规模增速排名靠后，山东省必须增加互联网宽带实际有效用户的规模，提高互联网有效使用率和普及率。

3.1.4　移动互联网优势不断显现

　　截至 2017 年 12 月底，我国手机网民规模达 7.53 亿人，比 2016 年底增加了 5734 万人，网民中使用手机上网人群的占比由 2016 年的 95.1% 提升至 2017 年的 97.5%。网民手机上网比例在大体量的基础上进一步攀升，这说明目前移动设备越来越成为主要的上网工具，手机依然是拉动网民规模增长的主要方式之一。

资料来源：第 41 次《中国互联网络发展状况统计报告》，公司金融研究中心。

图 3–8　中国手机网民规模及其占网民比例（2010—2017 年）

　　2017 年，移动互联网主要呈现三个特点：服务场景不断丰富、移动终端规模加速提升、移动数据量持续扩大。首先，各类综合移动应用平台不断融合社交、信息服务、金融、交通出行及民生服务等功能，打造一体化服务平台，扩大服务范围和影响力；其次，以手机为中心的智能设备，成为"万物互联"的基础，车联网、智能家电促进"住行"体验升级，构筑个性化、智能化应用场景；最后，在人口红利逐渐消失、网民规模趋于稳定的同时，海量移动数据成为新的价值挖掘点，庞大的数据量与"大数据"处理技术深度结合，为移动互联网产业创造了更多价值挖掘空间。

3.2　金融服务应用态势

3.2.1　移动支付趋于主流

　　截至 2017 年 12 月，我国使用网上支付的用户规模达到 5.31 亿人，较 2016 年底增加 5661 万人，年增长率为 11.9%，使用率达 68.8%。其中，手机支付用户规模增长迅速，达到 5.27 亿人，较 2016 年底增加 5783 万人，年增长率为 12.3%，使用比例达 70%。

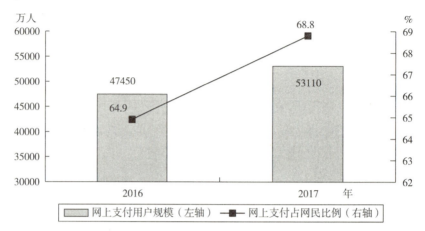

资料来源：第 39 次《中国互联网络发展状况统计报告》，公司金融研究中心。

图 3-9　网上支付用户规模及使用率（2016—2017 年）

2017 年我国移动支付用户规模持续扩大，用户使用习惯进一步巩固。调查显示，网民在线下消费使用手机网上支付比例由 2016 年底的 50.3% 提升至 65.5%，其中城镇网民使用比例为 72.3%，农村地区网民使用比例为 47.1%。在线下消费使用手机网上支付的用户中，更多使用手机网上支付的比例为 39.1%，更多使用现金、银行卡支付等传统方式的比例为 31.1%，使用两种方式相近的比例为 29.8%。

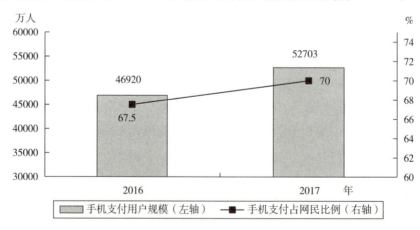

资料来源：第 39 次《中国互联网络发展状况统计报告》，公司金融研究中心。

图 3-10　手机支付用户规模及使用率（2016—2017 年）

2017 年网络支付应用发展呈现出三个特点：第一，移动支付深入绑定个人生活。继打车、外卖、购物等个人消费服务场景之后，移动支付进一步向公共服务领域延伸，已由早期水、电等生活类缴费逐步扩展到公共交通、高速收费、医疗等领域。

第二，线上支付加速向农村地区网民和老龄网民渗透。调查显示，农村地区网民使用线上支付的比例已由 2016 年底的 31.7% 提升至 47.1%。第三，技术进一步提升移动支付的安全性和便捷性。生物识别技术日趋成熟，指纹识别已被大规模使用，面部识别也得到初步商用。

3.2.2　互联网理财助力普惠金融

随着网络科技信息的全覆盖及安全水平的提高，绝大部分社会商品交换与贸易实物货币结算支付的行为被电子货币支付替代。截至 2017 年 12 月，我国使用网上支付的用户规模达到 5.31 亿人，其中手机支付用户规模增长迅速，达到 5.27 亿人，较 2016 年底增加 5783 万人，年增长率为 12.3%，使用比例达 70%。与此同时，我国 2017 年购买互联网理财产品的网民规模达到 1.29 亿人，同比增长 30.2%，网民使用率为 16.7%，较上年同期增长 3.2 个百分点。

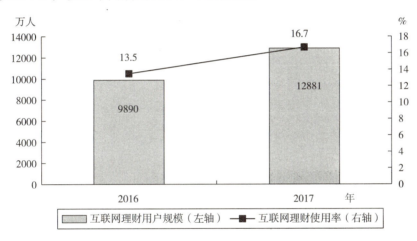

资料来源：第 39 次《中国互联网络发展状况统计报告》，公司金融研究中心。

图 3 - 11　互联网理财用户规模及使用率（2016—2017 年）

2017 年，互联网理财市场多元化发展趋势明显。在金融行业监管和蚂蚁金服策略调整的双重驱动下，余额宝将个人投资者单日买入上限缩减至 2 万元，总体持有额度限制至 10 万元。降额加速了在线理财用户资金向银行、基金等传统金融机构及其他互联网理财平台的分流。银行和基金公司等传统金融机构各类短期、定期在线理财产品保持较快增长。腾讯联合工行推出微黄金理财，京东联合兴业银行推出兴业银行京东金融小金卡，互联网理财产品进一步丰富。

P2P 网贷理财市场利息继续下降，业务进一步合规发展。2017 年，P2P 行业政策密集出台。中国银监会办公厅先后印发《网络借贷资金存管业务指引》（银监办发〔2017〕21 号）、《网络借贷信息中介机构业务活动信息披露指引》（银监办发〔2017〕113 号）落地，与 2016 年出台的各项政策共同构建起行业制度框架，同时行业长效监管机制建立。在政策完善与强监管推动下，平台理财利息不断下滑，网贷之家数据显示，2017 年网贷行业总体综合收益率为 9.45%，相比 2016 年下降了 100 个基点；同时，现金贷、金交所、网络小贷等不合规业务得到有效整顿，有效降低了系统性风险。

3.2.3 电子商务发展强劲

2017 年，我国电子商务延续快速发展态势，交易额同比增长 11.7%，达到 29.16 万亿元；全国网上零售额再创历史新高，达到 7.18 万亿元，约占全球的 50%；同比增长 32.2%，增速比上年加快 6 个百分点。此外，电子商务服务业营收规模同比增长 19.3%，达到 2.92 万亿元。

2017 年全国商品类电子商务交易额为 16.87 万亿元，同比增长 21%；服务类电子商务交易额为 4.96 万亿元，同比增长 35.1%。全国实物商品网上零售额为 5.48 万亿元，同比增长 28%，占社会消费品零售总额的比重达 15%。

同时，电子商务的支撑环境也在不断优化。在支付方面，非银行支付机构发生网络支付金额达 143.26 万亿元。同比增长 44.32%。移动支付改变了传统支付习惯，渗透到消费者购物、出行、就餐、就医等应用场景。在物流方面，快递业务量累计完成 400.6 亿件，同比增长 28%，其中近 70% 由电子商务拉动产生。从技术上来讲，大数据、云计算、人工智能、虚拟现实等数字技术为电子商务创造了丰富的应用场景，不断催生新营销模式和商业业态。

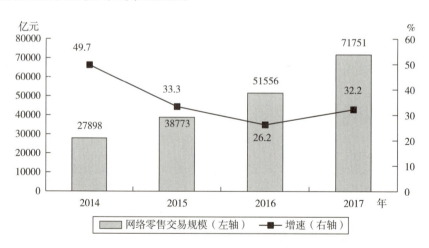

资料来源：第 39 次《中国互联网络发展状况统计报告》，公司金融研究中心。

图 3-12 中国网络零售交易规模及增速（2014—2017 年）

2017 年我国互联网经济环境继续向好，电子商务保持快速发展，服务模式、技术形态和赋能效力不断创新突破。B2B 领域，借助大数据、云计算技术，B2B 电子商务企业通过"产业链 + 供应链金融"的服务模式，构建供应链综合服务平台，以平台为中心对接上下游客户需求，提供完善的金融服务，从而提升贸易达成率。

B2C 领域，网络零售市场发展势头依然强劲，创新引领市场新业态和新技术发展。以无人便利店、无人餐厅、无人办公室货架为代表的零售形式层出不穷，刷脸支付服务则再次升级了网络零售的便利性。同时，电子商务对传统业态渗透和赋能加快。电商平台向供应链上游拓展服务，同时建立实体零售体验店，以技术和数据赋能线下业态，AR 技术、虚拟试衣间等产品将有效推动线下商业科技升级。

近年来，山东省电子商务发展势头良好，市场规模不断扩大，骨干企业加快成长，传统企业互联网转型步伐不断加快，经营业态日趋丰富，应用领域日益广泛，电子商务的工作机制逐步建立。同时，电子商务与农业、制造业及服务业等领域的融合加快，在培育新业态、创造新需求、拓展新市场、促进传统产业转型升级、推动公共服务创新等方面的作用日渐凸显，成为经济和社会发展的新动力。

2017 年，山东省电子商务保持快速发展态势，产业规模不断扩大，实现电子商务交易额为 3.49 万亿元，同比增长 32.02%；网络零售额为 4193.15 亿元，增长 39.43%；农村网络零售额为 541.9 亿元，增长 43.39%，农村网络零售在全省占比为 12.92%，较上年提升了 0.36 个百分点。电子商务已成为促成城乡发展一体化、区域协调发展和实现精准扶贫的主要动力。

从省内各地市分布看，青岛、济南两市依靠产业优势，在 B2B 及网络零售方面均保持快速增长，电子商务交易额分别达到 7702 亿元和 6495 亿元，居全省前两位。从行业发展看，在工农互促、协同发展的格局影响下，3C 数码、服装鞋包、食品保健等领域电商发展迅速，在实物型网络零售额中占比分别为 32.02%、12.57% 和 11.11%；线上服务对各行业中的渗透力进一步增强，供需同步扩大，其中在线餐饮 342.46 亿元，对服务型网络零售增长的贡献率达 33.58%，生活服务、在线旅游分别实现网络零售额 281.51 亿元、180 亿元。

2017 年 9 月，商务部网站发布了《关于商务部 2017—2018 年度电子商务示范企业名单的公告》，从公告内容获悉，山东省有 12 家企业被确定为 2017—2018 年度电子商务示范企业。表 3-1 至表 3-3 分别是网上零售类、网上批发类、电商服务类示范企业。

表 3-1　　山东省网上零售类电子商务示范企业（2017—2018 年）

	证券简称及代码	注册信息	经营范围	平台网址
韩都衣舍电子商务集团股份有限公司	韩都电商 838711	济南市 37729 万元 2013 年	纺织服装、服饰业	韩都衣舍 www.handu.com.cn
九阳股份有限公司	九阳股份 002242	济南市 76751 万元 2002 年	小家电	九阳官网 www.joyoung.com.cn

续表

	证券简称及代码	注册信息	经营范围	平台网址
山东舒朗电子商务有限公司	无	烟台市 9000 万元 2015 年	服装、鞋帽、针纺织品等	舒朗女装 www. showlong. com. cn
青岛雷神科技股份有限公司	雷神科技 872190	青岛市 68. 96 万元 2014 年	电脑及电脑配件、电子元器件等	雷神官网 www. leishen. com. cn

资料来源：山东省 2017—2018 年度电子商务示范企业名单来自商务部、山东省商务厅，其他详细资料根据网络公开数据整理。

表 3 - 2　　　　山东省网上批发类电子商务示范企业（2017—2018 年）

	注册信息	经营范围	平台网址
迪尚集团有限公司	威海市 6000 万元 2005 年	品牌零售、电子商务、金融、物流等	迪尚集团 www. dishang. com
临沂新明辉安全科技有限公司	临沂市 3000 万元 1998 年	个人防护、清洁用品、设备仪表、家庭防护、工业安全	新明辉商城 www. xinminghui. com

资料来源：山东省 2017—2018 年度电子商务示范企业名单来自商务部、山东省商务厅，其他详细资料根据网络公开数据整理。

表 3 - 3　　　　山东省电商服务类示范企业（2017—2018 年）

	注册信息	经营范围	平台网址
山东开创集团股份有限公司	济南市 2008 年 5750 万元	互联网技术应用、互联网信息服务	开创集团 www. ctrl. com
青岛日日顺家居服务有限公司	青岛市 2013 年 900 万元	家居服务：配送、安装、维修	日日顺快线 www. rrskx. com
青岛鼎海信息技术有限公司	青岛市 2014 年 500 万元	代运营、流量推广、装修等全方位服务	鼎海电商 www. dinghaiec. com
新华锦信贸环球国际贸易有限公司	青岛市 2015 年 5000 万元	为外贸企业提供全方位跨境贸易综合服务	新华锦信贸环球 www. hikingic. com

资料来源：山东省 2017—2018 年度电子商务示范企业名单来自商务部、山东省商务厅，其他详细资料根据网络公开数据整理。

3.2.4 互联网上市企业多元化

截至 2017 年 12 月，我国境内外上市的互联网企业总数为 102 家，较上年增长 12%。其中，在我国沪深、美国和中国香港上市企业的数量分别为 46 家、41 家和 15 家。在 102 家互联网上市企业中，工商注册地位于北京的互联网上市企业最多，占互联网上市企业总数的 40.2%；注册地为上海和深圳的互联网上市企业比例分别为 18.6% 和 8.8%；注册地为广州和杭州的互联网上市企业比例均为 3.9%。

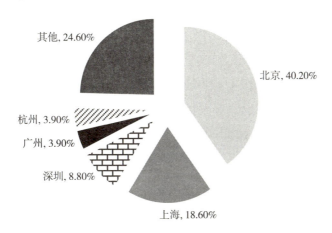

资料来源：第 39 次《中国互联网络发展状况统计报告》，公司金融研究中心。

图 3-13 中国互联网上市企业城市分布（2017 年）

互联网上市企业的地区分布也间接反映出各地的互联网产业发展环境。一线城市在人才、产业和投资方面的优势驱动该地区互联网企业上市，随着各地创新创业企业的发展和多层次资本市场的改革推进，未来互联网上市企业会在更多的地区产生。

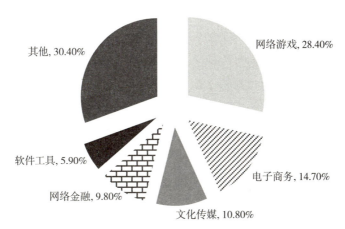

资料来源：第 39 次《中国互联网络发展状况统计报告》，公司金融研究中心。

图 3-14 中国互联网上市企业类型分布（2017 年）

中国互联网上市企业中，网络游戏类企业最多，占 28.4%；电子商务、文化传媒、网络金融和软件工具类企业分别占总数的 14.7%、10.8%、9.8%、5.9%。中国网络游戏产业发展迅速，成为中国互联网行业的重要组成部分；垂直类电子商务企业与平台类电子商务企业正在形成差异化的发展道路；网络金融行业发展迅速，各类创新的理财形式不断推出。未来，随着金融市场的不断完善和相关政策的出台，上市类型将进一步均衡。

3.3 互联网行业发展的政策规范

目前，全国部分省市下发相关互联网金融规范发展文件或采取针对性举措，其中堪称"最严"的莫过于北京、上海直接叫停互联网金融注册登记；广东、重庆、安徽等省市出台政策文件列出互联网金融负面清单；最为"温和"的江西和陕西，则还在鼓励互联网金融发展，比如江西还特别提及互联网金融企业上市可获 500 万元奖励。另有宁波、深圳等城市，也率先出台收紧互联网金融监管的举措，辽宁省公安厅则明确要专项摸查互联网金融风险。山东省目前对互联网金融的发展态度比较"暧昧"，2017 年并未出台相关互联网金融规范发展的文件。但是，随着以"互联网 +"为主导的共享经济成为"互联网 + 改革"的突破口。2017 年山东省响应国家"互联网 + 改革"的政策导向，围绕"互联网 +"出台了互联网融合发展的政策法规。

3.3.1 互联网融合发展政策法规

1. 《山东省加快推进"互联网 + 政务服务"工作方案》

2017 年 3 月 9 日，为贯彻落实《国务院关于加快推进"互联网 + 政务服务"工作的指导意见》（国发〔2016〕55 号），加快构建山东省"互联网 + 政务服务"体系，把简政放权、放管结合、优化服务改革推向深入，切实提高政府服务效率和透明度，降低制度性交易成本，便利群众办事创业，进一步激发市场活力和社会创造力，山东省人民政府办公厅印发《山东省加快推进"互联网 + 政务服务"工作方案的通知》（鲁政办发〔2017〕32 号）。

2020 年底前，互联网与政务服务实现深度融合，省级统筹、整体联动、部门协同、一网办理的全省"互联网 + 政务服务"体系全面形成；实体政务服务与网上政务服务无缝连接、线上线下功能互补、相辅相成的政务服务模式广泛运用；政务服务事项办理"应上尽上，全程在线"；政务服务智慧化水平大幅提升，企业和群众办事更加便捷高效。

推进服务事项网上办理。依托政务服务平台，继续强化行政许可事项网上运行，推进行政处罚等其他行政权力事项及具备条件的公共服务事项上网运行，实现与企业注册登记、年度报告、变更注销、项目投资、生产经营、商标专利、资质认定、税费办理、安全生产等密切相关的服务事项，以及与居民教育医疗、户籍户政、社会保障、劳动就业、住房保障等密切相关的服务事项全面网上受理、网上办理、网上反馈，做到政务服务事项"应上尽上、全程在线"。2017 年底前，实现行政处罚事项网上办理。加强电子监察和运行监管，对全部上网事项办理情况进行全流程动态监督，防止体外循环。

简化、优化网上办事流程。进一步简化、优化政务服务事项办理流程，缩短办理时限。推进办事材料目录化、标准化、电子化，开展在线填报、在线提交和在线审查。建立完善网上预审机制，及时推送预审结果，对需要补正的材料一次性告知。

通过政务服务信息互认共享，凡是可以通过网络进行共享复用的材料和核验的信息，不得要求群众或其他单位重复提供；通过扩大网上受理和网上办理范围，最大限度地降低现场办理的要求；推行涉及多个部门事项的网上并联审批，建立协同办理工作机制，实现统一收件、联合办理、一次审结；通过畅通网上互动和热线服务渠道，建立政务服务咨询、投诉和满意度评价常态化机制，促进服务质量提升。

创新网上服务模式。加快政府数据开放平台建设，推动政府数据开放，重点推进地理信息、道路交通、公共服务、经济统计、资格资质、环境环保等政务服务资源和数据向社会开放。采用众筹、众包等方式，充分依托社会力量开发多级、多层、跨领域的公共应用，提供多样化、创新性的便民服务。积极利用社会力量，拓展社区代办、物流快递、网上缴费等第三方平台服务渠道，开展预约查询、材料寄送、在线支付等服务。利用统一的政务服务资源，积极拓宽办事渠道，为企业和群众提供移动端、自助终端等多样便捷的服务形式。推进政务服务大数据应用，开展政务服务信息资源跨领域、跨渠道综合分析，贴近服务需求，提供智能化、个性化精准服务，提高主动服务水平。

提高线上线下融合发展水平。适应"互联网＋政务服务"发展需要，进一步规范各级实体政务服务大厅建设和管理，实现与网上政务服务平台的深度融合。统筹服务资源，统一服务标准，做到无缝衔接、合一通办，形成线上线下相结合、相促进的一体化政务服务管理机制。

加快新型智慧城市建设。大力实施"互联网＋城市"行动，加强体制机制创新和城市资源整合，着力解决城市病、民生领域突出问题，提高惠民服务能力和均等普惠水平，提升政府社会治理能力，打造全天候、多渠道的惠民服务体系和透明高效的政府治理体系。因地制宜，积极探索新型智慧城市建设运营模式。

2. 山东省人民政府《关于贯彻国发〔2016〕28 号文件深化制造业与互联网融合发展的指导意见》（鲁政发〔2017〕17 号）

2017 年 7 月 21 日，为贯彻落实《国务院关于深化制造业与互联网融合发展的指导意见》（国发〔2016〕28 号），深化供给侧结构性改革，推动新旧动能转换，实现由山东制造向山东创造转变、由制造大省向制造强省跨越，省政府提出：立足山东制造业与互联网产业基础优势，加快融合发展进程，制造业数字化、网络化、智能化取得明显进展，成为巩固制造业大省地位、加快向制造强省迈进的核心驱动力。

——构建基于互联网的制造业"双创"新体系。发展大型制造企业"双创"平台。支持大型制造企业建立基于互联网的创业孵化、协同创新、网络众包和投融资等"双创"平台，推动构建基于平台的新型研发、生产、管理和服务模式，激发企业创业创新活力。鼓励大企业面向社会开放平台资源，不断丰富创业孵化、专业咨询、人才培训、检验检测、投融资等服务，促进创新要素集聚发展。围绕打造产业链竞争新优势，推动大企业加强与中小企业的专业分工、服务外包、订单生产等多种形式协作，形成资源富集、创新活跃、高效协同的产业创新集群。

发展面向中小企业服务的第三方"双创"平台。推进山东工业云、"好品山东"建设，进一步完善中小企业公共服务平台体系，推动各级资源共享、服务联动和服务延伸，扩大创业创新服务受众面。支持大型互联网企业、基础电信企业联合共建资源开放、数据共享、创业孵化、在线测试、创业咨询等面向中小企业的"双创"服务平台，推动中小企业制造资源与互联网平台全面对接，实现制造能力的在线发布、协同和交易；积极发展面向制造环节的分享经济，打破企业界限，共享技术、设备和服务，提升中小企业快速响应和柔性高效的供给能力。深化国有企业改革和科技体制改革，支持制造企业联合科研院所、高等院校以及各类创新平台，探索构建支持协同研发和技术扩散的新模式。

——增强制造业与互联网融合保障新能力。强化网络基础设施建设。实施"宽带山东"战略，加强山东省与电信、移动、联通、铁塔等公司合作，发挥广电网络作用，完善工业信息基础设施，优化规划布局，尽快形成低时延、高可靠、广覆盖的工业互联网络。推进青岛、淄博、烟台、临沂、威海、东营、济宁、德州、枣庄"宽带中国"示范城市建设。加快光纤化改造步伐，推进基础电信企业进一步提速降费，强化"最后一公里"接入，实现全省城区、乡镇和行政村4G网络全覆盖，提高互联网普及率。积极推广采用基于IP数据传输技术的语音业务、载波聚合等先进技术，扩大免费WiFi覆盖范围。提高工业企业宽带接入能力，提升企业信息网络基础设施服务能级。推动企业外网网站系统及商业网站系统的国际互联网协议第六版（IPv6）升级改造，全面提升业务扩展能力和运营能力。

强化大数据运用。制定山东省大数据发展规划，推进数据资源开放共享和开发利用。开展数据开放及社会利用机制研究，积极探索推动公共数据资源开放，支持大数据在各行各业广泛应用。依托骨干龙头企业建设云数据中心和云服务基地，为大数据应用提供技术和服务支撑。支持通信运营企业济南、青岛、枣庄云数据中心建设。建立公共信息资源开发利用分级认证制度，促进人口、法人、空间地理、金融、征信、交通等基础信息资源的开放共享，提升社会化开发利用水平。鼓励电信运营商、广电运营商、互联网平台企业搭建公共信息资源开发平台，支持公众和小微企业充分挖掘公共信息资源的商业价值，促进互联网创新应用。

强化信息产业支撑。着力突破核心芯片、高端服务器、高端存储设备、数据库和中间件等产业重点环节的技术瓶颈，加快推进云操作系统、智能终端操作系统的研发和应用。积极发展云计算、智能制造等解决方案以及高端传感器、工控系统、人机交互等软硬件基础产品，为中小企业提供标准化、专业化服务。支持有条件的企业开展系统解决方案业务剥离重组，推动系统解决方案服务专业化、规模化和市场化。大力推进北斗产业发展，催生信息技术产业新的增长点。

强化网络和信息安全保障。加强数据灾备，确保网络基础设施、重要信息系统、关键数据资源及服务安全自主可控。建立工业控制系统安全风险信息采集、分析通报、安全检查和风险评估机制，推动信息安全风险评估、网络安全等级保护和安全保密检查制度化、规范化、常态化。加强应急服务体系建设，建立网络和信息安全应急联动机制，拓展应急支援服务范围，推动企业做好数据安全防护工作。加大对企业工作人员网络和信息安全教育培训，强化信息安全意识，提高网络和信息安全管理水平。

——制造业与互联网融合发展试点示范行动。选择部分制造业比较发达的市、县（市、区），积极探索建立产业引领、数据开放、公共服务、人才培养等推进机制，形成一批可推广、可复制的制造业与互联网融合发展特色模式。基于互联网的制造业"双创"平台试点示范。依托重点行业优势企业，在研发创新、协同制造、产品全生命周期管理等领域打造一批"双创"平台，加强示范应用和推广；依托山东省工业转型升级重点行业龙头企业，联合基础电信企业、大型互联网企业打造一批行业性公共服务平台，为中小企业开展制造领域创业创新提供普惠服务。

3.3.2　互联网行业信息动态

2017 年 6 月 14 日，山东省通信管理局在济南召开《网络安全法》宣传贯彻会议。山东联通、移动、电信公司网络安全管理部门及 10 家增值电信企业代表共 60 多人参加培训。会上，来自工信部网络安全局的付景广处长结合通信行业实际，重点讲解了《网络安全法》中关键信息基础设施保护、数据安全和个人信息保护、网络产品和供应链安全、网络监测预警和应急处置、信息内容安全、网络安全技术和产业发展等内容。会议还对《最高人民法院　最高人民检察院关于办理侵犯公民个人信息刑事案件适用法律若干问题的解释》做了详细解读，对 2017 年网络安全检查工作进行了安排部署。

2017 年 6 月 22 日，根据工信部《关于开展宽带接入服务行为专项整治工作的通知》（工信部信管函〔2017〕238 号）精神，山东省通信管理局决定在全省开展宽带接入服务行为专项整治工作。此次重点整治内容包括：业务宣传不规范问题。要求各固定宽带运营公司不得虚假宣传或夸大宣传，不得不按规定明码标价，不得隐瞒或模糊接入速率实现条件；协议内容不完善问题。要求各运营公司在与用户订立互联网接入服务协议时，要明确约定宽带上下行速率、与宽带上下行速率对应的资费标准及交费方式、宽带接入实现方式，如光纤到楼（FTTB）、光纤到户（FTTH）、非对称数字用户线路（ADSL）等，并以显著方式提醒用户；宽带接入速率不达标问题。要求各运营公司严格落实《互联网接入服务规范》等要求，参照《宽带速率测试方法固定宽带接入》（YD/T 2400—2012）规定的测速方法，确保有线接入速率的平均值达到签约速率的90%；要在服务承载能力范围内发展用户，确保用户宽带接入速率达标。

2017年9月27日，山东省通信管理局举行山东省通信网络保障中心成立暨揭牌仪式。山东省通信网络保障中心的成立，是山东省防范和打击通讯信息诈骗工作的一个标志性的事件。山东省通信管理局将以省通信网络保障中心成立为契机，继续强化四个意识，着力加强内部管理，稳步提高技术技能，为保障山东省人民群众的财产安全而不懈努力，切实为山东省防范和打击通讯信息诈骗工作不断作出新贡献。

2017年12月13日，山东铁塔公司与临沂市政府签署战略合作协议，双方全面贯彻党的十九大精神，本着"政府主导、铁塔统筹、开放共享、服务社会"的原则，提早统筹规划储备铁塔站址，推动临沂市5G基础设施建设。协议约定，临沂市政府明确由山东铁塔统筹使用所有公共设施挂高资源，遵循"一切挂高皆可用"的共享发展理念，推动社会资源和铁塔资源的充分开放共享与深度融合，做好站址资源储备与建设模式创新，高效低成本满足临沂三家运营商4G网络深度覆盖及5G发展需要，推动临沂市共享经济和数字经济的快速发展。

2017年12月21日，中国移动山东公司在济南召开"智连未来　和慧齐鲁"窄带物联网（NB－IoT）商用发布会，宣布新一代物联网在山东全面商用。目前，山东移动全省部署窄带物联网基站超过1万个，建成中国移动最大的省级窄带物联网。近年来，山东移动积极响应政府号召，大力推进提速降费，打造了全省最优的4G＋网络和高品质全光宽带网络，4G基站已突破10万个，有线宽带覆盖全省3900万个家庭，4G客户突破4000万户，有线宽带客户突破860万户，2014年以来手机上网平均单价累计降幅超过70%。积极推进全省物联网、大数据、云计算等新技术应用，打造了华东地区规模最大、服务标准最高、网络能力最强的云数据中心，物联网链接数突破1500万个，山东每10个物联网链接中，有7个使用山东移动网络。2018年，山东移动将继续投资超过5亿元，建成3万个以上NB－IoT基站，打造全省覆盖最广、服务最优的NB－IoT网络。山东移动在发布会上宣布，将构建"1＋1＋N"物联网生态体系，即"打造一个全新网络——着力推动NB－IoT新网络应用，推动信息基础设施提档升级"，"搭建1个联盟——构建物联网产业生态圈，深度打造物联网产业联盟"，"推广N项应用——OneNET平台能力开放、'视频＋'等多项应用"，共同促进"万物智连"时代尽快到来。

第 4 章　山东金融科技发展状况

　　2016 年 10 月，国务院办公厅公布《互联网金融风险专项整治工作实施方案》后，山东省也公布了《山东省互联网金融风险专项整治工作实施方案》，并配套了 P2P 网络借贷、互联网金融广告等七个分领域的实施方案。山东省还将地方金融组织和典当机构等都纳入整治范围，实现了互联网金融风险领域的全覆盖。同时，中国人民银行济南分行、山东银监局、山东证监局、山东保监局、山东省工商局、山东省金融办分别组建互联网资产管理及通过互联网跨界开展金融业务、P2P 网络借贷等七个分领域工作组，牵头负责各领域专项整治。在长达两年的专项整治过程中，山东省始终坚持设立金融机构、地方金融组织从事金融活动，必须依法接受准入管理。非金融机构、不从事金融活动的企业，在注册名称和经营范围中原则上不得使用"网络借贷""P2P""互联网金融"等字样。

　　2017 年是《山东省地方金融条例》正式实施的第一年，该条例的生效开创了省级地方金融监管立法的先河，也为互联网金融专项整治提供了监管依据。山东省各级地方金融监管部门根据《山东省地方金融条例》规定，探索建立打防涉互联网金融类犯罪工作机制，确保全省没有发生互联网金融的大案要案，互联网金融风险总体可控。到 2017 年底，山东专项整治工作进展顺利，不仅完成对机构和风险的摸底排查，而且全面进入对各种不合规机构和平台的清理阶段。

4.1　第三方支付业务稳定发展

　　截至 2017 年底，中国人民银行发出的《支付业务许可证》中有 247 张处于有效状态，其中有 11 张业务许可证为山东支付机构所持有。从《支付业务许可证》数量分布情况看，山东排在北京、上海、广东、江苏和浙江之后，在全国排第六位。具体来看，各地支付机构的数量分别是北京 57 家，上海 53 家，广东 31 家，江苏 17 家、浙江 15 家、山东 11 家。不难看出第三方支付行业的发达程度与经济发展程度是高度相关的。京津冀、长三角、珠三角作为中国传统金融资源的高地，如今在第三方支付方面的资源优势明显。

表 4－1   山东省第三方支付机构信息

序号	许可证号	机构名称	当前许可证内容	营业场所所在地	续展情况	续展细节
1	Z2003537000015	易通金服支付有限公司	预付卡发行与受理(山东省)、互联网支付、银行卡收单（全国）	济南市	2016 年 8 月 29 日在中国人民银行第二批续展中通过	1. 合并易通支付有限公司支付业务 2. 增加互联网支付、银行卡收单（全国）业务 3. 应于 2017 年 2 月 28 日前完成相关支付业务承接工作。人民银行将在业务承接工作完成后，办理相关《支付业务许可证》的注销、换发事宜 4. 山东鲁商一卡通支付有限公司更名为易通金服
2	Z2011037000013	山东省电子商务综合运营管理有限公司	互联网支付	济南市	2017 年 6 月 26 日在中国人民银行第二批续展中通过	
3	Z2012737000014	山东网上有名网络科技有限公司	互联网支付	青岛市	2017 年 6 月 26 日在中国人民银行第二批续展中通过	存在《中国人民银行关于〈支付业务许可证〉续展工作的通知》（银发〔2015〕358 号）第六条规定的不予续展情形，不予续展预付卡发行与受理（北京市、青岛市）
4	Z2014737000010	山东城联一卡通支付有限责任公司	预付卡发行与受理（山东省）	淄博市	2017 年 6 月 27 日在中国人民银行第二批续展中通过	
5	Z2019637000010	青岛百森通支付有限公司	预付卡发行与受理（青岛市）	青岛市	2017 年 6 月 28 日在中国人民银行第二批续展中通过	
6	Z2019737000019	青岛百达通支付服务有限公司	预付卡发行与受理（青岛市）	青岛市	2017 年 6 月 29 日在中国人民银行第二批续展中通过	

序号	许可证号	机构名称	当前许可证内容	营业场所所在地	续展情况	续展细节
7	Z2020437000010	山东高速信联支付有限公司	互联网支付（全国）、预付卡发行与受理（北京市、天津市、河北省、山西省、山东省）	济南市	有效期至 2018 年 1 月 5 日	
8	Z2021537000017	山东银利支付服务有限公司	预付卡发行与受理（青岛市）	青岛市	有效期至 2018 年 1 月 6 日	
9	Z2025337000010	山东运达电子商务有限公司	银行卡收单（济南）	济南市	有效期至 2019 年 7 月 9 日	
10	Z2026437000017	金运通网络支付股份有限公司	互联网支付	临沂市	有效期至 2019 年 7 月 9 日	
11	Z2026637000015	山东飞银智能科技有限公司	预付卡发行与受理（山东省）	青岛市	有效期至 2019 年 7 月 9 日	

资料来源：中国人民银行，齐鲁财富网。

　　表 4 - 1 列举了山东省 11 家支付机构的基本情况以及支付牌照的续展情况。其中，临沂金运通网络支付股份有限公司的一笔标志性业务在中国人民银行济南分行的网站上进行了披露。2017 年 6 月 28 日，临沂金运通网络支付股份有限公司通过中信银行临沂分行收到从香港汇入的人民币资金 20.65 万元。该笔跨境人民币资金的成功落地实现了临沂市第三方支付机构跨境人民币收支业务零的突破，丰富了跨境人民币结算工作的业务品种，山东省跨境人民币工作的业务创新有了新的突破。金运通网络支付股份有限公司是经中国人民银行批准，持有《支付业务许可证》的第三方支付机构，是山东省仅有的三家可办理网络支付、预付卡的发行与受理、银行卡收单和中国人民银行确定的其他支付服务的全牌照支付机构之一。金运通网络支付股份有限公司自 2015 年 9 月支付系统上线以来，总交易量超过 2000 亿元，总交易笔数超过 1500 万笔，稳居山东省支付行业第一位。随着跨境贸易人民币业务及跨境电子商务的不断发展，2017 年 3 月，中信银行临沂分行与金运通网络支付股份有限公司签署《中信银行跨境电子商务人民币支付业务合作协议》。

4.2 P2P网络借贷监管效果显现

2017年，网络借贷行业政策频出，行业合规压力巨大，经过近两年的专项整治，大量平台停业或转型。而同时，多家平台扭亏为盈，并且掀起海外上市潮。山东受到经济、文化等方面的影响，在网络借贷行业，相较北京、上海、广东等地起步较晚，行业发展一直处在全国前列低位。在行业监管趋严以及平台逐渐规范化的背景下，山东P2P网贷平台保持减少态势。根据网贷之家统计，截至2017年底，全国正常运营平台数为1931家，山东正常运营的P2P网络借贷平台数量降至75家，占全国正常运营平台数量的3.88%，虽然平台数量在全国排名第五，但是山东正常运营平台数量占比却相对于2016年下降了1个百分点。

从待还款余额和综合参考收益率来看，截至2017年底，全省P2P网络借贷行业待还款余额为100.85亿元，较上年同期减少了84.18亿元；同期全国P2P网络借贷行业待还款余额为12245.87亿元，山东P2P网络借贷行业待还款余额全国占比为0.82%，较2016年底下降了1.48个百分点。综合参考收益率方面，山东P2P网络借贷行业达到10.30%，相较2016年底的13.80%下降了3.5个百分点；同期全国的P2P网络借贷行业综合参考收益率为9.45%，山东P2P网络借贷行业综合参考收益率高于全国水平0.85个百分点。从平均借款期限指标来看，山东P2P网络借贷行业为4.63个月，较2016年增长了0.25个月；同期，全国P2P网络借贷行业平均借款期限则为9.16个月，山东P2P网络借贷平均借款期限比全国平均借款期限短4.53个月，平均借款期限差距较大。

对网络借贷行业人气分析，根据网贷之家的数据，2017年网络借贷行业投资人数与借款人数分别约为1713万人和2243万人，较2016年分别增加24.58%和156.05%，网络借贷行业人气热度不减。受限额政策的影响，不少平台向消费金融等小额业务转型，还有部分平台对接了现金贷资产，此类业务的共性是小额分散、涵盖的借款人多。因此，从2017年8月借款人数数量和增长速度均超过投资人数。从山东省借贷人数来看，2017年山东省借款人数和贷款人数均减少，全年呈下降趋势。

从停业和问题平台家数来看，2017年全年，全国P2P网络借贷行业问题及停业平台共计643家，其中，经侦介入4家、跑路63家、提现困难150家、停业395家、转型31家。山东省P2P网络借贷行业问题及停业平台共计46家，相较上年同期的248家，数量明显减少；其中停业家数最多为36家，占比达78.26%，占比较上年同期增长13.74个百分点。从经营时间上来看，停业或问题平台中，经营不足1年的有3家，占比为6.52%；1年以上的有43家，占比为93.48%。

综合来看，随着专项整治的不断推进，山东省 P2P 网络借贷平台发展趋于理性，平台逐渐规范化。平台数量持续减少，停业平台占据绝大部分，而跑路等问题平台数量大幅减少。综合收益率也大幅下降，但依旧高于全国平均水平。从投资人数来看，山东省投资人数大幅下降，而全国投资人数却呈现反向上升，并且出现借款人数多于投资人数的情况，主要是由于 P2P 专项整治，对于小额、分散的要求。下文我们对山东省 P2P 网络借贷行业的情况进行详细分析，进而发现山东 P2P 网贷行业存在的问题，以促进发展。

4.2.1 P2P 网络借贷行业监管趋严

2017 年，国家及地方相关政策密集出台对网络借贷行业发展产生巨大影响。从 P2P 网络借贷发展大环境来看，合规经营与可持续发展能力俨然已经成为行业发展的关键，同时征信情况、技术支持以及法律法规的全面完善也将有利于行业发展。网络借贷安全和金融创新也是行业发展的重要驱动力，是构成网络借贷发展生态圈的关键。2017 年 2 月，中国银监会办公厅发布《网络借贷资金存管业务指引》（银监办发〔2017〕21 号）为网络借贷平台加速对接银行存管指明了方向；2017 年 8 月，中国银监会办公厅印发《网络借贷信息中介机构业务活动信息披露指引》（银监办发〔2017〕113 号），要求网贷机构通过官方网站及其他互联网渠道向社会公众公示网贷机构基本信息、运营信息、项目信息、重大风险信息、消费者咨询投诉渠道信息等相关信息的行为；对于不符合要求的平台给予 6 个月的整改期。以上两份指引联合 2016 年发布的《网络借贷信息中介机构业务活动管理暂行办法》（银监会令〔2016〕1 号）、《网络借贷信息中介机构备案登记管理指引》（银监办发〔2016〕160 号）共同组成网贷行业"1 + 3"制度体系。另外，《关于落实清理整顿下一阶段工作要求的通知》（整治办函〔2017〕84 号）要求整改类机构业务规模不能增长，存量违规业务必须压降，不再新增不合规业务。校园贷和金交所等业务模式被叫停，由中国银监会、教育部、人力资源和社会保障部等六部委联合印发《关于进一步加强校园贷规范管理工作的通知》要求未经银行业监管部门批准设立的机构禁止提供校园贷服务；现金贷迎来最强监管，全国 P2P 网络借贷风险专项整治工作领导小组办公室发布《关于开展"现金贷"业务活动清理整顿工作的通知》。另外，2017 年 12 月 P2P 网络借贷风险专项整治工作领导小组办公室向各地 P2P 整治联合工作办公室下发的《关于做好 P2P 网络借贷风险专项整治整改验收工作的通知》明确提出具体整改和备案时间表。地方整改、备案网络借贷监管政策方面，厦门市金融办率先印发《厦门市网络借贷信息中介机构备案登记管理暂行办法》，这是全国首份网贷机构备案登记细则。随后，广东、深圳、北京等网络借贷平台数量较多的地区也纷纷出台当地网络借贷平台备案暂行办法。

从山东省来看，2017 年 4 月，针对网络借贷重点整治领域方面，山东省检察院下发《关于依法严厉打击"校园贷"违法犯罪活动的通知》。6 月，济南市互联网金融风险专项整治工作领导小组办公室联合各县区互金整治办，集中对各互联网金融从业机构发放整改通知书。2017 年 7 月，济南市互联网金融协会成立，协会成立以来，建立自律检查和披露制度，及时向会员和社会公众提示相关风险，对山东网络借贷行业发展形成了有效监督。对小微企业、科技企业等群体形成了金融支持，提供了多元化、多层次的金融服务。11 月，山东省济南市互联网金融协会在业务主管部门济南市金融办的指导下制定发布了《济南市网络借贷信息中介机构业务退出指引（试行）》（以下简称"退出指引"）。该退出指引适用于济南市域内自愿退出网贷行业的、被监管部门责令退出网贷行业的、因出现风险被迫退出网贷行业的网贷机构。

4.2.2 2017 年新增平台数量减少

随着监管政策趋严，2017 年 P2P 网络借贷平台逐渐规范化，监管取得显著效果，山东 P2P 网络借贷表现得尤为明显。据网贷之家数据，2017 年，山东新增 P2P 网络借贷平台家数锐减，全年仅新增 4 家，相对于 2016 年网贷之家可查询到的山东新增 23 家平台来讲，大幅减少，但从注册资本、综合收益率、保障措施等方面来看，新增平台质量有所提高。

注册资本规模集中度高。从注册资本规模来看，2017 年山东新增平台中，注册资金在 1000 万 ~3000 万元的仅卓武投资 1 家；注册资金在 3000 万 ~9999 万元的有 3 家（见图 4 -1），山东没有 1 家平台的注册资本金在 1 亿元以上。从全国数据来看，新增平台注册资本规模集中在 3000 万 ~9999 万元的平台家数占比达到 69%，注册资本在 1 亿元以上的平台为 29 家，占新增平台的 12%。

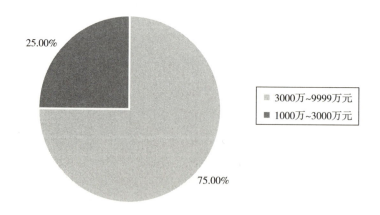

数据来源：网贷之家，齐鲁财富网。

图 4 -1 山东新增平台注册资本规模分布（2017 年）

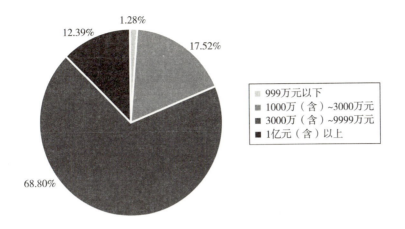

数据来源：网贷之家，齐鲁财富网。

图 4 - 2　全国新增平台注册资本规模分布（2017 年）

从注册资本的分布区间可以看出，近年来山东省新增 P2P 网络借贷平台的注册资本不断增加，但是与全国相比，注册资本在 1 亿元以上的平台数量差距较大，从这一点上也可以反映出山东省新增平台中实力较强的平台还是较为缺乏，这不利于山东省出现全国具有影响力的大平台。

综合收益率进一步下降。2017 年山东省新增平台综合收益率全线回调，全省新增 4 家平台综合收益率全部小于 8%。与 2016 年新增平台综合收益率对比来看，2016 年山东省新增平台综合收益率高于 16% 的平台占比为 13%，综合收益率低于 8% 的平台占比为 71%，可见 2017 年新增平台收益率出现明显的结构性调整，平台综合收益率降低。

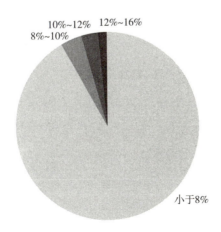

数据来源：网贷之家，齐鲁财富网。

图 4 - 3　全国新增平台平均收益率分布（2017 年）

与全国新增平台综合收益率对比来看，2017 年全国新增平台综合收益率分为小于 8%、8% ~ 10%、10% ~ 12%、12% ~ 16% 四个范围，综合收益率小于 8% 的新增平台占比为 91.79%，8% ~ 10% 的新增平台占比为 3.73%，10% ~ 12% 的新增平台占比为 2.99%，新增平台综合收益率在 12% ~ 16% 的占比为 1.49%。山东省新增平台的综合收益率要低于全国平均水平。

近几年中央银行多次下调人民币贷款利率和存款利率，传统理财利率也一直走低，社会的融资成本也走入下降通道。因此，P2P 网络借贷平台利率走低也是大势所趋，在 2016 年全国发展较好平台的利率已经降至 8%。利率的下降代表融资成本的下降，更多的优质项目付出更低的融资成本获得所需资金，有利于促进企业发展。对于平台来讲，低的融资成本使得有更多好的项目进入平台，降低平台的项目风险，形成良性循环。山东 P2P 网络借贷平台的融资利率下降，也是向好发展的一个趋势。

保障措施不到位。P2P 网络借贷行业发展存在信用风险高、传播速度快、行业准入标准低等特点，因此保障措施关乎 P2P 网络借贷平台的发展，也是投资人关心的重点。从 2017 年新增平台来看，山东有保障措施的平台有 1 家，亿舜金服保障模式为保理公司。另有 3 家公司没有保障模式。从全国情况来看，平台保障措施涉及小贷公司、平台垫付、融资担保、非融资性担保、风险准备金及其他 6 种形式，其中小贷公司担保模式的平台家数最高，达到 73 家，其次是平台垫付模式。

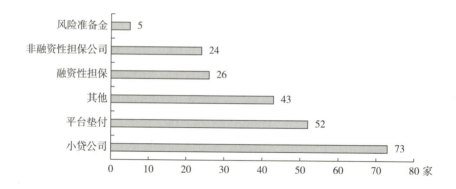

数据来源：网贷之家，齐鲁财富网。

图 4 - 4　全国新增平台保障措施分布（2017 年）

从以上数据可以看出，山东省新增平台中具有保障措施的平台占比较低，仅有 1 家平台有担保措施，且担保形式较为单一，山东 P2P 网络借贷平台在担保方面还有待加强。

仅 1 家披露债权转让情况。山东 P2P 网络借贷 2017 年新增平台中仅国泰财富披露债权转让情况，为不可转让，其余新增平台均未披露。相比 2016 年新增平台，流动性降低，但由于仅有 1 家披露，所以并不能体现山东省 P2P 网络借贷平台的整体情况。从全国情况来看，披露流动性信息的平台占比仅为 6.37%，在已披露的平台中，不可转让家数最多，3 个月以后可以转让的家数最少。相较 2016 年，披露流动性情况的平台比例大增。

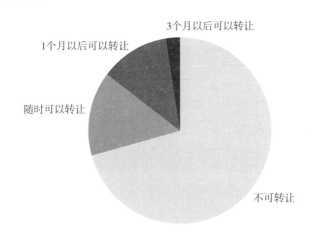

数据来源：网贷之家，齐鲁财富网。

图 4 − 5　全国新增平台流动性情况（2017 年）

4.2.3　运营平台情况得到改善

网贷之家按照成交、人气、技术、杠杆、流动性、分散度、透明度、品牌以及合规性 9 个维度对平台的综合实力以及未来发展潜力通过评级模型进行评分，发布了 2017 年度 P2P 平台"百强榜"。其中，山东上榜企业有海融易、中融宝 2 家，分列第 50 位和第 53 位，海融易年度成交量为 70.77 亿元，贷款余额为 23.01 亿元；中融宝年度成交量为 10.03 亿元，贷款余额为 4.8 亿元。从网络借贷平台实力来看，山东上榜企业家数少，说明按照此维度进行评定的综合实力排名，山东省网络借贷平台综合实力较差。从整体运行情况分析，还需要进行各地域之间的对比，才能更为准确地反映山东省网络借贷行业的发展现状。本部分以 2017 年山东 P2P 网络借贷业务月度数据为基础，通过横向对比，找到山东 P2P 网络借贷行业发展的瓶颈。

平台家数呈现减少态势。2017 年 P2P 网络借贷行业监管取得显著成效，全年各地运营中的 P2P 网络借贷平台数量均呈现减少态势（见图 4 − 6）。根据网贷之家数据，2017 年山东省正常运营平台数量为 75 家，与广东省、浙江省的正常运营平台数量差距逐渐拉大，与江苏省正常运营平台数量差距逐渐缩小。广东全年保持领先地位，在运营 P2P 网络借贷平台数量上具有绝对优势，截至 2017 年底，广东运营 P2P 网络借贷平台数量为 410 家，是山东的 5.47 倍。

通过正常运营平台数据比较可以发现，山东省在 2015 年之前，正常运营平台数量仅次于广东省，在全国排名第二位。自 2016 年专项整治开始，山东省网贷平台数

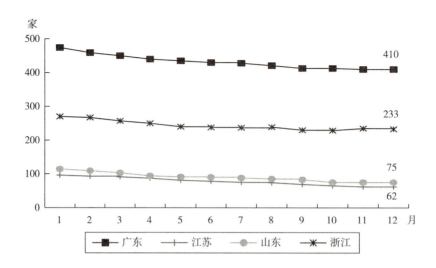

数据来源：网贷之家，齐鲁财富网。

图 4 – 6　四省各月 P2P 运营平台数量（2017 年）

量大幅减少，2016 年更是成为平台减少最多的省份，减少了 210 家平台，占全国网络借贷平台减少数量的 21.3%。2017 年山东省正常运营平台数量持续减少。以上数据反映了专项整治对山东网络借贷行业的肃清力度，整治有利于网贷行业"良币驱逐劣币"，使得不合规的平台退出行业。而山东省网贷平台的大幅减少也说明前几年山东省网贷平台质量较差，这也是前几年山东省成为网贷重灾区的关键原因所在。

停业及问题平台 12 月最少。据统计，截至 2017 年底，山东省累计问题平台共计 596 家，仅低于广东省的 661 家，成为全国第二大网络借贷问题大省，占全国问题平台总数的 14.76%。2017 年，P2P 网络借贷行业整改进入收尾阶段，退出平台比 2016 年大幅度减少，问题平台数量占比降低，选择良性退出的平台数量增多。另外，运营平台数量的减少，不仅是受到监管的影响，同时，行业内部竞争也会导致部分平台的退出或转型。对停业及问题平台数量进行统计发现，在 2017 年，广东在 2 月形成行业内终止营业的高峰，达到 15 家；山东则在 4 月与 10 月出现两次停业及问题平台数量的高点，至 12 月出现最低点。

从山东省和广东省 P2P 网贷平台停业高峰的月份来看，山东省的整治进度要落后于广东等省份。从各省市颁布的 P2P 网络借贷政策也可以反映出来，2017 年山东省全年既没有颁布 P2P 网络借贷的备案细则，也没有颁布其他省级的政策法规，而广东省颁布了多条相关政策，积极推进专项整治。从全国停业及问题平台趋势来看，在 4 月、5 月均为 73 家，达到当年最高值。山东省的整治进度与全国平均水平大致相当，但落后于广东等省份。

平台月度成交量走势平稳。融资作为 P2P 网络借贷平台最重要的功能，为中小微企业融资带来了便利，也为投资者拓宽了投资渠道，积极促进了普惠金融的全面推广。通过各地域的月度成交量指标对比发现，山东和江苏在 1 月和 2 月基本

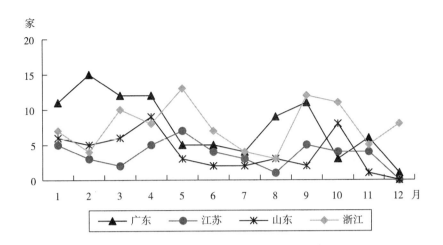

数据来源：网贷之家，齐鲁财富网。

图 4 - 7　四省各月 P2P 停业及问题平台数量（2017 年）

持平，自 3 月开始直到 12 月，山东省月度成交量呈减少趋势。江苏略高于山东。浙江 2 月至 5 月出现上行趋势，广东在 7 月达到 633.23 亿元峰值，随后呈现平稳下滑。

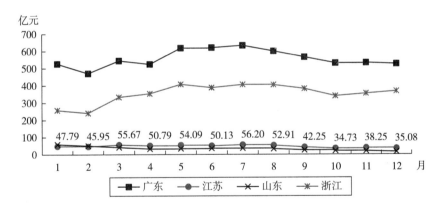

数据来源：网贷之家，齐鲁财富网。

图 4 - 8　四省 P2P 网络借贷平台成交量月度分布（2017 年）

从四省 P2P 网络借贷平台月度成交量来看，山东省月度成交量呈现略微下降的趋势，成交额与正常运营平台数量基本匹配。但是反观广东和浙江两省，2017 年月度成交量在正常运营平台数量减少的情况下，依然呈现平稳上升的趋势，这也说明广东和浙江两省平台质量较高，平台对投资者吸引能力较强，对整个行业的稳定性作用较强。

综合收益率四省最高。融资功能是 P2P 网络借贷平台最重要的功能，综合收益率高不利于降低企业融资成本，也不利于平台吸引优质资产标的。虽然 P2P 网络借贷行业发展之初一直以高利率回报吸引投资者，但随着近年来监管的持续加码及制度的不断完善，P2P 网络借贷平台趋向规范化，综合收益率也趋向合理化。从图 4-9可以看出，各地区综合收益率均震荡下行；山东平台的综合收益率也呈现大幅下降趋势，1~7 月下降明显，随后在 10 月出现相对高位，11 月、12 月再次趋缓。虽然山东省综合利率出现大幅下降，但是从图 4-9 也可看出，山东省 P2P 网贷平台的综合收益率还是高于其他省份，在四省中是最高的。

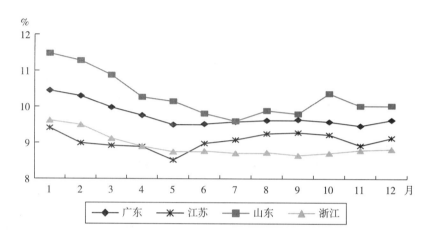

数据来源：网贷之家，齐鲁财富网。

图 4-9　四省 P2P 网络借贷平台综合收益率月度分布（2017 年）

山东 P2P 网贷平台综合收益率高于全国平均水平。从图 4-10 来看，2017 年山东省综合收益率大幅度下调，与全国综合收益率差距逐渐缩小，但山东省综合收益率还是要高于全国平均水平。1 月为山东和全国平台综合收益率的年内高位，随后山东出现快速下调，在 7 月与全国平台综合收益率差距最小。从全年走势来看，全国平台综合收益率维持在 9.2%~9.8%，而山东 P2P 网络借贷平台则维持在9.5%~11.5%，一直高于全国平均水平。

P2P 网贷逐步成为资产配置的一部分，越来越多的投资人开始进入 P2P 网贷，在借款端增长不如投资端的情况下，供需结构持续失衡影响网贷综合收益率持续下降。同时伴随着全年中央银行多次降准、降息所造成的宽松的货币市场环境，市场持续宽松的背景下推动网贷综合收益率持续的下行。另外，随着 2015 年后 P2P 网络借贷平台爆发大量风险，投资人都比较青睐于体量靠前、具有强大背景的平台，但这些平台的综合收益率相对较低；另外应监管政策要求，资产端借款利率也在逐步下行，影响网络借贷行业综合收益率下行。

平均借款期限相对较短。综合收益率是平台吸引投资者的关键指标，但平均借款期限也能够体现平台产品的周期。在网贷行业监管趋严的大背景下，短期标的需要花时间选、抢、投，而且资金之间的流动也会影响整体的收益，在打过一段时间的"游击战"之后，越来越多的投资人开始青睐中长期标的。从 P2P 网络借贷平台的平均借款期限来看，山东与江苏、广东水平相差不大。从山东与全国的对比来看，

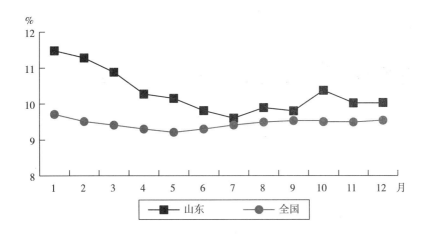

数据来源：网贷之家，齐鲁财富网。

图 4 - 10　山东省与全国网络借贷平台综合收益率对比情况（2017 年）

山东 P2P 网络借贷平台平均借款期限 2017 年走势一直低于全国情况，在 3.81 个月 ~ 5.16 个月，而全国则一直保持在 8.66 个月 ~ 10.02 个月。全国 P2P 网络借贷平台平均借款期限最高值是山东的 1.94 倍。

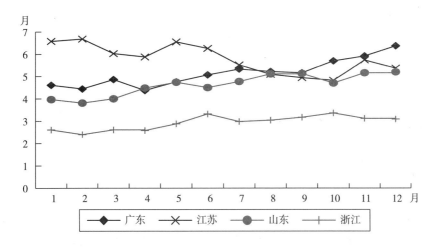

数据来源：网贷之家，齐鲁财富网。

图 4 - 11　四省网络借贷平台平均借款期限月度分布（2017 年）

借款期限长的原因主要是由于部分平台成交体量大，长期限项目标的数量越来越多，从而带动行业平均借款期限拉长。山东省借款期限短于全国平均水平，也体现了山东省 P2P 网络借贷平台长期项目不足，短期标的较多的现状。

投资人数和借款人数均处在全国前列低位。随着限额令出台，各大 P2P 网络借贷平台进行业务合规转型，行业借款人数大幅增长，行业数据不断被刷新。据网贷之家统计，2017 年 8 月，全国活跃借款人数首次超过了活跃投资人数。从部分省市 P2P 网络借贷平台投资人数趋势来看，2017 年 12 月，山东省投资人数达到

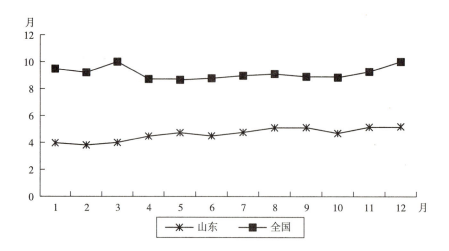

数据来源：网贷之家，齐鲁财富网。

图4-12 山东与全国P2P网络借贷平台平均借款期限月度分布（2017年）

2.55万人相较于去年同期减少0.96万人，降幅为27.35%。山东与江苏基本持平，但距离广东省有较大差距，山东投资人数仍处在低位。从借款人数指标来看，2017年12月山东省P2P网络借贷行业借款人数为0.47万人，较上年同期减少0.25万人，降幅为34.72%。广东、浙江均呈现显著的上升趋势，山东和江苏则全年保持平稳态势。

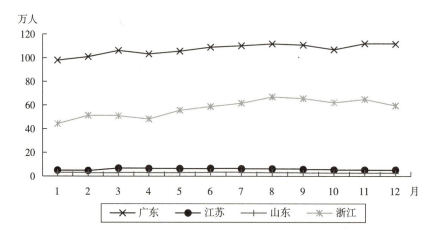

数据来源：网贷之家，齐鲁财富网。

图4-13 四省P2P网络借贷平台投资人数月度分布（2017年）

4.2.4 ICP许可证欠缺

按照《网络借贷信息中介机构备案登记管理指引》中第十三条和第十四条的规定，网贷机构须持地方金融监管部门出具的备案登记证明，按相关规定申请增值电信业务经营许可、与银行业金融机构签订资金存管协议，并将相关信息反馈至工商

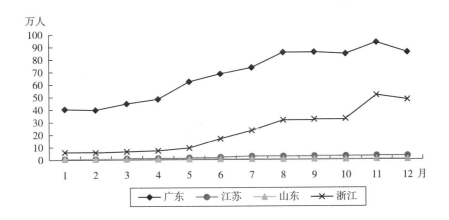

数据来源：网贷之家，齐鲁财富网。

图 4 – 14 四省 P2P 网络借贷平台借款人数月度分布（2017 年）

登记注册地地方金融监管部门。在电信增值业务经营许可证方面，根据网贷天眼数据，目前山东地区无一家在运营 P2P 网络借贷平台获得了 ICP 许可证，原因是山东省目前还没有一家平台完成 ICP 备案。2018 年即将进行的 ICP 备案大考对山东 P2P 网络借贷平台来讲，也将是一次行业大洗牌。

4.2.5 尚无平台进入境外资本市场

宜人贷 2015 年在纽交所上市，成为中国互联网金融企业境外上市的起点，而 2017 年，互联网金融企业在美国上市迎来小高峰，其中包括信而富、趣店、和信贷、拍拍贷等多家网络借贷平台境外上市。从已经上市的网络借贷企业来看，注册地址主要分布在北京和上海。A 股市场方面，根据 Wind 数据显示，有 18 家上市公司涉及 P2P 概念；从新三板企业来看，2015 年是网络借贷平台抢滩新三板的元年，而后 2016 年随着股转系统正式发布《关于金融类企业挂牌融资有关事项的通知》，网络借贷企业开始逐步撤离新三板；区域股权交易市场或成为网络借贷首选。目前 P2P 网贷平台挂牌的股权交易中心主要集中在前海股权交易中心和上海股权托管中心。而从 P2P 网络借贷平台背景来看，2017 年全国上线平台仅粤盛金融属于上市公司参股。具体到山东来看，目前并没有境外上市网络借贷平台，2017 年新上线的平台均无上市公司参股和控股背景，山东也没有 A 股上市公司涉及 P2P 概念。

网络借贷平台借助资本市场也能够更好地进行资源整合，并在监管趋严的大背景下，找到新的发力点。结合山东行业发展来看，应发展龙头企业，并借助境外资本市场优势，完善平台的全方位发展。同时，也可借助齐鲁股权交易中心以及青岛蓝海股权交易中心的力量，加速企业拥抱资本市场，从而获得机构的青睐，通过定向增资、股份转让等方式进行融资，提高平台综合竞争力。然而，在监管不断落实的背景下，网络借贷自身运用能力才是获得资本青睐的重要条件，在合规的前提下，才能赢得更多机构的关注。

4.2.6　消费金融业务开展较少

2017年国家对P2P网贷行业小额分散的定位确认后，不少P2P网贷平台进行业务转型，大力发展消费金融业务。2017年P2P网贷行业发展最为红火的资产端业务，消费金融无疑可以算得上名列前茅。根据网贷之家的数据，2017年P2P网贷行业消费金融业务成交量高达2935.54亿元，占同期P2P网贷行业成交量的比例约为10.47%，比2016年上升了4.51个百分点。2017年共有565家平台发过消费金融业务标的，这565家平台分布在全国27个省市。上海2017年消费金融业务成交量规模最高，达到了827.59亿元，北京以800.84亿元的成交量成为另外一个成交量过800亿元大关的省市。网贷重镇广东、浙江分别以698.12亿元、485.88亿元紧随上海、北京之后排名第三、第四位。四大省市消费金融业务成交量占同期行业消费金融成交量的比例高达95.81%，略高于行业区域成交量占比（四大省市成交量占行业成交量的比例约为89%），可见2017年P2P网贷行业消费金融业务主要分布在这四个省市。山东省在全国消费金融业务成交量的排名在前十名之外，可见山东省网络借贷平台的消费金融业务开展得非常少，成交量很低。

2017年，随着监管的不断加码，多省市也出台相关政策，网络借贷行业逐渐规范化，同时企业构建网络借贷生态圈的态势也愈加明显。大量企业整合优质资源，采取集团化运作模式，而山东网络借贷企业涉及业务依然较为单一，省内网络借贷发展受到局限，缺乏竞争力。即使有海融易等综合实力和品牌均相对较高的企业，但其本身并没有形成较大的生态圈，相较浙江、广东等地的龙头企业仍存在差距。

P2P网络借贷行业运营规范性较差导致行业发展过程中不断出现平台跑路、问题平台以及老赖等现象，分析其原因主要有以下三点。首先，政府政策的滞后性。从P2P网络借贷来看，e租宝、陆金所"被点名"引发债转风波等大量非法集资和代销产品逾期事件曝光后，相关管理办法才得以颁布；2017年疯狂席卷网络借贷的校园贷也在经历了野蛮生长后才被叫停。众筹行业的监管空白也让越来越多的P2P网络借贷平台瞄准转型方向，尤其山东汽车众筹平台居全国首位，未来发展的规范性、企业是否能长期发展、行业内风险都将受到严峻考验。

其次，平台自身风控问题存在隐患。网络借贷行业发展经历的爆发期也是问题平台数量最多的时期，究其原因，主要是平台自身存在风控不到位、运营不规范以及风险处置不合理等问题。由于信息的不对称性，平台本身不能全面掌握用户的征信情况，同时，平台自己也欠缺有效的、标准的风控体系，最终导致平台逾期率的上升，从而影响运营情况。另外，还有部分平台过分看重大数据风控指标，缺乏对用户真实情况的深入了解，最终会导致平台众多的风险问题。

最后，网络借贷行业信息披露成难题。运营平台信息披露不仅是投资者关注的焦点，也是行业发展的关键。行业目前信息披露透明度不高，平台运营数据真假难辨。虽然 2017 年 6 月中国互联网金融协会为监管部门统一监测、社会公众统一查询平台提供入口，正式上线了"互联网金融登记披露服务平台"，但截至 2017 年 12 月底，仅有 116 家平台对接并披露基本信息和运营信息。随着行业逐渐规范化，良性退出将逐渐成为主流，在保证行业健康发展的同时，也能增强投资者信心。

4.3　股权众筹停滞，汽车众筹风险频发

2017 年是众筹行业大洗牌的一年，平台数量大幅减少，巨头平台大量退出，优胜劣汰适者生存。同时，监管依然悬而未决，没有完整的制度设计和配套的法律政策。2016 年众筹风险频发，10 月下发《股权众筹风险专项整治工作实施方案》以来，众筹行业进入冷却期，2016 年底众筹平台开始大量减少。2017 年《政府工作报告》强调风险问题，提出要高度警惕互联网金融风险。十九大报告也明确要守住不发生系统性金融风险的底线。2017 年大量众筹平台下线或转型，新增众筹平台数量也大幅减少，汽车众筹平台集中爆雷，众筹行业深度洗牌。但是在种种"黑暗"的迹象背后，我们似乎看到了一缕黎明前的"曙光"，从互联网股权融资专委会的成立，到周小川行长的"拓展股权融资渠道"，再到李克强总理的"健全多层次资本市场"，预示着 2018 年众筹行业将会呈现出不一样的发展姿态。从山东省众筹行业来看，2017 年山东省在全国众筹行业谨慎发展的大环境下，也保持着严监管的状态，股权众筹自专项整治以来业务暂停，行业处于停滞状态，等待国家出台明确的政策。汽车众筹虽然领跑全国，但也是平台数量大幅减少、风险事件频发，不断爆出平台跑路事件。[①]

4.3.1　平台数量大幅减少

运营平台数量大幅减少。截至 2017 年底，全国众筹平台累计上线 834 家，其中已下线或转型的共有 540 家，正常运营的平台 294 家。从运营平台的数量来看，山东省在全国排第三位，运营平台数量为 36 家。但是结合累计上线平台数量来看，山东众筹平台的存活率最低，为 39.13%，其他省市均在 50% 左右（见图 4 - 15），这也可以说明山东上线平台的质量不佳，大部分平台上线无法持续经营下去。导致这

---

① 目前国内对于众筹行业进行统计的数据资料主要有 4 个：一是盈灿咨询发布的《2017 年中国众筹行业年报》；二是中关村众筹联盟等机构联合发布的《2018 年互联网众筹行业现状与发展趋势报告》（该报告也采用了盈灿咨询和众筹家的部分数据）；三是众筹家网站对全国 25 个省（直辖市）2011—2018 年众筹平台的记录；四是壹零财经发布的《中国互联网众筹行业报告》；比较不同网站发布的数据，有关众筹平台数量以及时间分布等数据存在较高一致性，因而可信度较高，所以关于总体情况的分析，众筹家网站资料更加细化且全面，具有较好的连续性，我们参考众筹家网站的相关数据。对于细分类型平台的数据，本报告主要选用众筹家的统计数据并结合多家平台的相关数据，进行整理。由于部分平台并未在众筹家网站上登记，所以部分众筹家网站上的数据会低于实际值。

一现象的原因已经相对明确，主要是山东省在 2016 年出现大量汽车众筹平台，随着风险的逐渐积累，这些平台经营一段时间后，便出现大量跑路或停业。

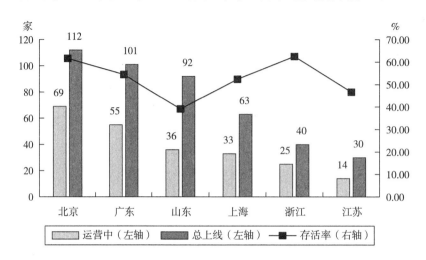

资料来源：众筹家，齐鲁财富网。

图 4－15　全国部分省市运营中平台情况（截至 2017 年底）

新增平台数量骤减。山东省 2013—2017 年底共有 92 家平台上线，2013—2016 年，每年新增众筹平台数量呈递增趋势，2016 年新增众筹平台数量最多，达到 65 家，2017 年新上线平台数量大幅减少，共有 9 家平台上线（见图 4－16），新增平台的大幅减少与政策环境有关，当前国家处于严监管状态，众筹的法律地位还未明确，行业进入规范期，大众对众筹行业也保持谨慎态度，具体数据见图 4－16。

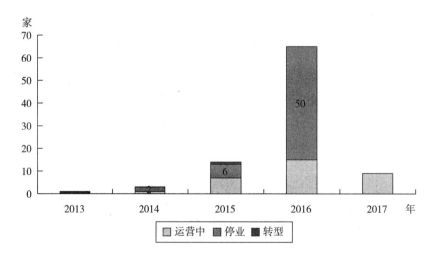

资料来源：众筹家，齐鲁财富网。

图 4－16　山东省历年新增众筹平台数量情况（2013—2017 年）

停业或转型平台占绝大部分。截至 2017 年底，山东省历年新增平台大部分已经呈现停业状态，从图 4 - 16 中可以看到，2013 年山东省上线第一家众筹平台——海创汇已经转型。2014 年新增的 3 家平台中，2 家已经停业。2016 年新增的 65 家平台，截至 2017 年底，已经有 50 家平台停业。2017 年共上线 9 家众筹平台，目前处于运营状态。

4.3.2　众筹平台融资额较低

从融资额来看，根据众筹家的数据，2017 年山东省众筹平台融资额在全国排名第四位，全年融资总额为 27.30 亿元。但是从运营平台的平均融资额来看，山东省和广东省的平均融资额都较低，山东省单个平台平均年融资额为 7583.35 万元，广东省的单个平台平均年融资额为 3620.72 万元。而浙江和江苏两省的单个平台平均年融资额较高，从图 4 - 17 可以看出，浙江省最高，为 18418.60 万元，江苏省为 18380.99 万元，仅次于浙江省，这两个省的众筹平台融资能力较强。

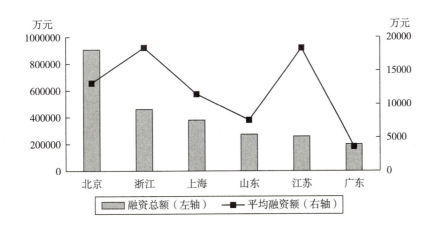

资料来源：众筹家，齐鲁财富网。

图 4 - 17　部分省市众筹平台融资情况（2017 年）

4.3.3　股权众筹业务停滞

按照众筹平台的回报模式，可分为股权型、权益型、物权型、公益型和综合型众筹平台。由于公募股权众筹业务未允许开展，本报告中所称的股权型众筹是指互联网非公开股权融资。在这些大分类下，又发展了许多细分领域，汽车众筹就属于物权型众筹。

截至 2017 年底，股权众筹的相关办法仍未出台，至今仍没有合法地位。自 2016 年 10 月专项整治以来，绝大部分省市都禁止股权众筹平台开展业务，更是让股权众筹一蹶不振。京东东家、苏宁私募股权、蚂蚁达客、360 淘金等互联网巨头和电商的股权众筹平台也纷纷离场或停止业务，让大众对股权众筹未来的走向更加迷茫。

从平台数量来看，从股权众筹开始发展至2017年底，山东省股权众筹以及综合众筹平台等开展股权众筹业务平台总共有18家。2017年新成立1家综合众筹平台，虽然众筹家统计该平台仍在运营中，但是该公司网站上已经找不到众筹板块的相关内容。截至2017年底，全省共4家平台在运营，分别是齐鲁股权交易中心投融资平台、信蓝筹、众和汇以及好众筹。其中齐鲁股权交易中心投融资平台、信蓝筹都是政府平台，这两家平台分别是齐鲁股权交易中心和青岛蓝海股权交易中心开办，属政府背景。另外2家运营中平台分别是众和汇和好众筹平台，分别属于济南市和日照市。众和汇专注于股权众筹，好众筹为综合型众筹平台，包含产品众筹、股权众筹和公益众筹，公益众筹至今还未开展业务。

表4-2　　　　　　　　　　　山东省股权众筹平台一览

序号	平台名称	上线时间	业务种类	注册地	营业状态
1	齐鲁股权交易中心投融资平台	2015.09	私募股权、私募债券产品融资、公益捐赠	淄博	运营中
2	信蓝筹	2015.06	股权	青岛	运营中
3	U众投	2015.03	股权	东营	已下线，网页无法打开
4	好众筹	2015.12	股权、产品、公益众筹等	日照	运营中
5	一起做东	2015.08	股权、产品众筹等	青岛	网页打不开
6	聚梦空间	2015.05	股权、公益众筹等	青岛	网页打不开
7	智诚客	2015.03	股权、奖励众筹等	济南	网页打不开
8	默霖国际	2015.09	股权众筹、产品众筹、公益众筹	济南	已下线
9	58众筹网	2015.01	股权众筹	青岛	已下线
10	沃沃众筹	2015.05	股权众筹、产品众筹等	济南	已下线
11	众仁投	2016.08	股权众筹	东营	网页打不开
12	众和汇	2016.11	股权众筹	济南	运营中
13	绿天使	2015.09	一站式服务	青岛	转型，创业孵化平台
14	海创汇	2013.12	一站式服务	青岛	转型，创业孵化平台
15	山东银投	2017.03	综合众筹	济南	网站找不到众筹板块
16	众筹天下	2014.09	综合众筹	德州	网站打不开
17	天农众筹	2016.04	产品、股权众筹	济南	运营中，股权众筹未开展业务
18	八六投众筹网	2016.10	综合众筹	东营	已下线

资料来源：齐鲁财富网，众筹家等各众筹网站公开资料。

从股权众筹融资额来看，2017 年山东省股权众筹融资额为零，主要原因是 2017 年山东省所有股权众筹业务都暂停，山东证监局与省金融办等部门成立股权众筹风险专项整治工作组，专门对股权众筹平台进行排查监督，不允许开展任何股权众筹的相关业务。

综合上述情况来看，股权众筹平台不论是数量还是金额都呈现大幅下降的态势，主要是由于政策的不明朗，股权众筹合法地位没有得到监管部门的确认，更多人持观望态度。众筹作为多层次资本市场的构成部分，尤其是股权众筹，补齐资本市场短板的作用明显，有利于解决中小微企业融资难、融资贵问题，希望待国家推行开展互联网股权众筹融资试点后，山东省政府部门能够把握发展机会，推进山东省众筹行业的发展，尤其是支持民营众筹平台的发展，为山东省多层次资本市场的发展助力，促进山东创业企业融资，完善创业投资、退出和流转，更好地发挥小微金融的作用。

4.3.4　汽车众筹粗放发展

2017 年，以汽车众筹为代表的物权众筹发展速度放缓，汽车众筹平台不断爆雷，风险居高不下。从 2016 年下半年专项整治开始，汽车众筹逆众筹行业遇冷之势崛起，成为发展最快的物权众筹细分市场。然而好景不长，作为众筹行业的后起之秀，仅发展不到一年的时间，汽车众筹也在 2017 年上演惨烈的洗牌。山东作为汽车众筹发展的大省，汇集了全国一半以上的汽车众筹平台，近一半的融资项目都在山东省汽车众筹平台上完成。同时，不断不被曝光的问题平台也主要聚集在山东。

汽车众筹属于物权众筹，当前物权众筹的运作模式是融资方通过众筹项目融资后，购买实物资产，将购买到的实物资产交由合作机构处置后，投资人获得分红，实现本金和收益的退出。汽车众筹主要是车商通过众筹平台筹集购买汽车的资金，买车后再卖出，投资人获得买卖差价形成的利润分红。现阶段汽车众筹平台主要与二手车商合作，山东地区二手车市场较为活跃，如枣庄、临沂、济南三地均为全国知名二手车市场，群体庞大，适合汽车众筹业务的开展。

从汽车众筹平台数量看，根据众筹家数据，截至 2017 年底，全国运营中汽车众筹平台共有 22 家，其中山东省有 10 家，数量最多，占全国汽车众筹平台的 45.45%。而众筹家数据显示，截至 2017 年 6 月底，在运营中的有 125 家，仅下半年的时间，汽车众筹平台减少了一百多家，可见 2017 年下半年汽车众筹平台大洗牌，大量平台停业。

从融资额来看，根据盈灿咨询公布的 2017 年成功筹资额排名前十位的汽车众筹平台数据，山东省有 2 家众筹平台进入融资额排名前十位。山东省济南市的融车网，在全国汽车众筹平台融资额排名第二位，2017 年完成融资项目 2008 个，成功筹集资金 15.3198 亿元。淄博市博派合伙人完成融资项目 1923 个，成功融资额为 1.7618 亿

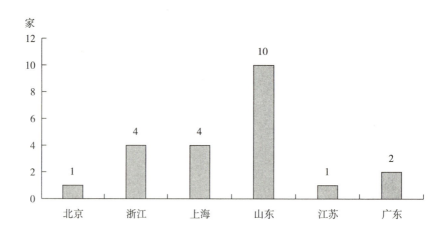

资料来源：众筹家，齐鲁财富网。

图4-18　全国部分省市运营中汽车众筹平台情况（截至2017年底）

元。结合前文中数据，2017年全年山东众筹平台融资总额为273000.45万元，而仅融车网和博派合伙人这两家平台就实现融资17.08亿元，占据全省众筹平台融资总额的62.57%。

2017年汽车众筹平台频繁爆雷。2017年5月，青岛小卡在线汽车众筹平台被曝出跑路。该平台成立于2016年4月11日，注册地为青岛，主要做汽车众筹，连接车商和投资人，通过买卖差价盈利。在经营了7个月的时间后，法人王宇发布一份回款方案，表示不能一次性补贴本金和收益。2016年2月，平台表示投资人可根据账户总金额的百分比提现，但是回款方案未能落实，而该公司法人以及客服都已无法联系，2016年5月小卡在线APP的内容全部被清空，网站也被撤掉。在该平台的QQ中统计，有60余名投资者数百万元的资金无法提现。紧接着，青岛另一家汽车众筹平台海易筹也陷入失联风波，网站无法回款提现。该平台2016年6月成立，截至事发，不到一年的时间，共发布三百多期众筹项目，累计成交额超1000万元，而且该众筹平台还有第三方支付保障。最令人质疑的是海易筹与小卡在线的协议等条款都完全一致，唯一不同的是公章名称。

无独有偶，2017年6月又一家汽车众筹网站——诺筹网被曝。该公司2014年12月成立，2017年6月撤掉官网，解散QQ群，投资人无法提现。而且诺筹网与小卡在线、海易筹的电子委托协议一模一样，除了丙方即平台名称不同，合同的具体条款，甚至格式、字体、字号都一致。而据了解此类众筹平台可能有几百家，截至目前仍有部分平台还在运营。

汽车众筹确实可以有效解决车商资金流动性，同时投资人进行投资获得的收益也十分可观，但是目前汽车众筹仍存在平台跑路和监管缺失等风险，平台质量良莠不齐，项目存在严重的信息不透明，汽车众筹在2017年出现大量跑路、提现困难等问题，负面事件也接二连三发生，因此山东省众筹行业主要是汽车众筹发展的状态，极易引发风险。

山东作为汽车众筹平台规模最大的区域，成为汽车众筹爆雷重灾区似乎也有一定的必然性。一方面是由于汽车众筹本身就没有明确的法律法规进行规范和监督，另一方面是汽车众筹的运营企业本身可能就潜藏着巨大的风险，很多平台是 P2P 转型而来，或者是车商直接做众筹平台，没有众筹平台运作的经验和能力。山东从 P2P 重灾区到汽车众筹重灾区，这也反映出部分人成立平台之初就抱有不良目的。

4.4　互联网保险

2017 年 5 月 18 日，和泰人寿保险股份有限公司正式开业。和泰人寿保险股份有限公司于 2017 年 1 月 23 日获得中国保监会的开业批复与保险公司法人许可证，并于 1 月 24 日完成了工商注册登记。和泰人寿的发起人股东是中信国安、英克必成（腾讯全资子公司）、居然之家等 8 家公司，注册地为山东济南，注册资本金为 15 亿元人民币。公司的经营范围涵盖了普通型保险（包括人寿保险和年金保险）、健康保险、意外伤害保险、分红型保险、万能型保险、上述业务的再保险业务；国家法律、法规允许的保险资金运用业务；经保险监督管理机构批准的其他业务。

根据和泰人寿披露的经营业绩，该公司 2017 年营业亏损超过 1 亿元。一般来说，寿险公司在成立前 7 年会亏损，第 8 年起才能实现盈利，根据各保险公司披露的信息，除和泰人寿外，2017 年新成立的招商局仁和人寿、和泰人寿、华贵人寿、爱心人寿、复星联合健康、众惠相互、汇友建工以及广东粤电自保等新成立公司 2017 年度全部亏损。

第5章　区块链技术与数字货币发展状况

区块链技术被认为是继蒸汽机、电力、信息和互联网科技之后，目前最有潜力触发第五轮颠覆性革命浪潮的核心技术。区块链技术有望成为全球技术创新和模式创新的策源地，推动"信息互联网"向"价值互联网"变迁。我国《"十三五"国家信息化规划》中把区块链作为一项重点前沿技术，明确提出需加强区块链等新技术的创新、试验和应用，以实现抢占新一代信息技术主导权。本章介绍了区块链技术的本质、原理及其特征，对比了全国主要省市关于区块链技术的政策导向，概括了区块链技术发展状况及其在数字货币、跨境支付等金融领域的应用现状。总体来说，区块链技术在金融行业的应用仍处于逐步发展和演进过程中。因此，应结合相关产业实践，深入研究新兴技术对现有金融市场结构、风险管理模式、监管及法律框架产生的影响，为区块链技术的应用提供必要的法律基础，明确现有法律和监管规则的适用性问题。

5.1　区块链技术行业发展现状

区块链技术的革命性在于它实现了通过技术建立一种双方之间的信任。通过技术层面的设计创新，由程序自动化执行某些环节，使得商业活动得以更低成本的实现。经济层面区块链设计思想是降低成本。在区块链体系中，交易信任由机器和算法确定，所有参与者均通过密码学原理确定身份，依靠共识机制实现相互间的信任。参与者可以不需要了解对方的基本信息进行交易，改变了传统的以第三方为中心的信任模式。通过智能合约，交易过程可以由程序自动执行，排除了人为干扰的因素。区块链技术层面的设计构想是由多方参与的、可靠的分布式数据存储系统组成。与以往中心化系统大有不同，各方均参与记录，参与数据的存储和维护，并且通过链式存储数据合约，数据只能读取和写入，不可篡改，保证了交易和数据的安全性。

5.1.1　区块链技术本质、原理及特征

（1）区块链技术的本质

中国工信部在 2016 年发布的《中国区块链技术和应用发展白皮书》中指出，

狭义来说，区块链技术是将数据区块以时间顺序相连的方式组合成的一种链式数据结构，并以密码学方式保证的不可篡改和不可伪造的分布式账本。广义来说，区块链技术是构建在点对点网络上，利用链式数据结构来验证与存储数据，利用分布式节点共识算法来生成和更新数据，利用密码学的方式保证数据传输和访问的安全，利用由自动化脚本代码组成的智能合约来编程和操作数据的一种全新的分布式基础架构与计算范式。

区块链技术的本质是通过数学算法与信息技术直接建立点到点、端到端的交易，而不需要第三方中介进行信任和信用背书。互联网的出现提高信息流动效率，区块链技术将进一步推动信息互联网向价值互联网阶段迈进在互联网上构建起新型产权关系，通过分布式账本系统使参与者更便于共享数字经济成果，通过可信安全技术使交易成本大幅降低，依托新的价值度量衡、广泛共识和价值分享，重构线上和线下的价值信用体系，实现互联网上价值的自由流动。

（2）区块链技术原理

区块链是由一串使用密码学相关联所产生的数据块组成，每一个数据块中包含了多次网络有效确认（一次有效交易检验被称为一次确认）的信息。随着交易不断产生，矿工不断验证交易创造新的区块来记录最新的交易，这个账本会一直增长延长。这些区块按照时间顺序线性补充到原有的区块链上。每一个节点都有一份完整的已有区块链备份记录，而这些都是通过进行数据验证算法解密的矿工网络自动完成。公共式区块链账本完全对外公开，这意味着区块链信息可以通过特定地址在区块链浏览器上（例如 www. blockchain. info）进行查询。

区块链技术包含分布式存储、密码学算法、共识机制和智能合约四项核心技术。

分布式存储。区块按时间顺序逐个先后生成并连接成链，每一个区块记录了创建期间发生的所有交易信息。区块的数据结构一般分为区块头和区块体。其中，区块头用于链接到前一个区块并且通过时间戳特性保证历史数据的完整性；区块体则包含了经过验证的、区块创建过程中产生的所有交易信息。

密码学算法包括散列算法和非对称加密算法。散列算法也叫数据摘要或者哈希算法，其原理是将一段信息转换成一个固定长度并具备以下特点的字符串：如果某两段信息是相同的，那么字符也相同；即使两段信息十分相似，但只要是不同的，那么字符串将会十分杂乱随机并且两个字符串之间完全没有关联；输出结果能够作为原输入数据的"指纹"，快速识别原输入数据是否被篡改。非对称加密算法由对应的一对唯一性密钥组成的加密方法。任何获悉用户公钥的人都可用用户的公钥对信息进行加密与用户实现安全信息交互。由于公钥与私钥之间存在的依存关系，只有用户本身才能解密该信息，任何未受授权用户甚至信息的发送者都无法将此信息解密。

共识机制建立在工作量证明（POW）、权益证明（POS）等算法机制上。作为区块链技术的最重要的一层架构，共识机制能够保证全部节点均参与数据创建和维护，在不经过其他参与方允许的情况下，任何一方不能单独对数据维护。若要修改已存储的数据，需得到 51% 节点的共识。共识机制是系统运行和安全的重要保证。

智能合约可视做一段部署在区块链上可自动运行的程序，其涵盖的范围包括编程语言、编译器、虚拟机、事件、状态机、容错机制等。智能合约本质上是一段程序，存在出错的可能性，甚至会引发严重问题或连锁反应。需要做好充分的容错机制，通过系统化的手段，结合运行环境隔离，确保合约在有限时间内按预期执行。

（3）区块链技术特征

结合区块链的定义，区块链会显示出四个主要的特性：去中心化、去信任化、不可篡改、加密安全。

——去中心化。区块链是一个由各矿工节点记账维持，并储存在全球范围内各个去中心化节点的公开账本，因为每个节点和矿工都必须遵循同一记账交易规则，而该规则基于密码学算法而非信用，同时每笔交易需要网络内其他用户的批准，所以不需要一套第三方中介结构（比如说银行）或信任机构背书。

——去信任化。区块链网络中，通过算法的自我约束，任何恶意欺骗系统的行为都会遭到其他节点的排斥和抑制，因此其不依赖中央权威机构支撑和信用背书。传统的信用背书网络系统中，参与人需要对于中央机构足够信任，随着参与网络人数增加，系统的安全性下降。与之相反，区块链网络中，参与人不需要对任何人信任，但随着参与节点增加，系统的安全性反而增加，同时数据内容可以做到完全公开。

——不可篡改和加密安全。区块链采取单向哈希算法，同时每个新产生的区块严格按照时间线性顺序推进，时间的不可逆性导致任何试图入侵篡改区块链内数据信息的行为很容易被追溯，导致被其他节点的排斥，从而限制了相关不法行为的产生和施行。整个系统将通过分数据库的形式，除非能够同时控制整个系统中超过 51% 的节点，否则单个节点上对数据库的修改是无效的。因此参与系统中的节点越多和计算能力越强，该系统中的数据安全性越高。

并且由以上四个特征会引申出另外两个特征：开源、隐私保护。如果一个系统不具备这些特征，将不能视其为基于区块链技术的应用。由于整个系统的运作规则必须是公开透明的，所以对于程序而言，整个系统必定会是开源的。由于节点和节点之间是无须互相信任的，因此节点和节点之间无须公开身份，在系统中的每个参与的节点的隐私都是受到保护的。

5.1.2　区块链相关政策与区域发展对比

区块链产业发展的政策体系逐步完善，区块链技术已经上升到国家科技战略层面。2016 年 12 月，《国务院关于印发"十三五"国家信息化规划的通知》中首次提到区块链，并将其与量子通信、人工智能、虚拟现实、大数据认知分析、无人驾驶交通工具等技术一起作为重点前沿技术，明确提出需加强区块链等新技术的创新、试验和应用，以实现抢占新一代信息技术主导权。其次，相关行业、国家和国际标准也在加速制定，解决区块链的关键技术标准问题，促进区块链产业生态化发展。为把握区块链产业发展机遇，抢占区块链产业发展制高点，各地政府及时出台区块链技术和产业发展扶持政策，让区块链产业迎来了一次新的爆发。

表 5 – 1　　　　　　　　与区块链相关的国家政策梳理（2016—2017 年）

发布日期	文件名称	发布单位	主要内容
2017/10/5	《国务院办公厅关于积极推进供应链创新与应用的指导意见》	国务院办公厅	完善全国信用信息共享平台、国家企业信用信息公示系统和"信用中国"网站，健全政府部门信用信息共享机制，促进商务、海关、质检、工商、银行等部门和机构之间公共数据资源的互联互通。研究利用区块链、人工智能等新兴技术，建立基于供应链的信用评价机制。推进各类供应链平台有机对接，加强对信用评级、信用记录、风险预警、违法失信行为等信息的披露和共享
2017/09/10	《中国保监会关于印发偿二代二期工程建设方案的通知》	中国保险监督管理委员会	跟踪云计算、大数据、人工智能、区块链等金融科技的发展趋势，开展监管科技的应用研究，积极探索新科技条件下新型的保险业审慎监管
2017/8/24	《国务院关于进一步扩大和升级信息消费持续释放内需潜力的指导意见》	国务院	提升信息家数服务能力。鼓励利用开源代码开发个性化软件，开展基于区块链、人工智能等新技术的试点应用
2017/7/26	《工业和信息化部关于开展2017 年电信和互联网行业网络安全试点示范工作的通知》	中国工信部	网络安全创新应用。应用云计算、大数据、人工智能、区块链、机器学习以及安全可靠的密码学算法（如 SM 系列算法）等技术，明显提升网络安全防护、威胁预警、事件处置的效果，提高网络安全技术保障水平
2017/7/20	《国务院关于印发新一代人工智能发展规划的通知》	国务院	促进区块链技术与人工智能的融合，建立新型社会信用体系，最大限度降低人际交往成本和风险
2017/1/20	《国务院办公厅关于创新管理优化服务培育壮大经济发展新动能加快新旧动能接续转换的意见》	国务院	营造有利于跨界融合研究团队成长的氛围。创新体制机制，突破院所和学科管理限制，在人工智能、区块链、能源互联网、智能制造、大数据应用、基因工程、数字创意等交叉融合领域，构建若干产业创新中心和创新网络
2016/12/27	《国务院关于印发"十三五"国家信息化规划的通知》	国务院	加强量子通信、未来网络、类脑计算、人工智能、全息显示、虚拟现实、大数据认知分析、新型非易失性存储、无人驾驶交通工具、区块链、基因编辑等新技术基础研发和前沿布局，构筑新赛场先发主导优势

资料来源：齐鲁财富网整理。

　　目前，各地政府积极从产业高度来定位区块链技术，把握技术升级带来的产业升级新机遇。本报告梳理了 2016 年到 2017 年各个地区在推动区块链技术研发和应用方面的产业政策，统计了各级政府的发文数量、发展倾向性以及是否提供资金或其他配套设施的支持（见表 5－2）。

表 5－2　　　　　各地区关于区块链产业政策的发文数量统计（2016—2017 年）　　　单位：份

地区	发文数量	"区块链＋金融"文件数量	"区块链＋实体经济"文件数量	"区块链＋政务及公共事业"文件数量	有资金支持的文件数量
广东	10	7	6	1	5
贵州	9	2	5	2	1
上海	8	3	5	1	2
北京	7	6	0	1	2
浙江	7	3	4	0	3
天津	5	1	5	0	1
广西	4	0	4	0	0
重庆	3	0	3	0	1
江苏	3	1	1	0	1
山东	3	2	2	1	0
安徽	2	0	2	0	0
海南	2	1	1	0	0
江西	2	2	0	0	0
四川	2	2	0	0	0
福建	1	1	0	0	0
湖北	1	1	1	0	0
内蒙古	1	0	1	0	0
新疆	1	0	1	0	0

数据来源：齐鲁财富网整理。

　　从发文总量来看，全国共有 18 个省市引导区块链发展，各地区发文数量共 71 份。其中广东省发文数量最多，共有 10 份文件针对区块链技术提出发展意见、推动策略和产业支持方案。贵州省发文数量为 9 份，仅次于广东省，上海市发布了 8 份相关文件，发文数量在全国排名第三。事实上，北京市、上海市、广东省、贵州省是最早一批布局区块链产业的省市。早在 2016 年 6 月，上海市经济和信息化委员会在《关于开展 2016 年度第二批上海市信息化发展专项资金（大数据发展）项目申报工作的通知》中就提到了区块链创新项目。2016 年 8 月，北京市金融工作局就在发布的《北京市金融工作局 2016 年度绩效任务》中提到"为推进北京市金融发展环境建设，推动设立了中关村区块链联盟。"2016 年 9 月，广州市工业和信息化委员会发布了《关于琶洲互联网创新集聚区产业发展规划（2016—2025 年）的通知》，将区块链技术列为新兴金融的范畴，包含在加快培育的六大发展产业之中，提出大力布局金融交易清算相关区块链技术，积极探索区块链技术在金融领域的应用。2016 年 12 月，贵阳市政府发布了《贵阳区块链发展和应用》白皮书，计划 5 年建成主权区块链应用示范区。

山东省在 2016 年到 2017 年共发布区块链产业政策文件 3 份，其中山东省财政厅发文 1 份，青岛市发文 2 份，省内城市及部门未正式构建相关规划或扶持政策。更具体来看，山东省财政厅在 2017 年 4 月发布了《山东省国际化注册会计师人才能力提升工程实施意见》，将区块链技术作为注册会计师的培训内容。2016 年 12 月，青岛市商务局印发了《青岛市推进中英地方贸易投资合作重点城市建设实施方案的通知》，提出打造金融科技孵化及跨境加速平台，通过论坛、讲座、项目路演及国际跨境加速等方式，促进中英两国金融科技领域的产学研合作，加速区块链等技术在金融应用领域的研发和推广。2017 年 6 月，青岛市市北区印发了《关于加快区块链产业发展的意见（试行）》，主要目标是鼓励区块链技术在政府管理、民生项目、跨境贸易、金融投资、企业信息化管理等行业开展先试先行，力争到 2020 年，形成一套区块链可视化标准，打造一批可复制推广的应用模板，引进和培育一批区块链创新企业，造就一支专业人才队伍，建立一套管理体制和运行机制，努力建设立足青岛、面向全国的区块链产业高地、区块链 + 创新应用基地——"链湾"。

从发展倾向性来看，北京市关于区块链产业政策主要集中在金融业，有 7 份文件将区块链技术作为引领新金融、推进金融供给侧结构性改革、促进科技金融深度融合创新及北京市"十三五"时期现代金融产业发展规划的重点内容。广东、浙江和上海大力推动区块链技术在金融领域和实体经济的应用，广东省发布涉及金融和实体经济的文件分别为 7 份和 6 份，浙江省发布涉及金融和实体经济的文件分别为 3 份和 4 份，上海市发布涉及金融和实体经济的文件分别为 3 份和 5 份。而贵州、天津、广西等地区侧重于促进区块链技术应用于实体经济，以成本改善、服务优化和新商业模式加速建立为主要方向。

从产业扶持方面来看，最引人注目的就是广东省。为推进区块链产业发展，2017 年 12 月，黄埔区、广州开发区出台《广州市黄埔区广州开发区促进区块链产业发展办法》，预计每年将增加 2 亿元左右的财政投入扶持区块链产业。深圳市经济贸易和信息化委员会发布文件《市经贸信息委关于组织实施深圳市战略性新兴产业新一代信息技术信息安全专项 2018 年第二批扶持计划的通知》，提出区块链属于扶持领域之一，按投资计算，单个项目资助金额不超过 200 万元，资助金额不超过项目总投资的 30%。深圳市人民政府《关于印发深圳市扶持金融业发展若干措施的通知》中，提出要充分发挥"金融创新奖和金融科技专项奖"的创新激励作用，通过金融科技专项奖，重点奖励在区块链、数字货币、金融大数据运用等领域的优秀项目，年度奖励额度控制在 600 万元以内。贵州、上海、北京、浙江等地均提出了清晰且具有竞争性的激励与产业扶持政策。

5.1.3 区块链技术行业高速发展

近年来，全球范围内区块链企业一直呈现快速增长趋势，据不完全统计，截至2017年末，全球共有超过1600家区块链创业公司先后设立，较2012年不足200家的情况增长了十余倍，年均增长率达51.60%。其中增速的峰值出现在2013年，达到158.96%，后续增速有所回落，但企业数量一直保持正向增长。从地域分布来看，区块链企业在全球范围内受到追捧，但仍存在分布不均衡的现象，大部分企业集中在美国、欧洲及亚洲少数国家和地区。目前获得投资创业公司主要分布在全球45个国家，多集中在欧美和亚洲等国家，前十位的国家企业总量占比为69.40%，其中美国优势领先，欧洲国家紧随其后，美欧资本优势凸显。

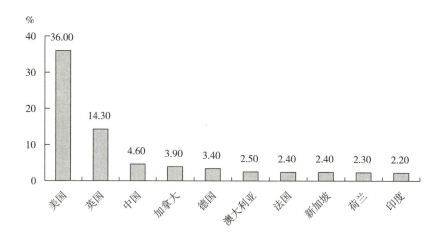

数据来源：OutlierVentures，齐鲁财富网。

图5-1 区块链公司数量占比TOP10（2017年）

区块链技术未能大规模应用很大程度上是由于技术的限制，但在2015年到2017年我国区块链技术开始取得飞速突破，区块链相关专利年均增速超过200%，成为我国专利数量增长最为快速的领域。在IPRdaliy和incoPat创新指数研究中心联合发布的《2017年全球区块链企业专利排行榜100强》中，中国入榜的企业占比49%，其次为美国，占比33%。其中阿里巴巴以总计49件专利排名全球第一；排名第二的美国银行，全球专利总量共计44件；中国人民银行数字货币研究所排名第三，拥有33件全球专利总量。在全球排名前100位的区块链专利拥有者中，中央银行系企业总量排名第一。阿里巴巴的区块链专利涵盖了发明、设计和实用领域，并且在区块链合作、区块链创新和应用层面都取得了长足的进步。专利技术获得的突破和应用不仅对企业的技术布局有深远影响，也带动了整个区块链产业的发展。

表 5 - 3　　　　　　　全球区块链企业新增专利数量 TOP10 （2017 年）　　　　　单位：件

排名	申请人	国别	2017 年新增专利数量	专利总量
1	阿里巴巴集团控股有限公司	中国	43	49
2	Bank of America Corporation	美国	33	44
3	中国人民银行数字货币研究所	中国	33	33
4	Nchain Holdings Limitied	安提瓜和巴布达	32	34
5	北京瑞卓喜投科技发展有限公司	中国	26	27
6	Mastercard International Incorporated	美国	25	45
7	江苏通付盾科技有限公司	中国	23	23
8	中国人民银行印制科学技术研究所	中国	17	17
9	深圳前海达闼云端智能科技有限公司	中国	17	17
10	中国联合网络通信集团有限公司	中国	16	19

数据来源：IPRdaily 中文网与 incoPat 创新指数研究中心《2017 年全球区块链企业专利排行榜 100 强》。

在国内，通过在国家企业信用信息公示系统，以及提供企业信息披露的天眼查（tianyancha. com）官方网站上的查询，截至 2017 年底，全国共有 1078 家企业名称中包含"区块链"，涉及区块链技术的公司和社会组织有 6059 家。随着区块链热度持续上升，区块链相关组织数量迅速攀升，截至 2018 年 7 月，有 4440 家企业名称中包含"区块链"，相对于 2017 年底增长了 311.87%，涉及区块链技术的全部公司和社会组织数量已经高达 15178 家，增长 150.50%。

区块链概念在 2008 年之前尚未被提出，区块链技术获得广泛关注始于 2014 年，短短几年就涌现出大量公司，一方面，说明区块链技术产生了巨大影响，整个行业正处在快速发展阶段；另一方面，国内大多数涉及区块链的公司大部分都是在区块链概念火爆之后纷纷修改公司名称和经营业务范围，才在短时间内出现区块链公司遍地开花的繁荣景象。

根据中国工信部针对区块链行业进行的更为详细的统计，我国以区块链业务为主营业务的区块链公司数量已经达到了 456 家，产业初步形成规模。从中国区块链产业的新成立公司数量变化来看，2014 年该领域的公司数量开始增多，到 2016 年新成立公司数量显著提高，超过 100 家，是 2015 年的 3 倍多。2017 年是近几年的区块链创业高峰期，由于区块链概念的快速普及以及技术的逐步成熟，很多创业者涌入这个领域，新成立公司数量达到 178 家。

股权投资情况可以较好地反映社会资本对产业的关注和支持力度。截至 2017 年底，国内涉及区块链公司股权投资事件数量累计为 181 起。从 2016 年开始，区块链领域的投资热度出现明显上升，投资事件达到 60 起，2017 年是近几年的区块链投资高峰期，投资事件数量接近 100 起。从目前趋势来看，由于区块链技术的落地速度也在加快，市场开始趋于理性，因而股权投资人更愿意投资能看到有具体落地场景的项目。

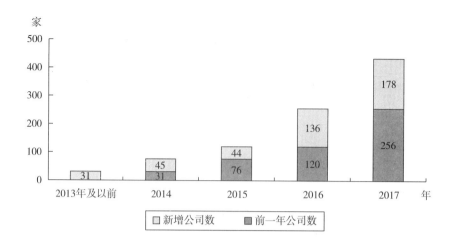

数据来源：IT桔子，齐鲁财富网。

数据口径：区块链公司为在国内正式注册，并以提供区块链技术或者服务作为主营业务方向的公司，或整体业务基于区块链技术开展，不包括那些仅在部分业务领域应用区块链技术的企业，也不包括在部分产品上尝试使用区块链技术的IT服务或互联网公司。此数据口径以下简称"窄口径"。

图5-2　中国区块链技术行业公司数量变化趋势（2013—2017年）

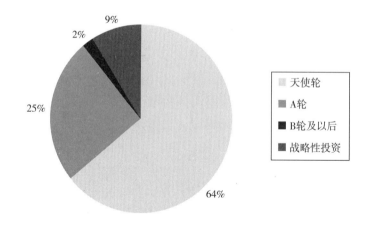

数据来源：IT桔子，齐鲁财富网。

数据口径：窄口径。

图5-3　中国区块链公司融资轮次分布情况（2017年）

从中国区块链公司融资轮次分布状况来看，目前有接近90%的投资事件集中在早期阶段（A轮及以前），另外有9%的投资事件属于战略性投资，B轮及以后的投资事件占比仅为2%。因此，区块链产业目前还处于非常早期的阶段。随着整个产业的高速发展以及项目落地速度的加快，融资轮次将逐渐往后延伸，未来将会出现更多进入中后期阶段的项目。

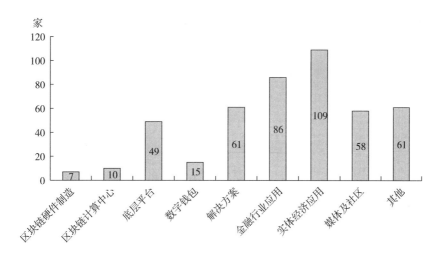

数据来源：IT 桔子，齐鲁财富网。

数据口径：窄口径。

图 5－4　不同经营领域的区块链公司数量分布（2017 年）

从区块链产业细分领域新成立公司分布状况来看，截至 2018 年 3 月底，区块链领域的行业应用类公司数量最多，其中为金融行业应用服务的公司数量达到 86 家，为实体经济应用服务的公司数量达到 109 家。此外，区块链解决方案、底层平台、区块链媒体及社区领域的相关公司数量均在 40 家以上。区块链领域正在吸引越来越多的创业者和资本入场，成为创新创业的新高地。随着区块链技术的发展以及应用的加速落地，产业规模将不断增加，该领域未来有望成为新的经济增长点。

表 5－4　　　　　　　中国区块链创业活跃度 TOP10 省份（2017 年）

排名	省份	公司家数	占比（%）
1	北京	175	38
2	上海	95	21
3	广东	71	16
4	浙江	36	8
5	江苏	13	3
6	四川	13	3
7	福建	7	2
8	湖北	4	1
9	重庆	4	1
10	贵州	3	1

数据来源：IT 桔子，齐鲁财富网。

数据口径：窄口径。

从中国区块链公司的地域分布状况来看，北京、上海、广东、浙江依然是区块链创业的集中地，四地合计占比超过80%。其中，北京以175家公司、占比38%处于绝对领先地位；上海以95家公司，占比21%位居第二；广东省以71家公司、占比16%位居第三；浙江省以36家公司、占比8%位居第四。除此之外，中国区块链创业活跃度前十名的省份还包括江苏、四川、福建、湖北、重庆、贵州，而山东、陕西、吉林、辽宁、河北、河南等省份区块链创业活跃度相对落后。

5.1.4 区块链技术应用向2.0时代快速迈进

2017年可以看做区块链应用开始逐步落地的元年，这一年里不仅包括Microsoft、Oracle等科技巨头，各初创公司纷纷开始推出自己的区块链相关产品，主要集中在金融领域。

区块链开始引人关注，与比特币的风靡密切相关。直至今日，莱特币、狗狗币等类比特币层出不穷，人们对于数字货币的关注已经转向了对区块链的深入研究。区块链强大的容错功能，使得它能够在没有中心化服务器和管理的情况下，安全稳定地传输数据。从诞生到现在，区块链专家Melanie Swan将区块链发展划分为三个阶段：区块链1.0、区块链2.0、区块链3.0。

（1）区块链1.0：以比特币为代表的可编程货币

比特币设计的初衷，是为构建一个可信赖的自由、无中心、有序的货币交易世界。尽管比特币出现了价格剧烈波动、挖矿产生的巨大能源消耗、政府监管态度不明等各种问题，但可编程货币的出现让价值在互联网中直接流通交换成为了可能。可编程的意义是指通过预先设定的指令，完成复杂的动作，并能通过判断外部条件作出反应。可编程货币即指定某些货币在特定时间的专门用途，这对于政府管理专款专用资金等有着重要意义。区块链是一个全新的数字支付系统，其去中心化、基于密钥的毫无障碍的货币交易模式，在保证安全性的同时大大降低了交易成本，对传统的金融体系可能产生颠覆性影响，也刻画出一幅理想的交易愿景——全球货币统一，使得货币发行流通不再依靠各国中央银行。区块链1.0设定了货币的全新起点，但构建全球统一的区块链网络还有很长的路要走。

（2）区块链2.0：基于区块链技术的可编程金融

数字货币的强大功能吸引了金融机构采用区块链技术开展业务，人们试着将"智能合约"加入区块链形成可编程金融。可编程金融已经在包括股票、私募股权等领域有初步的应用，证券交易所积极尝试用区块链技术实现股权登记、转让等功能以及华尔街银行联合想要打造的区块链行业标准，以提高银行结算支付的效率，降低跨境支付的成本。

目前商业银行基于区块链的应用领域：一是点对点交易，如基于P2P的跨境支付和汇款、贸易结算以及证券、期货、金融衍生品合约的买卖等；二是登记，区块链具有可信、可追溯的特点，因此可作为可靠的数据库来记录各种信息，如运用在存储反洗钱客户身份资料及交易记录上；三是确权，如土地所有权、股权等合约或财产的真实性验证和转移等；四是智能管理，即利用"智能合同"自动检测是否具备生效的各种环境，一旦满足了预先设定的程序，合同会得到自动处理，比如自动付息、分红等。

（3）区块链 3.0：区块链技术在更广泛领域的应用

除了金融行业，区块链在其他领域也开始应用。在法律、零售、物联、医疗等领域，区块链可以解决信任问题，不再依靠第三方来建立信用和信息共享，提高了整个行业的运行效率和整体水平。

20 世纪 90 年代，信息技术的飞速发展变革了现代社会，数据计算、数据库应用等为互联网技术应用打下基础，从深度和广度方面拓宽了人们的世界观。人们从对比特币的关注，到区块链技术在金融领域大展身手，进入 2015 年，区块链在建立去中心化信用的尝试，已经不限于金融界，而是被社会各个领域关注。特别是在中国，目前社会的公信力普遍不足的情况下，区块链更能为社会管理提供一种全新的思路和技术选项。区块链技术已经加速向区块链 2.0 时代迈进，比特币的成功和金融领域的尝试性运用，社会对区块链的关注度和投资热度急剧提升，区块链技术的发展进入黄金时期，部分应用已经进入区块链 3.0 阶段。区块链飞速发展，描绘了世界基于技术的统一愿景，整个社会有望进入智能互联网时代，形成一个可编程的社会。在这个信用已经成为紧缺资源的时代，区块链的技术创新，作为一种分布式信用的模式，为全球市场的金融、社会管理、人才评价和去中心化组织建设等，都提供了一个广阔的发展前景。

5.2　区块链技术在金融领域的应用现状

金融行业是区块链技术最大的投资者。区块链创业公司 R3 CEV 发起的 R3 区块链联盟是最大的金融行业区块链联盟之一，至今已吸引了 42 家巨头银行的参与，其中包括富国银行、美国银行、纽约梅隆银行、花旗银行、德国商业银行、德意志银行、汇丰银行、三菱 UFJ 金融集团、摩根士丹利、澳大利亚国民银行、加拿大皇家银行、瑞典北欧斯安银行（SEB）、法国兴业银行等。跨境支付和票据业务是金融行业应用区块链技术最广的两大业务，此外，区块链在证券发行的交易结算和数字货币业务方面的业务也在不断进展。

5.2.1　区块链技术在跨境支付中的应用

金融领域是区块链技术的第一个应用领域，也是应用前景最为广阔的领域。金融机构之间的对账、清算、结算均需要耗费大量的人力、物力成本，不仅导致交易的中介费用高昂、时间滞后，也使一些小额交易无法开展。区块链技术的应用有助于降低各个金融机构之间的对账成本，显著提高支付业务，尤其是跨境支付业务的处理效率。根据麦肯锡的测算，区块链在 B2B 跨境支付与结算业务中的应用可以将平均每笔交易成本从 26 美元降至 15 美元，其中约 75% 为中转银行的支付网络维护费，25% 为合规、差错调查，以及外汇汇兑成本。

我国的跨境支付业务也将面临较快增长，一方面，随着国民收入的不断增加，中国民众对跨境电商、出境旅游、留学等跨境业务的需求也不断增加；另一方面，政府相关部门针对第三方支付机构开展跨境支付业务放宽了监管要求，第三方支付机构的加入将推动我国跨境支付的交易量不断上升。随着跨境支付规模的不断上升，通过技术降低资金流转过程的中间费用也成为了重要课题。

事实上，数字货币作为媒介可以直接实现资金跨境，方法为首先将通过国内交易行购买数字货币，将实际货币转换成数字货币，随后通过数字货币钱包应用将数字货币提款至自己的钱包，再通过数字货币网络中转至国外的数字货币交易行，最终再通过海外提款，将数字货币转换成海外货币。

由中国区块链公司 OKcoin 建立的 OKlink 致力于组建中小金融机构之间的联盟链，主要业务为小额跨境汇款和清算。OKlink 主打对公业务，主要客群为持牌汇款公司，类似于美国的 Ripple，不过公司面向的企业较小，且交易的规模较小，目前其平均汇款金额为每人每月 2000 美元以下，每月总体的汇款金额超过了百万美元。此外，OKlink 需要公司兑换 OK 币，不能像 Ripple 一样允许在兑换瑞波币的情况下直接完成跨境交易。用户汇款的时候，系统把 OK 币作为中介，先把汇款人的本币换成 OK 币，再在接收端把 OK 币换成当地货币给收款方。目前 OKlink 覆盖了韩国、日本和东南亚等地的近 20 个国家。

2017 年 3 月 9 日招商银行通过首创区块链直联跨境支付应用技术，为前海蛇口自贸片区注册企业南海控股有限公司通过永隆银行向其在香港同名账户实现跨境支付，成为国内首单区块链跨境支付案例，也标志着我国区块链业务的落地。

5.2.2 区块链技术在票据业务中的应用

汇票、银行本票和支票是指由出票人签发的、约定自己或者委托付款人在见票时或指定的日期向收款人或持票人无条件支付一定金额的有价证券。票据是一种集支付和融资功能为一体的工具，票据市场是货币市场的重要组成部分，深受金融机构和监管者的重视。

票据市场存在主体信用评级较低、信息极其不对称、票据中介业务盛行等问题，导致票据市场业务出现了众多乱象。广发银行被票据中介挪用了 9.3 亿元资金的票据案及农业银行被银行员工违规取出、贴现 39 亿元的票据案反映出票据中介及贴现目前存在的问题，票据中介也越来越引起监管部门的重视。

票据的发展在我国经历了从纸质票据到电子票据再到数字票据的过程。纸质票据容易伪造、变造，并且还有易丢失风险。2009 年，我国推出了电子商业汇票系统 ECDS，2016 年 9 月，中央银行下发《中国人民银行关于规范和促进电子商业汇票》，2016 年 12 月，上海票据交易所成立，为首个全国统一票据电子化交易平台。电子汇票的出票、流转、兑付等信息公开透明，解决了纸质票据信息易丢失的问题，简化了烦琐的流程。

但是电子汇票只能在开通 ECDS 系统应用的企业中间流转，而且打款背书不同步，电子信息固有的数据丢失、系统瘫痪、网络攻击、病毒入侵等问题不能避免，因此未来还要继续向区块链技术依托的数字票据进步，数字票据才能够真正实现去中介化，无须票据中介的作用。数字票据可以有效防范票据市场风险，区块链由于具有不可篡改的时间戳和全网公开及同步性，可以更好地降低道德风险，同时借助区块链的高容错性，可以降低操作风险。

近期，区块链票据业务应用也逐步开始在国内落地。2017 年 1 月 18 日，海航集团下属公司上海邻客网络科技有限公司旗下供应链金融服务平台"海平线"举办了产品发布会，宣布国内首个票据行业区块链应用"海票惠"上线，其利用区块链技术，汇集企业商业票据信息，对接多渠道资金方，能有效解决中小企业融资问题。2017 年 2 月，中国人民银行推动的基于区块链的数字票据交易平台测试成功。2017 年 3 月 15 日，深圳区块链金融服务有限公司发布其"票链"产品，在当天的发布会上，包括赣州银行、贵阳银行、苏州银行、石嘴山银行、九台农商银行与区块链金服签订了联盟协议。

5.2.3　区块链技术在证券发行业务中的应用

区块链如果应用于证券发行业务，将可以有效降低证券清算结算中的交易成本，并在登记管理和转让流通方面提升信息的透明度，降低风险。首先，区块链技术可以优化后勤功能，减少对人力资源和平台系统需求，消除人工对账需求，随着未来区块链技术的不断发展，有望进一步缩短交易时间。其次，对于非上市公司烦琐的股权登记及变更环节，区块链应用与股权登记将充分利用区块链账本的安全透明、不可篡改、易于跟踪等特点，记录公司股权及其变更历史。最后，对于场外交易而言，过去双方需要承担交易风险，采用区块链技术的股权交易必须要所有者的私钥签名才能验证通过，并在交易确认后，股权变更会记录在区块链中无法更改。

区块链技术为我国证券行业的发展成熟创造了契机。在证券发行方面，一方面可以将证券发行、分配、交易等行为电子化，提升发行效率。在区块链平台上发行的智能证券，以数据形式存储其信息和运转状态，将各种金融工具和相关的合同协议进行建模，使得复杂的金融工具操作流程自动化，提升了发行效率。另一方面将减少信任成本。在信息披露方面，区块链的交易信息透明化可以实时暴露多种曲线敛财的违法行为。除了传统的信息披露外，可以通过区块链把 IPO 业务过程中的信息提供给市场参与者和监管部门，方便监管部门、社会中介机构便捷地对数据进行查询、比较、核验，进一步提升公司 IPO 的透明度。在证券清算与交收方面，区块链技术可以减少中介环节、简化结算流程。

5.2.4　区块链技术在供应链金融中的应用

供应链金融是银行将核心企业和上下游企业联系在一起提供灵活运用的金融产品和服务的一种融资模式。供应链金融是一个新兴的、规模巨大的存量市场。前瞻产业研究院数据显示，2017 年中国供应链金融市场规模为 13 万亿元，这个数字预计在 2020 年增长至 15 万亿元。供应链金融能够为上游供应商注入资金，提高供应链的运营效率和整体竞争力，对于激活供应链条运转有重要意义。供应链金融的融资模式主要包括应收账款融资、保兑仓融资和融通仓融资等。其中，提供融资服务的主体包括银行、龙头企业、供应链公司及服务商、B2B 平台等多方参与者。

供应链金融参与方主要包括核心企业、中小企业、金融机构和第三方支持服务。其中，在供应链链条上下游中拥有较强议价能力的一方被称为核心企业，供应链金融上下游的融资服务通常围绕核心企业所展开。由于核心企业通常对上下游的供应商、经销商在定价、账期等方面要求苛刻，供应链中的中小企业常出现资金紧张、周转困难等情况，导致供应链效率大幅降低甚至停止运转，因此，供应链金融产业面临的核心问题是中小企业融资难、融资贵、成本高、周转效率低。供应链金融平台、核心企业系统交易本身的真实性难以验证，导致资金端风控成本居高不下。供应链中各个参与方之间的信息相互割裂，缺乏技术手段把供应链生态中的信息流、商流、物流和资金流打通，信息无法共享，从而导致信任传导困难、流程手续繁杂、增信成本高昂，链上的各级数字资产更是无法实现拆分、传递和流转。

区块链技术可以实现供应链金融体系的信用穿透，为二级供应商分销商解决融资难、融资贵的问题。区块链在其中发挥两个作用，首先是核心企业确权过程，包括整个票据真实有效性的核对与确认；其次是证明债权凭证流转的真实有效性，保证债权凭证本身不能造假，实现信用打通，进而解决二级供应商的授信融资困境。在这个信任的生态中，核心企业的信用（票据、授信额度或应付款项确权）可以转化为数字权证，通过智能合约防范履约风险，使信用可沿供应链条有效传导，降低合作成本，提高履约效率。更为重要的是，当数字权证能够在链上被锚定后，通过智能合约还可以实现对上下游企业资金的拆分和流转，极大地提高了资金的转速，解决了中小企业融资难、融资贵的问题。

2017 年 6 月，浙商银行基于趣链科技底层区块链平台 Hyperchain 开发的"应收款链平台"上线。该平台是利用区块链技术将企业应收账款转化为在线支付和融资工具，帮助企业去杠杆、降成本的一款创新金融科技产品，专门用于办理企业应收账款的签发、承兑、保兑、支付、转让、质押和兑付等业务。截至 2018 年 5 月，已有 600 多家企业入驻该平台，为其提供便利的支付和融资渠道。

5.3　数字货币发展现状

5.3.1　数字货币定义与特点

随着信息技术的发展和在金融领域的应用，多种非法定货币形式出现。主要的非法定货币有三种：电子货币、虚拟货币和数字货币。

电子货币是纸币在银行或其他相关金融机构将法定货币电子化和网络化存储和支付的形式。当在账户之间划拨资金时，实质上只是资金信息的传递。人们对电子货币的信任来自对政府法定货币和银行金融体系正常运转的信心。电子货币本质上是法定货币的一种电子化，常以磁卡或账号的形式存储在金融信息系统内，以方便储藏和支付为主要目的，货币的价值与法定货币等值。按照发行主体的不同又可分为银行卡（借记卡、贷记卡等）、储值卡（公交卡、饭卡、购物卡等）和第三方支付方式（PalPal、支付宝、财付通等）。

虚拟货币是没有实物形态的货币，包括以上提到的电子货币和下文介绍的数字货币等。但狭义的虚拟货币却是基于网络的虚拟性，由网络运营商提供发行并应用在网络虚拟空间的类法币，即它是真实世界货币体系的一种映射模拟，又被称为网络货币，例如腾讯公司发行的 Q 币、各大网游公司发行的游戏币、论坛为奖励网民参与贡献而设计的积分等，通常被称为狭义的虚拟货币。虚拟货币最大的特点是发行主体为互联网企业，使用范围也常常限定在该企业经营领域之内，目的是方便网民衡量、交换、享用互联网服务。政府出于稳定金融体系的要求规定虚拟货币不可双向流通；同时，拥有虚拟货币发行权的企业也没有激励提供虚拟货币等价兑回现金的服务。这种单向流通的特性决定了虚拟货币无法充当真实世界里的现金或电子货币，它只能是互联网企业用来服务于自身用户的一种商务模式。人们对虚拟货币的信任完全来自对互联网发行企业的信心。

数字货币可以认为是一种基于节点网络和数字加密算法的虚拟货币，也被称为加密货币或加密代币。数字货币与电子货币最大的不同在于数字货币不会有物理的存在，它本身就是财富的表现形式。数字货币的核心特征主要体现在以下三个方面：①由于来自某些开放的算法，数字货币没有发行主体，因此没有任何人或机构能够控制它的发行。②由于算法解的数量确定，所以数字货币的总量固定，这从根本上消除了虚拟货币滥发导致通货膨胀的可能。③由于交易过程需要网络中的各个节点的认可，因此数字货币的交易过程足够安全。

表 5 - 5　　　　　　　　　　全球数字货币总市值排名 TOP10

排名	数字货币	总市值（百万美元）	价格（美元）
1	BTC	131281.99	7910.46
2	XRP	44960.00	0.45
3	ETH	43837.56	462.00
4	XLM	31469.61	0.30
5	BCH	16654.47	793.00
6	EOS	8177.80	8.18
7	ADA	5102.45	0.16
8	ZEC	4431.42	211.02
9	LTC	4391.45	82.60
10	ONT	3401.00	3.40

资料来源：https://gateio.io/，访问日期为 2018 年 7 月 27 日。

CoinMarketCap 数据显示，截至 2018 年 7 月 27 日，全球已有 1771 种数字货币，市值前三位的是比特币（BTC）、瑞波币（XRP）和以太币（ETH），其中比特币市值为 1312.82 亿美元，单价 7910.46 美元。全球数字货币总市值在 2018 年 1 月 8 日达到顶峰 8275.22 亿美元，此后不断震荡下跌，目前总市值已经下跌到 2964.27 亿美元。

除投资投机需求外，数字货币已在部分国家或地区用于经济生活支付领域。比如，日本电子零售商 BicCamera 与日本比特币交易所 bitFlyer 联合推出比特币支付服务，于 2017 年 4 月宣布旗下试点商店接受比特币支付，并于 7 月把接受比特币支付的选择扩展到了其全国各地的店铺。日本 RecruitLifestyle 与日本比特币交易所 Coincheck 达成合作，帮助其"AirRegi 移动支付"购物 APP 接受比特币支付，并于 2017 年 7 月宣布 AirRegiAPP 开始提供比特币支付选项，持有比特币的消费者可通过扫描 AirRegiAPP 上的二维码来支付比特币。英国化妆品巨头 Lush 于 2017 年 7 月宣布其线上商城接受加密数字代币支付，旨在为英国线上商城带来更多的国际订单，通过这个全球性的去中心化货币的应用打开与国际市场、供应商，甚至是各国乡村地区慈善组织合作的大门。

5.3.2　数字货币的风险

早在 2013 年，中国人民银行等五部委联合印发了《关于防范比特币风险的通知》，指出比特币虽然被称为"货币"，但由于其不是由货币当局发行，不具有法偿性与强制性等货币属性，并不是真正意义的货币。从性质上看，比特币应当是一种特定的虚拟商品，不具有与货币等同的法律地位，不能且不应作为货币在市场上流通使用。

比特币等数字货币具有以下风险。

一是洗钱、非法交易风险。不法分子利用比特币等非主权数字货币的匿名掩盖其资金来源和投向，为洗钱、非法交易提供了便利。国际货币基金组织（IMF）等国际组织和多国监管机构对数字货币洗钱及非法交易风险高度关注。IMF 的报告曾指出，数字货币体系作为逃避资本管控的渠道，非法资金通过数字货币实现跨国流动，这给反洗钱、反恐怖主义融资等带来了挑战。在一些场合，数字货币被用于洗钱和非法交易等，这些交易利用了数字货币匿名交易的特点，不容易被追踪，给原有的监管方法带来了很大的挑战。

二是消费者权益保护问题。非主权数字货币往往由于法律性质和责任不清晰、监管主体不明确、消费者权益得不到保障。比如，比特币交易市场实行 24 小时连续开放，没有涨跌限制，价格容易被投机者操纵，剧烈波动，风险极大。同时，比特币交易市场处于自发状态，存在交易对手方风险、资金安全风险和清算结算风险等，消费者需要自行承担这些风险。

三是金融稳定相关风险。目前数字货币市场价值及交易额较小，金融机构极少参与，并未对金融稳定造成系统性影响。但 IMF 的报告曾强调，随着数字货币使用范围和规模的扩大，发生系统性风险的概率也将提升。Plassaras（2013）研究了从 IMF 角度如何应对数字货币对全球货币市场的冲击。数字货币在货币交换中的优势，比如匿名性和去特定中介化特性，可能使得它在国际货币交换体系中扮演越来越重要的角色，这将与 IMF 负责平衡汇率和应对国际货币危机的职能产生矛盾。IMF 有必要对数字货币采取行动，防止货币投机。

四是声誉风险。欧洲中央银行（2012）指出，虚拟货币可能给中央银行带来声誉风险。当虚拟货币得到发展时，人们往往容易把虚拟货币价格上涨或者其他重大事件和中央银行没有很好管理法定货币联系起来。

五是容易存在欺诈等违法活动。以"币"为名义从事诈骗、传销、集资等违法活动的工具不属于数字货币。该类"币"大多虚假承诺未来有较高回报，价格由内部人操纵。此类交易虽然冠以"虚拟货币"或者"数字货币"之名，实质是犯罪行为，应该坚决取缔。

5.3.3　ICO 融资的本质与特点

ICO 的全称是 Initial Coin Offering，或称为首次代币发行，来自股票市场的首次公开发行（Initial Public Offerings，IPO）的概念。通常，ICO 融资指的是区块链项目首次代币发行，募集比特币、以太币等虚拟货币的行为。区块链创业公司不以公司股票或债券为融资工具，而是发行自己的加密代币，通过众筹的方式，交换比特币、以太币等主流数字货币，以达到融资创业目的。按照加密代币的类型可分为应用代币、权益代币和资产代币三类。其中应用代币赋予投资者参与区块链项目活动的权利；权益代币用于持有区块链应用的股份，享有收益分红、投票权等；资产代币由现实中的真实资产作为支撑。

与传统 IPO 融资相比，ICO 融资具有一定优势：

一是 ICO 属非股权融资，受监管限制较小。根据 ICO 项目的一般协议，投资者通常购买的是代表企业产品或服务的权益或凭证，而非企业股权。这是 ICO 区别于传统 IPO 的重要特征。企业通过区块链技术，借助交易平台，面向全球投资者发行企业自己创造的虚拟币（即所谓"代币"），投资者使用比特币或其他虚拟货币，向企业购买代币，从而取得该代币所记载的权利。作为一种全新的融资方式，ICO 通常不受各国（地区）股权融资法律的限制，因而也省略了传统公司 IPO 的各项程序和要求，避开了跨境融资的法律限制，以极低的门槛，使企业（特别是中小企业）能够快速面向全世界融资。

二是 ICO 融资速度较快，跨国融资便捷。首先，与传统融资方式不同，在 ICO 过程中没有证监会，不需要 IPO 上市审批排队，发行后没有持有禁售期等。ICO 从开始到结束，所有发行环节一步到位，因而能如此高效便捷。其次，ICO 通过区块链完成所有的代币发行、购买、确认手续，融资过程可在数小时甚至是数分钟内完成。虚拟货币具有电子化、数字加密、全球通兑的特点，转账交易直接通过区块链直接进入企业账户，受外汇或资本跨境的法律规则、额度、程序等限制较小，企业可快速获得全球投资者的投资。

作为区块链创业企业前期融资的一种方式，ICO 融资方式日渐活跃。CBInsights 数据显示，2017 年全球 ICO 融资金额超过 50 亿美元，而同期区块链领域的风险投资融资规模约为 7. 16 亿美元①。

5. 3. 4　ICO 融资的风险

从 2016 年到 2017 年，虽然 ICO 融资项目数量增长快，但项目质量良莠不齐，企业不负有信息披露义务，投资者对企业经营状况、风险了解程度较低，投资者保护制度严重缺位，主要表现为以下几种风险：

信息披露不规范，缺乏信息披露标准和要求。一是关于 ICO 项目的信息披露，相关部门尚未制定统一的标准和要求。目前大多数 ICO 项目的融资主体仅通过白皮书公布项目的简要情况，对于项目的具体规划、后续的项目推进情况、资金使用情况均未披露。二是对于白皮书内容，缺乏专业的第三方机构进行调查和客观评价。目前白皮书是投资者了解项目的主要渠道，白皮书的内容直接决定了投资者的投资决策。但大多数投资者无从得知白皮书内容的真实性，也缺乏区块链项目的专业知识和经验，易引起盲目投资。

融资门槛较低，缺乏健全的项目准入机制。目前 ICO 代币的发行主要通过 ICO

---

① https://www. cbinsights. com/research/report/fintech – trends – q1 – 2018.

项目平台或自建项目网站开展。通过自建网站发行的 ICO 项目，几乎没有任何准入门槛，任何项目方可以自由发布 ICO 项目筹集资金。通过项目平台发行的 ICO 项目，则主要由平台对 ICO 项目设置准入门槛。但当前 ICO 平台对 ICO 项目的市场准入规则不健全，不同 ICO 平台对 ICO 项目的评判标准不统一，对项目的评级体系也千差万别。以上这些因素导致市场上发行的 ICO 项目质量参差不齐，不同渠道发行的 ICO 项目类别差异巨大。

资金使用不透明，缺乏持续的监督约束机制。区块链市场上，除了部分开展较为规范的 ICO 项目资金（如以太坊）由基金会管理并定期公布资金使用情况，大多数 ICO 项目均未公布资金使用情况。

ICO 的融资资金使用情况不透明，且缺乏有效的监督和审计手段，在目前低门槛准入的 ICO 项目中，容易存在资金使用不规范的情况，甚至出现庞氏骗局。

法律监管空白，缺乏对投资者的风险保护机制。ICO 代币属性不明确、去中心化特性、融资跨区域等特点，使得大多数国家对 ICO 融资行为的监管缺位，缺乏对投资者的风险保护机制和手段。一是对 ICO 代币的属性没有统一明确的定义。大多数 ICO 项目为规避现行法律监管，通常只接受比特币或以太币等主流数字货币。二是区块链项目的去中心化特性使得 ICO 融资行为突破地域管辖限制，传统的监管体系无法对这种新型融资方式进行规范。

因此，2017 年 9 月中国人民银行、中央网信办、工业和信息化部、工商总局、中国银监会、中国证监会和中国保监会七部门联合发布《关于防范代币发行融资风险的公告》，并指出近期国内通过发行代币形式包括首次代币发行（ICO）进行融资的活动大量涌现，投机炒作盛行，涉嫌从事非法金融活动，严重扰乱了金融秩序，要求各类代币发行融资活动应当立即停止。

总体来说，区块链技术在金融行业的应用仍处于逐步发展和演进过程中。区块链在金融领域的应用只是提供一种新角度下的、适用于资产权益证明的发放与流通环节的新型解决方案，目前来看区块链并未对金融领域生产关系产生颠覆性影响。作为金融科技的细分业态，区块链在金融领域的应用也应遵循金融业的核心原则与规则。"守住不发生系统性金融风险的底线"是金融领域的永恒主题，也是习近平新时代中国特色社会主义思想在金融领域的根本要求。现阶段，由于缺乏先例、长期实践不多，区块链技术可能对金融体系带来的风险和挑战，仍具有较大的不确定性，难以预判。因此，一方面，应结合相关产业实践，深入研究新兴技术对现有金融市场结构、风险管理模式、监管及法律框架产生的影响；另一方面，适时为区块链技术的应用提供必要的法律基础，明确现有法律和监管规则的适用性问题[1]。

---

① 徐忠，孙国峰，姚前，等．金融科技：发展趋势与监管［M］．北京：中国金融出版社，2017：355－356.

第6章 山东互联网金融专项整治工作

互联网金融的迅速发展给大众带来诸多便利，更好地为人们提供服务的同时，也在一定程度上成为了风险的土壤。近年来，互联网金融风险频发，第三方支付挪用客户资金、P2P网络借贷跑路、非法集资事件不断，尤其是当前业务交叉、多业态联合发展已经成为互联网金融的重要特征时，更易产生风险，并且会以一种复杂的传导机制在不同地区之间、不同金融市场之间传导，风险逐步增加，最终可能造成系统性风险。由于互联网金融更新迭代的速度极快，中国的政策和监管又相对滞后，形成互联网金融领域的创新行为与现有法律法规脱节，这样互联网金融触及法律底线的行为便会不断上演。

2016年国家颁布系列文件，对互联网金融进行专项整治。在2017年召开的第五次全国金融工作会议以及十九大报告中，习近平总书记均指出，防止发生系统性金融风险是金融工作的永恒主题。要把主动防范化解系统性金融风险放在更加重要的位置。要加强互联网金融监管，强化金融机构防范风险主体责任。互联网金融风险专项整治正是基于这样的背景下展开，有利于消除行业乱象，整顿行业秩序，维护金融消费者利益。

山东省作为互联网金融问题多发地区，积极开展互联网金融的专项整治，2016年颁布专项整治实施方案，并配套P2P网络借贷、股权众筹等7个领域的实施方案。但是进入2017年，山东的专项整治稍显滞后，全年没有颁布省级整治文件。从整治内容来看，山东省主要集中在非银行支付领域和P2P网络借贷领域，其他领域由于全国上下没有细则颁布，因此山东也处于暂时搁置状态。从整治结果来看，2017年非银行支付领域整治力度明显加强，开出11张罚单，对非银行支付机构业务严格规范。P2P网络借贷平台停业和转型的数量明显多于跑路和提现困难的平台数量，整治促使大部分平台良性退出。到2017年底，全省已经有多家平台基本整治合规，拟申请备案。

6.1 全国互联网金融风险专项整治工作

6.1.1 互联网金融风险专项整治的开展

2016年4月12日，国务院办公厅印发《国务院办公厅关于印发互联网金融风险专项整治工作实施方案的通知》（国办发〔2016〕21号），明确对P2P网络借贷和股权众筹业务、通过互联网开展资产管理及跨界从事金融业务、第三方支付业务以及互联网金融领域广告四个方面的重点整治问题提出严格准入管理、强化资金监测、建立举报和"重奖重罚"制度、加大整治不正当竞争工作力度、加强内控管理以及用好技术手段等多种整治措施。

2016年4月14日，国务院组织14个部委召开电视会议，明确将在全国范围内启动有关互联网金融领域的专项整治，为期一年，计划于2017年3月底完成。当日，国务院批复并印发与专项整治配套的相关文件，共有7个分项整治子方案，涉及多个部委，其中中央银行、中国银监会、中国证监会、中国保监会将分别发布网络支付、网络借贷、股权众筹和互联网保险等领域的专项整治细则，个别部委负责两个分项整治方案，按照业务形态，打造不同监管机构联合地方政府及相关金融监管部门的"多合"整治体系。这些针对不同业务领域的专项整治工作实施方案，根据各自业务领域内的特点分别明确了工作目标和原则，详细列明了整治工作的重点和措施，对整治工作的具体职责进行了分工，具体分为四个阶段，即摸底排查、清理整顿、督查和评估、验收和总结，并对工作的开展列出了时间表，于2017年3月底前完成。

但实际上，由于各地互联网金融平台数量较多，工作量较大，工作比原计划要多很多，导致时间推迟。另外，各地专项整治小组开展工作时，对于不少业务需要进行合规定性，需要一个认识和沟通的过程。同时，在监管整顿阶段，也不断有新的事物、新的情况，需要各地统一协调和重新定性，这也在一定程度上延迟了整个过程。因此，专项整治的具体执行未能按照原计划时间表推进，各地速度不一，全国范围内，互联网金融整治的节奏基本上比预定的时间晚了半年多。

2017年6月，中国人民银行等国家十七部门联合印发了《关于进一步做好互联网金融风险专项整治清理整顿工作的通知》（以下简称《通知》）。《通知》对下一步的清理整顿工作进行了详细的进度安排，正式明确了整改实施阶段应最迟于2018年6月底前完成，对个别从业机构情况特别复杂的，经省级人民政府批准后，整改期最长可延至2年，由省级人民政府指定相关部门负责监督及验收。《通知》要求从业机构按照整改意见书自行制订整改计划，确定整改完成期限，并提交本省领导小组办公室（或各省领导小组指定部门）审核。整改计划应承诺不新增不合规业务；对存量不合规业务明确退出时间表，原则上不超过1年，分领域有具体规定的，从其规定。同时，做好退出业务可能引发风险的应急预案。

6.1.2　各领域整治情况

2017年，国家出台了多项互联网金融6大领域的相关文件，尤其是对P2P网络借贷的整治力度加强。经过1年多的专项整治，不同业态由于所处发展阶段不同，所以整治进度也不同。相同业态不同平台的发展水平也相差较大，同样会影响整治进度。当前第三方支付行业，备付金集中存管以及清算等方案已经明确下发，从进度上看，行业内各企业间没有明显差异；P2P行业整体进度一般，且行业内部各平台间差距很大，有些平台已经完成整改，有些平台则限于内外部条件制约，达标难度很大；互联网金融广告、互联网保险，整体上较为顺利；股权众筹至今无明确文件出台。

（1）非银行支付机构风险专项整治

2016年发布的《非银行支付机构风险专项整治工作实施方案》（银发〔2016〕112号）就明确2个重点：第一，对支付机构客户备付金风险和跨机构清算业务进行整治；第二，对无证经营支付业务进行整治。2017年1月13日，中国人民银行发布《中国人民银行办公厅关于实施支付机构客户备付金集中存管有关事项的通知》，决定对支付机构客户备付金实施集中存管，自2017年4月17日起，支付机构应将客户备付金按照一定比例交存至指定机构专用存款账户，该账户资金暂不计付利息。12月27日，中国人民银行在其官网发布"关于印发《条码支付业务规范（试行）》的通知"，用于规范条码支付业务，《条码支付业务规范（试行）》自2018年4月1日起实施。该文件明确了支付机构向客户提供基于条码的付款服务时，应取得网络支付业务许可；支付机构为实体特约商户和网络特约商户提供条码支付收单服务的，应当分别取得银行卡收单业务许可和网络支付业务许可。另外，要求发行条码的银行、支付机构应根据用户的风险防范能力等级，科学合理地设置与用户相匹配的日累计交易限额，保护消费者合法权益。

（2）P2P网络借贷风险专项整治

2017年2月22日，中国银监会正式对外公布《网络借贷资金存管业务指引》（银监办发〔2017〕21号）（以下简称《存管指引》），明确要求商业银行作为P2P网络借贷资金存管平台，负责网络借贷资金存管专用账户的开立与销户、资金保管、资金清算、账务核对、提供信息报告等职责的业务。第三方支付机构作为非银行支付机构，不具备开展资金存管业务的基本条件。

2017年4月14日，根据国务院领导批示，及互联网金融风险专项整治工作领导小组办公室要求，将"现金贷"纳入互联网金融风险专项整治工作。同日，《关于开展"现金贷"业务活动清理整顿工作的通知》（以下简称《通知》）和《关于开展"现金贷"业务活动清理整顿工作的补充说明》（以下简称《补充说明》）两份文件在网络曝光，要求监管部门对各地区对"现金贷"平台开展摸底排查与集中整治，各地区根据排查情况确定"现金贷"机构名单，摸清风险底数，防止风险的集中爆发和蔓延，维护网贷行业正常发展秩序。

2017年6月，中国银监会、教育部、人力资源和社会保障部下发了《关于进一步加强校园贷规范管理工作的通知》，明确未经银行业监管部门批准设立的机构禁止提供校园贷服务，且现阶段一律暂停网贷机构开展校园贷业务，逐步消化存量业务，有序清退校园网贷业务待还余额；存量校园贷业务要制订整改计划，确定整改完成期限，明确退出时间表。

2017 年 6 月，中国人民银行等国家十七部门联合印发了《关于进一步做好互联网金融风险专项整治清理整顿工作的通知》（银发〔2017〕119 号），对下一步的清理整顿工作进行了详细的进度安排，要求从业机构按照整改意见书自行制订整改计划，确定整改完成期限，并提交本省领导小组办公室（或各省领导小组指定部门）审核。整改计划应承诺不新增不合规业务；对存量不合规业务明确退出时间表，原则上不超过 1 年，分领域有具体规定的，从其规定。同时，做好退出业务可能引发风险的应急预案。从业机构应对照整改计划，组织实施整改；整改期间要按月向省领导小组办公室（或各省领导小组指定部门）报送整改进展情况及违法违规业务退出进度。各省领导小组要切实承担第一责任人职责，统一组织本地区清理整顿工作，采取有效措施确保整治期间辖内互联网金融从业机构数量及业务规模双降。该文件正式明确了整改实施阶段应最迟于 2018 年 6 月底前完成，对个别从业机构情况特别复杂的，经省级人民政府批准后，整改期最长可延至 2 年，由省级人民政府指定相关部门负责监督及验收。

2017 年 7 月，互联网金融风险专项整治工作领导小组办公室下发《关于对互联网平台与各类交易场所合作从事违法违规业务开展清理整顿的通知》（整治办函〔2017〕64 号），再一次明确要求 P2P 网贷平台禁止与各类交易所合作开展业务，并要求 2017 年 7 月 15 日前停止与各类交易场所合作开展涉嫌突破政策红线的违法违规业务的增量。同时，互联网平台须积极配合各类交易场所，妥善化解存量违法违规业务。对于 2017 年 7 月 16 日以后仍继续与各类交易场所合作开展违法违规业务的互联网平台，要求各地整治办会同相关部门，对相关互联网平台开展现场检查，查实有变相吸收公众存款、非法发放贷款等问题的，按相关法律法规进行处罚。

2017 年 12 月 8 日，P2P 网络借贷风险专项整治工作领导小组办公室（以下简称整改办）下发《关于做好 P2P 网络借贷风险专项整治整改验收工作的通知》（网贷整治办函〔2017〕57 号）（以下简称通知）。通知要求，各地应在 2018 年 4 月底前完成辖内主要 P2P 机构的备案登记工作，6 月底之前全部完成；并对债权转让、风险备付金、资金存管等关键性问题作出进一步的解释说明。通知指出，各地整治办应指定官方网站对拟备案网贷机构的整改验收情况进行公示，公示时间不得少于两周。

（3）互联网保险风险专项整治

2017 年 12 月 21 日，中国互联网金融协会互联网保险专业委员会成立，负责制定互联网保险自律管理规则、经营细则和行业标准；组织实施教育从业机构遵守法律法规和互联网保险有关监管规定，组织开展合规及风险教育培训；依法开展互联网保险从业机构的自律管理及检查，维护互联网保险市场秩序；履行互联网保险法律法规、有关监督规定及协会理事会赋予的其他职责。

（4）互联网金融广告风险专项整治

2017 年 9 月 5 日，国家工商总局等十部门联合印发《严肃查处虚假违法广告维护良好广告市场秩序工作方案》，文件指出要加大对互联网金融广告的监管力度，就广告中涉及的金融机构、金融活动及有关金融产品和金融服务的真实性、合法性等问题，通报金融管理部门进行甄别处理。持续开展互联网金融广告的专项整治，按照互联网金融风险整治工作整体部署，延长互联网金融广告专项整治期限。

（5）股权众筹风险专项整治

2017 年 10 月 16 日，中国互联网金融协会互联网股权融资专业委员会成立，负责制定互联网股权融资自律管理规则、经营细则和行业标准；组织实施教育从业机构遵守法律法规和互联网股权融资有关监管规定，组织开展合规及风险教育培训；依法开展互联网股权融资从业机构自律管理及检查，维护互联网股权融资市场秩序；履行互联网股权融资法律法规和有关监管规定及协会理事会赋予的其他职责。

6.2　山东互联网金融风险专项整治情况

6.2.1　山东互联网金融风险专项整治的开展

2016 年 5 月，山东召开了全省互联网金融风险专项整治工作部署动员电视会议，组建了省互联网金融风险专项整治工作领导小组办公室，开启了互联网金融风险专项整治序幕。同时，山东公布了《山东省互联网金融风险专项整治工作实施方案》（以下简称《方案》），并配套 P2P 网络借贷、互联网金融广告等七个分领域实施方案。相比国家确定的 6 个整治领域外，山东将地方金融组织和典当等都纳入整治范围，实现了互联网金融风险领域的全覆盖。同时，人民银行济南分行、山东银监局、山东证监局、山东保监局、省工商局、省金融办分别组建互联网资产管理及通过互联网跨界开展金融业务、P2P 网络借贷 7 个分领域工作组，牵头负责各领域专项整治。

七个分领域实施方案包括：《山东省 P2P 网络借贷风险专项整治工作实施方案》《山东省开展互联网金融广告及以投资理财名义从事金融活动风险专项整治工作实施方案》《山东省非银行支付机构风险专项整治工作实施方案》《山东省通过互联网开展资产管理及跨界从事金融业务风险专项整治工作实施方案》《山东省互联网保险风险专项整治工作实施方案》《山东省地方金融组织和有关机构涉及互联网金融风险专项整治工作实施方案》和《山东省股权众筹风险专项整治工作实施方案》。

6.2.2　山东各领域整治情况

山东省是互联网金融的重灾区，问题平台数量占比居全国之首，因此山东的整治情况备受行业及投资人关注。但是，整个 2017 年山东省没有省级监管文件的出台，对于互联网金融风险的专项整治还是处于清理整顿、督察和评估阶段。从整治的 7 个领域具体来看，2017 年对非银行支付机构的整治力度相对往年明显加大，开具罚单数明显增多。对于 P2P 网络借贷专项整治力度更是集中，从上文国家出台的相关文件可以看出，2017 年全国上下专项整治主要集中在 P2P 网络借贷，针对 P2P 领域出台了管理办法，监管框架也已经非常明确。山东也不例外，基于全国对 P2P 网络借贷平台整治的框架下，对山东省 P2P 网贷平台加强清理整顿。对于其他领域由于相关的整治细则还没有明确，因此在 2017 年山东省也没有进入严格的整治的阶段，部分业务只能通过暂停或是松监管整治的方式发展，山东相关部门也没有出台具体的整治要求，比如山东发展尤为火爆的汽车众筹平台，截至 2017 年底都没有收到整改通知书和整改说明。因此对于山东省专项整治情况，本报告着重介绍非银行支付机构和 P2P 网络借贷两个领域的专项整治情况。

（1）非银行支付机构风险专项整治

非银行支付机构领域由中央银行负责监管整治，山东省对于非银行支付机构领域的整治主要是根据中央银行的安排，从备付金、跨行清算、业务许可、条码支付等方面进行监管。从整治结果来看，2017 年山东省整治力度明显增大，2017 年中国人民银行济南分行对 9 家第三方支付公司的山东分支机构开具了罚单，中国人民银行青岛市中心支行对 2 家第三方支付公司山东分支机构开具罚单，总共涉及 9 家第三方支付机构 11 次处罚，罚款共计 241.51 万元。2017 年 5 月，易通支付有限公司被山东鲁商一卡通支付有限公司合并，易通支付的牌照被注销。相对于 2016 年总共 3 张罚单，可以看出 2017 年整治力度明显增强。

表 6-1　　　　　　山东支付机构行政处罚信息（2017 年）

序号	企业名称	行政处罚书文号	违法行为类型	行政处罚内容	行政处罚机关	行政处罚日期
1	卡友支付服务有限公司山东分公司	济银罚字〔2017〕第 7 号	违反银行卡收单业务管理和相关规定	合计罚没471422.86 元	中国人民银行济南分行营业部	2017 年 4 月 27 日
2	易通支付有限公司	济银罚字〔2017〕第 9 号	违反银行卡收单业务管理和相关规定	警告	中国人民银行济南分行营业部	2017 年 4 月 27 日
3	金运通网络支付股份有限公司	济银罚字〔2017〕第 3 号	违反支付结算业务规定	罚款 20 万元	中国人民银行济南分行	2017 年 11 月 14 日
4	随行付支付有限公司山东分公司	济银罚字〔2017〕第 9 号	违反支付结算业务规定	罚款 6 万元	中国人民银行济南分行	2017 年 11 月 14 日

续表

序号	企业名称	行政处罚书文号	违法行为类型	行政处罚内容	行政处罚机关	行政处罚日期
5	中汇电子支付有限公司山东分公司	济银罚字〔2017〕第8号	违反支付结算业务规定	罚没515817.58元	中国人民银行济南分行	2017年11月14日
6	付临门支付有限公司山东分公司	济银罚字〔2017〕第7号	违反支付结算业务规定	罚没635370.12元	中国人民银行济南分行	2017年11月14日
7	乐刷科技有限公司济南分公司	济银罚字〔2017〕第6号	违反支付结算业务规定	罚没352498.66元	中国人民银行济南分行	2017年11月14日
8	北京海科融通支付服务股份有限公司山东分公司	济银罚字〔2017〕第5号	违反支付结算业务规定	罚款3万元	中国人民银行济南分行	2017年11月14日
9	福建国通星驿网络科技有限公司山东分公司	济银罚字〔2017〕第4号	违反支付结算业务规定	罚款3万元	中国人民银行济南分行	2017年11月14日
10	随行付支付有限公司山东分公司	（青银）罚字〔2017〕第6号	违反银行卡收单业务管理办法	罚款6万元	人民银行青岛市中心支行	2017年12月7日
11	乐刷科技有限公司青岛分公司	（青银）罚字〔2017〕第6号	违反银行卡收单业务管理办法	罚款6万元	人民银行青岛市中心支行	2017年12月7日

资料来源：根据中国人民银行各分行及中心支行网站公开信息整理，齐鲁财富网。

山东省不断整治第三方支付机构的同时，依旧有许多不和谐的声音曝出。2017年11月，网上曝出山东易通支付勾结非法商户欺骗消费者的消息，引起大众关注，但是一直没有得到相关部门的回应。当前第三方支付行业的竞争非常严酷，支付宝和财付通两大巨头基本占据了市场80%以上的份额，剩下的二百多家企业争抢剩余不到20%的份额。多数中小型第三方支付企业很难靠自身的业务来实现盈利，因此为了生存，很多第三方支付企业开始打政策、法规的"擦边球"，甚至违规、违法操作。基于此，山东还是要加强对第三方支付机构业务的监管，定期或不定期抽查、检查，整治频次要增加，对业务不规范、风险较多的支付机构加大惩罚力度，依法从严、从重处理，提高监管和整治的有效性。

（2）P2P 网络借贷风险专项整治

自 2017 年 12 月，P2P 网贷风险专项整治工作领导小组办公室下发《关于做好 P2P 网络借贷风险专项整治整改验收工作的通知》（以下简称《通知》），表明网络借贷备案进入最后阶段。深圳、厦门、上海、江苏和北京等地提前筹备相关工作，抢跑备案登记。但是作为 P2P 网络借贷大省，山东省在网贷行业的发展和监管上却显得滞后，2017 年山东省都没有公开发布省级网络借贷行业整改部分和备案细则等相关文件。

据本报告编写组向山东省金融办相关人员了解，虽然 2017 年山东没有公开下发 P2P 网络借贷整改和备案的实施细则，但是地方金融监管部门已经向排查没有太大问题的网贷平台下发《山东省网络借贷信息中介机构整改验收工作操作《指引表》（以下简称指引表），相关平台可以按照《指引表》整改验收中第 127 条内容进行整改。

《指引表》要求平台不得向出借人提供担保或承诺保本保息，不得出现融资项目的期限拆分、错配情况，不得出现开展除主营借贷之外的其他业务，如"新手计划""资管计划"等没有具体借款人，只有项目名称的情况。另外，《指引表》明确禁止平台借款资金超限额或变相超限额。要求网贷平台调取借款档案，同一自然人借款合计不得超过 20 万元，同一法人或组织借款金额不得超过 100 万元。同时，《指引表》还要求平台单一融资项目设置募集期不得超过 20 天。针对校园贷、现金贷等问题，2017 年 6 月 20 日之后仍开展借款人为在校学生的借贷撮合业务、2017 年 12 月 1 日后仍开展现金贷业务的平台应停止相关业务经营。银行存管方面，《指引表》要求平台需与通过网贷专项整治领导小组办公室组织开展的网贷资金存管业务测评的银行业金融机构开展资金存管业务合作，对于已实施资金存管，但不符合《网络借贷资金存管业务指引》具体要求的平台，需在备案登记后规定时间之内完成整改。此外，对于未取得增值电信业务经营许可证的平台，也需在备案登记后规定时间之内完成整改。

尽管 2017 年山东未出台省级文件，但济南市却雷厉风行对互联网金融进行整治，并出台了相关文件。2017 年 6 月，济南市互联网金融风险专项整治工作领导小组办公室集中对各互联网金融从业机构的整改通知书以及整改说明实施了统一发放，整改通知书的发放涉及互联网金融各领域从业机构，主要包括 P2P 网络借贷领域、股权众筹领域以及通过互联网开展资产管理及跨界从事金融业务领域。通知书明确了各从业机构应在 2017 年 8 月 24 日前提交书面整改报告及有关材料，市互金整治办将择期对整改机构整改情况进行回访检查。整改说明中要求，从业机构对照整改意见书自行制订整改计划，确定整改完成期限，并逐级提交县区和市互金整治办审核。整改计划应承诺不增不合规业务；对存量不合规业务明确退出时间表，最迟应在 2018 年 3 月底前完成，经省政府批准可延迟至 2018 年 6 月底。同时，做好退出业务可能引发风险的应急预案。从业机构整改完成后，应逐级向县区和市互金整治办提交整改落实报告和验收申请。市互金整治办根据从业机构提交的验收申请，组织县区互金整治办共同检查验收，对验收合格的出具验收合格意见，指导办理准入或备案登记相关事宜。对验收不合格的，纳入取缔类机构进行处理。

2017年7月济南市互联网金融协会（以下简称协会）成立，由7家金融机构发起，主管单位为济南市金融办，目的是促进济南市互金行业自律，对行业进行监管。2017年11月协会制定发布《济南市网络借贷信息中介机构业务退出指引（试行）》（以下简称《退出指引》）来规范指导济南市域内即将退出网贷行业的网络借贷信息中介机构平稳有序退出网贷行业，有效化解金融风险，保护网贷平台各方的合法权益，维护金融和社会稳定。《退出指引》规定了制定目的、适用范围、基本原则、退出工作办公室组成、退出程序等相关内容，其中退出程序分为六步，退出方案由八项内容组成。协会对即将退出的网贷机构进行事前审批、事中指导、事后检验，对于接入互联网金融监管系统的网贷机构，将充分发挥监管系统作用，实时监测退出进度，有效指导网贷机构平稳有序退出网贷行业。

从整治结果来看，根据网贷之家的数据，截至2017年底，山东省运营中平台75家，2017年停业及转型平台36家，跑路、提现困难平台共10家。从图6-1可以看出，山东P2P网络借贷平台从2016年实施专项整治以来，停业及转型平台的数量相对于跑路、提现困难平台数量明显增多，两者数量实现反转。从这种数量的变化上也可以看出，实施专项整治后，P2P网络借贷平台逐渐良性退出，一批经营不佳的平台开始转型或停业，而非前几年主要跑路或提现困难的情况。

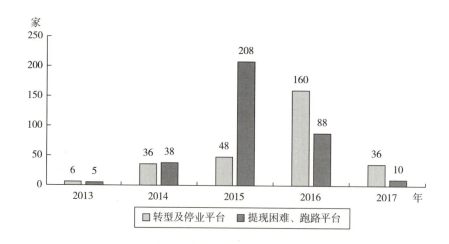

图6-1　山东P2P网络借贷停业及问题平台数量

另外，根据中国银监会发布的《关于做好P2P网络借贷风险专项整治整改验收工作的通知》要求，2016年8月24日后新设立的网贷机构或新从事网络借贷业务的网贷机构，在本次网贷风险专项整治期间，原则上不予备案登记。根据网贷之家统计，山东地区8月24日之后设立的平台有2家，或无缘本次备案。根据济南市互联网金融协会披露济南市关于网贷机构整改验收情况，部分平台已实现电子签章电子存证，并进行信息系统等级测试；部分机构银行存管已经正式上线，部分机构正在对接银行存管及上线测试；法律意见书、财务审计报告、专项审计报告的尽调和出具也在有序进行，整体整改正在稳步推进。而且济南市已经有 10 家网贷机构基本做好验收准备，拟申请验收。

从山东省对于校园贷的整治来看，2017 年 1 月，为进一步加大校园网贷业务整治力度，切实防范和化解校园网贷业务与保险领域风险交叉传递，山东保监局下发关于开展校园网贷风险排查的通知，要求驻济南各保险公司省级分公司，平安财险、平安人寿、中银三星人寿青岛分公司，按照山东省互联网金融风险专项整治工作领导小组的工作部署，开展校园网贷风险排查。风险排查的重点对象主要涵盖三类校园网贷平台：一是 P2P 网络借贷平台；二是消费分期平台；三是投资理财平台。排查的重点风险：一是是否存在保险从业人员发起、参与、宣传校园网贷业务的情况；二是是否与存在校园网贷平台开展业务合作，引发风险向保险领域传递的情况；三是是否存在校园网贷平台利用保险公司名义或假借保险产品、保险公司信用进行虚假宣传、恶意欺诈、非法集资的情况。

2017 年 4 月，山东省检察院下发《关于依法严厉打击"校园贷"违法犯罪活动的通知》。该通知要求，对资金来源涉及非法集资、有组织暴力团伙参与暴力追债、金融诈骗等"校园贷"违法犯罪活动，要做到集中力量、优先办理，强化捕诉衔接，加强立案监督，确保案件依法规范办理。

第7章 山东互联网金融存在问题

在经济金融环境复杂多变、互联网金融专项整治基本完成清理整顿、进入验收阶段的背景下，互联网金融彻底告别野蛮生长阶段，开始合规化运营。山东省一直以来都是互联网金融风险的重灾区，山东省互联网金融存在缺乏业务规范、创新力不强、行业基础设施不完善以及监管不严格等问题。如今，山东加快建设新旧动能转换综合试验区的大幕已拉开，互联网金融作为山东新旧动能转换的重要推动力，需要及时改进现存问题，推动全省发展。

7.1 缺乏细化的业务规范，部分业务监管空白

近年来，互联网金融迅速发展，业务模式不断创新，改变了金融的可获得性，提升了金融的覆盖面和普惠水平。互联网金融在快速发展的同时风险事件频发，暴露出极大的风险。国家对互联网金融的监管相对较为滞后，2016年国家开始对互联网金融实施专项整治，针对具体业务的监管细则才开始密集出台，但是由于互联网金融的特性，当前互联网金融法律法规仍存在滞后、不适用的问题。

7.1.1 法律法规滞后

中国类似于大陆法系国家，强调成文法的作用。因此，对社会中发展过程中产生的新问题、新案件时，法律上没有既有规定来应对，法律体系存在僵化和滞后的问题。当发展为一定规模、发生较大风险事件后，国家才会引起重视，出台相应法律法规。以P2P网络借贷为例，总成交量超740亿元的"e租宝"平台因涉嫌犯罪被立案调查，成为P2P网贷风险集聚爆发的标志。随后，"大大集团""快鹿系""中晋系""望洲财富"等一大批较大规模的互联网金融平台"暴雷"，大量非法集资和代销产品逾期事件曝光后，相关管理办法才得以颁布；2017年疯狂席卷网络借贷的校园贷也在经历了野蛮生长后才被叫停。而当前，汽车众筹经过了2016年底的爆发式发展以及2017年的持续发展，也引发了诸多风险，尤其是山东作为汽车众筹的大省，风险事件更是频发。但是当前，山东省乃至全国众筹行业没有监管细则出台，处于监管空白阶段。对以互联网理财、互联网资产管理等为名的各类互联网金融公司属性，

现有法律也未做出明确规定，这种没有法律条文指导的情况难免就会存在爆发风险的可能。

7.1.2　存在法律不适用问题

互联网金融的一个特点就是业务模式不断创新，而创新就意味着可能突破原有法律的一些限制，而且现有的金融管理类法律法规以及相关民商事、刑事法律体系是以传统金融机构和金融业务为适用对象制定的，其适用到互联网金融领域，难免存在适用上的不匹配，使得一些创新业务模式存在一定的法律障碍。以第三方支付为例，支付服务需要通过为客户开设账户实现，基于《反洗钱法》的规定，支付机构需要对客户的身份进行验证和审查。传统的面对面服务在这方面有严格要求，但在网络时代，反洗钱规则中"认识你的客户"原则变成了对通过网络扩展业务的严苛限制。面部识别、指纹识别等身份验证手段还没有得到监管机构的完全认可。目前的支付监管规则，基于身份认证的可靠性，将支付账户划分为不同等级，限定了不同账户的功能（例如是否能够提现）和金额（额度限制）。

7.2　创新性不强，细分领域拓展不深

当前互联网金融行业监管越来越严，不少平台已被淘汰，处于"良币驱逐劣币"、健康良性发展阶段。严格监管的目的就是希望净化互联网金融行业的成长空间，随着行业的深入发展诸如网贷平台在债权转让、现金贷、校园借贷等或被禁止或被整顿；比如《暂行办法》小额分散的经营准则的要求也促使不少平台在资产端进行调整。在目前市场环境下，许多领域已经被大平台或行业巨头所垄断，谁能够创新，谁能够在细分市场进行布局，谁就有机会占领新蓝海的制高点。

7.2.1　创新能力差

目前以大数据、云计算、区块链、人工智能、移动支付等为核心的金融科技正在重塑金融业的生态格局。从最简单的互联网平台内容展现形式来看，当前一般都是图文加视频，有视频宣传内容往往会对客户形成更深刻的印象，取得较好的反响。以 VR 和 AR 技术为代表的虚拟现实技术将平台的相关内容更加真实地展示在用户面前，让原本虚拟化的内容更加具象化，减少用户因缺少对内容的了解而导致的不安全感。以 VR 和 AR 为代表的新技术将会更多地运用到互联网金融项目当中，会让互联网金融更接地气，更容易让人们接受。另外，大数据等技术的应用将从更高层面促进互联网金融的发展，通过形成的数据生态圈，预知项目的收益、市场前景、受欢迎程度、借款人的信用信息等要素，为投资人的决策提供参考，减少投资人选择的盲目性、降低用户资金风险。

金融科技时代已经到来，对数据、区块链、虚拟货币、人工智能等科技的应用将不断显现，也将成为互联网金融下一个将会被引爆的关键点。互联网金融要借助科技的手段让投资者更加深度地参与到金融投资过程中，让原本虚化的互联网金融概念更加具象化，并减少在互联网金融时代回报方案设计不合理、不科学的问题。山东省科技创新能力相对薄弱，互联网金融与科技的结合更是相对落后，在这样的背景下，山东省互联网金融的创新能力必将受限，阻碍山东省互联网金融走在全国前列。

7.2.2 垂直领域深耕不足

专项整治的大背景下，许多中小平台由于合规问题逐渐停业或转型。市场被行业巨头所占据，中小平台若想实现突破性发展，必须走垂直领域深耕的道路。以众筹来分析，结合 2017 年众筹平台自身获得资金情况以及众筹项目筹资额情况，可以看到众筹项目筹资额排名前十名的众筹平台中，除了京东众筹、淘宝众筹、苏宁众筹、小米众筹、就是汽车众筹和垂直类地产众筹。2017 年众筹行业最大的一匹黑马——开始吧，超越京东众筹、淘宝众筹登顶全年成交量第一，以行业最大黑马之姿获 1.9 亿元投资，估值超过 12 亿元。京东众筹等巨头平台，具有众多中小平台不具有的流量、资源等优势，因此如果在这类平台涉及的科技、农业等细分领域，中小众筹平台可能没有较大的突破，在其他领域或有成为黑马的机会。

从垂直类地产众筹来分析，开始吧在 2015 年成立，平台上线最初，开始吧创始人徐建军将开始吧定位为个性文创型众筹平台，做写作、演唱会、艺术品等一系列文艺范浓郁的项目众筹，前期挣钱空间不大。后期，开始吧开始关注消费升级，迅速调整项目品类结构，发力非标住宿、新型餐饮、新型农业、休闲空间四大领域，开始做垂直型地产众筹，因为顺利转型，2017 年开始吧不仅成为行业第一，而且还获得 1.9 亿元的 C 轮融资。与开始吧类似的专注于做垂直型地产众筹平台的多彩投也在 2017 年完成 1000 万美元的 A 轮融资，而在此前多彩投已经完成 3 轮数千万元的融资。2017 年该平台众筹项目实现筹资额 21.54 亿元，众筹对象主要覆盖民宿、酒店、公寓、联合办公空间，以及地产产业链上下游等多个环节。

从汽车众筹来看，2017 年维 C 理财完成 9877 个众筹项目，筹资总额达到 213801 万元，同时该平台在 2017 年获得 3600 万元人民币的 A 轮融资，此前在 2015 年获得数百万元的天使轮投资，在 2016 年获得数千万元的 Pre - A 轮融资。融车网在 2017 年也完成 2008 个众筹项目，筹资金额达 15.3 亿元，单项目融资额达 76.2 万元。2017 年随着大量汽车众筹平台的出局，以及部分平台规模的持续增长，汽车众筹市场的集中度明显提高。

随着互联网巨头和风投的不断加入，中小平台很难与拥有雄厚资源和资金的巨头们抗衡，打出自身特色成为平台能够占据行业一席之地的重要因素。垂直化和专业化是未来众筹平台发展的大方向，着重发展平台的专业化，吸引了越来越多的投资者关注这个平台。与此同时，垂直化是其发展趋势，专业化也是平台必备。越来越多的平台趋向于"小而精"，或专注于某一领域，如二手车、农业、餐饮和民宿等众筹细分领域火热。因此，未来除了巨头平台之外，其余中小众筹平台可能会在各垂直领域崭露头角，出现各个垂直领域的标杆，或开拓新的领域和业务模式，万物皆可众筹，众筹行业未来市场空间仍很大。

综观山东的众筹市场，除了在汽车众筹领域有几家众筹平台发展较为良好，其他众筹平台没有一家在垂直领域发展较好的。2017 年，山东省众筹平台在垂直领域深耕不足，没有较大的影响力平台，这对于山东省在未来出现垂直领域的标杆平台都非常不利。

7.3　互联网金融行业基础设施不完善

7.3.1　互联网基础条件差

互联网发展情况是网络借贷发展的基础。随着互联网在生活中的全面普及，它已经成为人们生活中不可或缺的部分，无论是消费还是投资都与互联网紧密结合。各行业与互联网形成的新业态也成为新经济发展的关键，金融科技的全面加速带动了网络借贷行业发展。截至 2017 年 12 月，全国网民规模达 7.72 亿人，互联网普及率达到 55.80%。我国使用网上支付的用户规模持续扩大，2017 年底达到 5.31 亿人，同比增长 11.90%。手机支付用户持续增长，达到 5.27 亿人，同比增长 12.30%。同时，P2P 网络借贷市场利息逐渐下降，业务趋向合规，现金贷等不合规业务整顿效果显著，系统性风险降低。第 41 次《中国互联网络发展状况统计报告》显示，截至 2017 年 12 月，我国购买互联网理财产品的规模已经达到 1.29 亿元，同比增长了 30.20%。

从山东的情况来看，IPv4 地址数比例为 4.89%，落后于北京、广东、浙江，位居第四；从 .gov.cn 域名分布来看，山东以 3890 个占据全国各省市的首位；从域名来看，山东有 1196463 个，占比达 3.1%。山东网站数为 312313 家，占比达网站总数的 5.9%，相较北京、上海、广州等省市仍有较大差距，而山东省互联网基础条件限制了网络借贷行业发展。

7.3.2　未能接入征信系统

近年来互联网金融持续快速发展，但是征信方面却一直没有得到改善，信息共享通道闭塞，个人多头借贷、过度借贷以及骗贷行为不断出现，导致平台坏账处理难、运营风险高等问题，制约了行业发展。国家从 2015 年 1 月就发布通知允许 8 家社会机构准备开展个人征信业务，但到 2017 年 4 月，人民银行征信局局长指出，首批 8 家试点机构由于采集信息量太少，都是自己平台的数据；每家机构都想形成自己的闭环，不愿共享数据以及在试点过程中出现多次违规等原因，距离市场需求和监管要求差距很大，都不合格，因此征信牌照没有发放。2017 年底，互金协会审议并通过 8 家个人征信业务机构共同发起设立个人征信机构，成立百行征信（即"信联"）。百行征信主要着眼于个人信用信息，主要从接入机构获取信息主体的信用信息，包括信贷申请、批核、用信、还款和逾期等多维度信息，为机构提供金融风险管理、授信支持等服务，帮助机构快速识别金融服务风险。

百行征信的作用主要是解决信息孤岛的问题，实现共享。百行征信依旧属于中央银行系统，中央银行的征信系统限定在采集银行类持牌机构的信息，百行征信则只采集银行类持牌机构之外的机构信息。而接入百行征信可能也存在一定的门槛，否则可能会有部分"不合格的参与者"乘虚而入获取用户的隐私信息，数据库里的优质用户很可能存在被多头放贷的情况，用户被"骚扰"的可能性也大大增加，但是准入门槛又会让数据的普遍共享变得困难。

从最早与互金协会签订入股协议，设立百行征信的 8 家机构来看，山东省没有 1 家，这也说明山东省征信行业发展较差，基于互联网的用户数据积累较少，山东地区互联网金融的发展基础较为薄弱。同时，山东没有发展较为优质的互联网金融机构，若百行征信的接入存在一定的门槛，则山东的互联网金融公司发展或将遭遇新的阻碍。

7.3.3　从业机构经营状况未能全覆盖

互联网金融平台信息披露不仅是投资者关注的焦点，也是行业发展的关键。2017 年 6 月，中国互联网金融协会为监管部门统一监测、社会公众统一查询平台信披提供入口，正式上线了"互联网金融登记披露服务平台"。2017 年 8 月 25 日，中国银监会发布了《网络借贷信息中介机构业务活动信息披露指引》（以下简称《信披指引》），公布了网贷机构备案信息、网贷机构组织信息、网贷机构审核信息、网贷机构经营信息和网贷机构项目信息五大类共计 63 项信披指标，进一步加强对网贷机构的监管。2017 年 10 月，中国互联网金融协会正式发布《互联网金融信息披露个体网络借贷》（T/NIFA 1—2017）团体标准和《互联网金融信息披露互联网消费金融》（T/NIFA 2—2017）团体标准。修订后的标准信息披露项为 126 项，较原标准增加了 30 项，其中，强制性披露项由原来的 65 项增加至 109 项，鼓励性披露项由原来的 31 项减少至 17 项。修订后的标准保持了与中国银监会《信披指引》的一致性，对从业机构信息披露的要求更加严格，行业信息透明度将进一步提升。截至 2017 年 12 月底，有 116 家平台对接并披露基本信息和运营信息。投资人通过平台，除了了解企业基本治理信息、成交总额，还可以通过具体的产品和借贷项目情况，了解企业的整体运营状态。

截至 2017 年底，山东省共有 4 家网贷平台接入，其中 3 家来自青岛市，1 家为临沂市网贷公司。而对比经济发展相近似的广东、浙江和江苏，接入家数分别为 23 家、13 家和 6 家，都多于山东省。另外，从公布的内容来看，除了盈利状况外，大部分网贷平台的项目逾期率和金额逾期率都为零，与平台的真实情况不符，可见网贷平台对于平台的逾期与坏账情况大都选择不公开，而这也导致诸多平台潜在风险不能及时被投资人了解。

综合来看，当前互联网金融的信息披露仍存在诸多不完善的地方。一方面，互联网金融登记披露服务平台的信息披露也仅是针对网络借贷平台，众筹平台、互联网保险等平台的相关信息、经营情况都游离于国家金融统计体系之外，尤其是众筹平台，存在对融资方信息披露不充分的问题，有的平台还存在自融或变相自融的问题，或是涉嫌公开或变相公开发行证券，潜藏巨大风险；另一方面，即使搭建了登记披露服务平台，但仍存在部分平台披露信息与真实情况不符，影响投资人判断的情况。

7.4　互联网金融监管有待完善

在互联网金融迅速发展、业务不断交叉融合的背景下，山东互联网金融却频繁爆发风险。从 P2P 网络借贷批量平台跑路，再到汽车众筹批量失联、倒闭，山东在作风保守的风气下出现新兴业态的迅速发展并且批量跑路，而经过专项整治后，跑路平台数量大幅减少，这足以反映出山东省的监管存在问题。

7.4.1　专项整治积极性差

党的十九大报告将防范重大金融风险列入全面建成小康社会必须坚决打好的三大攻坚战之一，明确提出要"守住不发生系统性金融风险的底线"。山东省作为互联网金融的问题大省，2017 年山东省全年都没有颁布省级整治文件，而其他与山东省经济发展相近的省份，都积极颁布政策，加快互联网金融行业的整改，以促进整个行业的发展。从广东省来看，2017 年广东省下发省级整治文件 5 份，在 2017 年 2 月就发布了《广东省〈网络借贷信息中介机构业务活动管理暂行办法〉实施细则》征求意见稿以及《广东省网络借贷信息中介机构备案登记管理实施细则》意见稿，及时为广东省网络借贷信息中介机构提供整改方向和标准。广州市和深圳市分别下发 4 个文件，而且深圳市上线全国首个 P2P 违规违纪信息共享系统，也出台全国首个 P2P 退出指引《深圳市网络借贷信息中介机构业务退出指引（征求意见稿）》。广东省也是互联网金融问题大省，但是从广东省颁布的一系列文件可以看出，广东省在互联网金融整治方面的积极性和整治力度。相比较而言，山东省对于互联网金融的整治则明显的滞后，积极性较差。山东关于众筹的引导性文件或是监管性文件也非常少，尤其是对于汽车众筹，自2016年汽车众筹迅速发展至2017年底一年多的时间，全省没有任何引导性的文件出台。众筹行业没有约束、规则，所以出现监管空白或者不知道如何监管的问题，最终造成了很多乱象。

7.4.2 监管协调机制缺失

监管协调机制的缺失表现在两个方面。一方面是市场主体界限模糊导致监管体制与互联网金融的发展不匹配。当前，金融科技的应用与发展使得传统金融业态与非传统金融业态之间的界限趋于模糊，例如一些融资担保公司和区域性金融资产交易中心都利用互联网金融平台发售类理财产品、非法吸纳资金，这就使得原有的监管体制已经不能对现在的互联网金融进行有效的监督管理，导致了金融发展与金融监管体制不匹配的现状，大大增加了互联网金融的风险。另一方面是互联网业务类型众多、参与主体参差不齐、监管对象不明确。互联网金融企业在运营过程中会涉及很多方面的经济主体，对其进行监督管理也就要由众多的监管部门共同合作来完成，需要注意的是，很多互联网交易中的监管主体不像实体经济行为中的那样明确，对监管也造成了一定的困难。而当前监管机制不够完善，跨界经营、混业经营与分业监管形成错位，可能会形成监管的缺失。

第五次全国金融工作会议从强调机构监管转为强调功能监管和行为监管。监管思路的转变也体现了当前这种监管体系割裂或是交叉监管而形成的漏洞或是真空，也是互联网金融存在较大风险的原因之一，因此，从机构监管转为功能和行为监管将有利于肃清互联网金融行业。

7.4.3 监管能力不足

互联网金融是变化非常快的一个行业，新的科技、新的市场需求都可能带来互联网金融大的变化，互联网金融的监管也需要以互联网金融的改变做出适当调整，特别是监管手段。而当前，互联网金融的监管手段还很单一落后，与当前互联网金融的发展之间存在着较大差距。比如相对于传统的取证工作而言，互联网金融的取证与责任追究显得更加有难度。互联网金融的虚拟性使得很多电子形式的交易证据容易被改写和伪造，对监管取证工作提出了更高的技术要求，同时，在确认交易者信息和追责上也需要一定的技术支撑。

监管部门资源投入相对较少。由于互联网金融业务及其相关机构的发起和设立并没有涉及金融机构的持牌准入问题，互联网金融的机构数量非常之多，因而监管部门人力及相关资源投入难以适应互联网快速发展的监管要求。同时，互联网机构通过多种层面的所谓创新来规避监管，使得监管有效性降低甚至出现监管空白，监管机构的相应监管能力难以匹配非持牌准金融机构的各种创新。此外，互联网金融的监管制度和机制难以匹配互联网金融各项业务快速、大规模以及多样化的发展，即使在一个很小的领域，监管当局也可能很难寻找到一种具有普遍意义的监管标准。监管队伍资源欠缺也是现阶段互联网金融监管面临的重要问题，保证监管人员素质和数量十分重要。

7.4.4　监管定位不明确

监管的目的是为了保证市场机制，限制和消除不利于市场运行的因素，保障市场参与者的正当权益，保证市场在具有足够的深度、广度、弹性基础上稳步运行。因此，对于市场参与者只要存在不利于市场运行的因素，监管部门都应该进行监管。

近来，随着暴力催收事件的不断发生，有关部门加大了打击暴力催收等违法犯罪行为的力度，暴力催收有所收敛，因此网贷平台正常的催收和借款人的还款意愿也受到影响。当前，部分借款人借机"恶意逃废债"，逾期不还款，等待 P2P 平台资金链断裂倒闭，从而逃脱还款义务，加剧了 P2P 平台的风险爆发。监管部门对此却无反应，导致大量恶意逃废债行为。归根到底还是监管部门的监管定位不明确，对 P2P 网贷行业的监管，不仅是要监管 P2P 网络借贷平台的不合规行为，同样对于借贷人的不合规行为也要加强监管，肃清整个行业环境。因此监管部门在对 P2P 网络借贷平台进行整治的同时，要重点关注借本次风险事件恶意逃废债的借款人。并对此类借款人进行严厉打击，由整治办协调征信管理部门将逃废债信息纳入征信系统和"信用中国"数据库，对相关逃废债行为人形成制约。

第8章   山东互联网金融发展建议

金融市场是一个敏感的特殊市场，有很强的外部性和杠杆效应，互联网金融野蛮生长、无序发展的风险已经造成了对社会经济极大的危害。"e租宝"事件中，安徽钰诚控股集团、钰诚国际控股集团有限公司于 2014 年 6 月至 2015 年 12 月，在不具有银行业金融机构资质的前提下，通过"e租宝""芝麻金融"两家互联网金融平台发布虚假的融资租赁债权项目及个人债权项目，包装成若干理财产品进行销售，并以承诺还本付息为诱饵向社会公众非法吸纳的资金超过 700 亿元、未兑付金额高达 380 亿元，涉及的投资用户接近 90 万人，用户遍布 31 个省市。上海畅购企业服务有限公司于 2011 年 8 月获得《支付业务许可证》，获准在全国范围内开展互联网支付业务以及在上海市、江苏省、浙江省（含宁波）、安徽省、山东省开展预付卡发行与受理业务。后经中国人民银行执法检查确认，该机构通过直接挪用、隐匿资金、虚构后台交易等方式，大量违规挪用客户备付金，造成重大损失；伪造财务账册和业务报表，欺骗、隐瞒客户备付金流向，规避相关监管要求；拒绝、阻碍相关检查、监督，最终造成资金风险敞口达 7.8 亿元，涉及持卡人 5.14 万人。这些典型风险事件对金融产品消费者的个人财富、社会信用环境以及金融秩序都造成了极大的损害。山东应以此为鉴，坚定互联网金融规范发展的理念，严控相关风险，使其真正贡献于普惠金融、服务于实体经济。

8.1   实行全面监管，防控金融风险

互联网金融监管的意义已经无须赘述，需要考虑的是实施金融监管的具体形式与方法。2018 年 3 月 5 日，在第十三届全国人民代表大会第一次会议上，国务院总理李克强代表国务院向大会所做的政府工作报告中提到，在 2018 年政府工作中要"强化金融监管统筹协调，健全对影子银行、互联网金融、金融控股公司等的监管，进一步完善金融监管。"这种统筹协调的金融监管需要处理好几组关系。

8.1.1   协调好中央监管与地方监管的关系

早在 2014 年，国务院出台关于界定中央和地方金融监管职责和风险处置责任的

意见，中央和地方两个层面的金融监管体系初步形成。在互联网金融监管领域，中央与地方之间的分工应予以明确，并建立有效的沟通协调机制。

很多互联网金融业务具有天然的跨地域特征，地方政府或是地方行业自律组织的监管能力有限。与此同时，很多互联网金融企业经营范围是全国，缴纳税收、促进就业等收益主要由注册所在地获得，但是潜在风险却由业务扩展区域共同分担。互联网金融潜在风险所具有地域上的"负外部性"会导致地方政府以及相关机构的监管动力不足。在此方面，中央监管应发挥顶层设计的作用，在重要原则方面实施全国统一制定，防止过度的监管套利。因此，互联网金融监管一方面需要中央层面的统一、专业化监管，不能以金融创新为名，放纵地方金融盲目发展；另一方面，也不能为了减轻中央政府的监管压力，让地方政府监管和承担全部风险责任。

2017 年 8 月，中国人民银行发布的《中国区域金融运行报告（2017）》中有一篇专题文章《促进互联网金融在创新中规范发展》中提到，当前互联网金融领域的风险点主要有以下几个方面：一是证照不全，违规经营。部分互联网金融公司在未取得牌照或许可的情况下，擅自开展业务，引发经营和社会风险。二是风险管控不足。在标的项目出现问题时，往往出现大面积违约，引发的经营风险和信贷风险有可能成为区域性或系统性金融风险的隐患，对地区金融稳定造成冲击。三是从业门槛较低，缺乏自律约束，市场存在无序竞争。四是部分互联网金融产品已具有系统重要性影响，需要防范顺周期波动和风险的跨市场传染。这是中国人民银行首次提出探索将规模较大、具有系统重要性特征的互联网金融业务纳入宏观审慎评估。此前，"系统重要性"这一概念主要用于对大型银行、保险等金融机构的监管。显然这样的互联网金融机构监管的重心也需要放在中央一级。

地方政府在金融风险防控中的作用也有待加强。2017 年年中召开的第五次金融工作会议上，明确了地方政府要在坚持金融管理主要是中央事权的前提下，按照中央统一规则，强化属地风险处置责任。这意味着未来地方政府需要积极配合金融监管机构处理地方金融风险。根据国外互联网金融监管的经验，地方监管机构可以在监管中发挥更大的作用。在美国，互联网借贷业务基本集中在联邦和州层面下设置的监管机构中；中国香港地区干脆将小额借贷公司统一交警务部门管理，在实践中这些做法都收到了很好的效果。

如今，"一行三会"模式已经变更为"一委一行两会"（即国务院金融稳定发展委员会、中央银行、银保监会和证监会），且中央监管层面已经建立了由中国人民银行牵头的金融监管协调部际联席会议制度，金融监管体系的中央层面得以完善，但地方金融监管协调机制仍是薄弱环节。从近些年民间借贷领域风险事件的发生可以看出，地方政府金融监管职能配置过于分散，导致风险出现后处置责任并不明晰的情况。

2016 年 3 月 30 日，山东省第十二届人民代表大会常务委员会第二十次会议通过了《山东省地方金融条例》。山东省是全国第一个在省级层面推进民间融资规范发展的省份，目前有关工作走在了全国的前列，为互联网金融的地方监管提供了依据，其意义和影响得到了广泛肯定。该条例规定自 2017 年 1 月 1 日起，民间融资机构全面实行业务许可证制度，凡未在此日期前取得民间融资机构业务许可证的，一律不得从事民间资本管理和民间融资登记服务业务。民间融资机构业务许可证实行年审制度。根据这一规定，山东省金融工作办公室官网上定期公布相关机构的许可证准予、换发、变更和注销等信息，增强了监管的透明度，有利于地方金融环境建设。这样的经验可以在互联网金融业务中推广。

8.1.2 协调好机构监管与功能、行为监管的关系

2017 年年中召开的第五次全国金融工作会议有别于以往主要强调机构监管，而是强调加强功能监管，重视行为监管。这样的监管思路适应了互联网金融业态快速发展的需要，有利于填补以往由于监管体系割裂以及交叉而形成的漏洞或是真空。

传统金融监管的重心是机构监管，即金融监管部门对金融机构的市场准入、持续的稳健经营、风险管控和风险处置、市场退出进行监管。互联网金融打破了传统金融的运营模式，降低了金融活动的门槛。传统的机构监管模式下，同类型业务因金融机构不同而出现监管标准不同，由此产生不公平竞争。

"金融功能比金融机构更为稳定"，当前的金融业，不单单是金融机构的集合，而是整个金融市场业务的集合。面对互联网金融机构小而分散的特点，监管的重点应该从机构监管逐步转向功能监管。功能监管就是对相同功能、相同法律关系的金融产品按照同一规则由同一监管部门监管。比如取得支付业务牌照的机构如果要从事基金产品销售，就要申请基金销售牌照。功能性监管着力于有效性，重视风险性监管，以金融业务的实质特征统一监管理念，保证监管结果的客观性和公正性。

行为监管是针对从事金融活动的机构和人进行监管。对有牌照的机构要监管，对没有牌照从事金融业务的更要监管。相同金融产品不按照同一原则统一监管是造成监管空白、监管套利的重要原因，也是当前金融秩序混乱的重要原因。因此，树立功能监管与行为监管的理念是金融稳定的重要基石。

8.1.3 协调好个性化经营与标准化监管的关系

很多互联网金融业务是在利用大数据的基础上，精准了解金融产品消费者的风险承受能力和风险偏好，准确地把握住他们消费、出借观念的变化趋势，从而智能地实现客户生命周期的维护。这种以用户为中心的经营理念带来了多样化的互联网金融产品供应，曾经在很大程度上弥补了传统金融供给不足的弱点。很多互联网金融企业在经营的过程中也行成了各具特点的业务理念、流程、模式和效果。

没有规矩，不成方圆。建立互联网金融业标准体系，全面覆盖金融产品与服务、

金融基础设施、金融统计、金融监管与风险防控等领域。2017 年，中国监管当局出台了一系列互联网金融领域的政策规章，中国互联网金融协会也发布实施了互联网消费金融信息披露、个体网络借贷信息披露、个体网络借贷资金存管业务规范和系统规范、个体网络借贷合同要素等团体标准。这些标准化监管的措施取得了积极的效果。首先，有利于促进互联网金融规范发展。通过明确和统一信息披露、统计监测、信息共享等方面的标准和规则，能够降低行业整体发生风险的概率，并且为监管部门和自律管理摸清行业底数和风险底数提供标准化的数据支撑。其次，有利于加强互联网金融消费者保护。通过提升从业机构在不同要素、服务流程、产品定价等方面的标准化、规范化的水平，能够切实保障金融消费者的基本知情权、交易权、信息安全权等权利。最后，有利于提高互联网金融的国际竞争力。当前，全球范围内金融与科技融合的态势非常明显，一些国际组织也已经开始了相关的一些标准的制定。我们应该做好标准的储备和研究的储备，加强我们在国际标准治理中实质的参与成果和话语权。

8.2　引导发展方向，坚定普惠定位

传统的商业逻辑主要是针对"二八法则"现象，即 20% 的热点商品获得了整个市场 80% 的销量，其余 80% 的商品数量只能够获得 20% 的销量。由此，商品的供应者针对最有购买力的人提供最热门的商品，通过规模经济来降低成本、获得最大收益。但在互联网广泛运用后，这一模式被颠覆。因为在互联网时代，人们很可能以很低的成本关注正态分布曲线的"尾部"，关注"尾部"产生的总体效益甚至会超过"头部"。这一特点在金融领域得到了充分体现。因此互联网金融在诞生之初就被寄予了发展普惠金融的厚望。

但是，由于前期监管相对薄弱，互联网信息传播的速度快、范围广，金融产品消费者的风险意识较弱等因素的存在，互联网金融的发展经历了一个乱象丛生的历史阶段。有的传统金融骗局经过互联网形式的包装重新上线，其危害程度也因为互联网的特点而被快速放大；有的机构在行业发展初期为了争夺客户资源而进行掠夺性金融产品销售，形成了不正当竞争，也对消费者预期产生了非理性引导；还有的机构则利用传统监管的漏洞，在没有任何金融业务经营牌照的情况下，从事大量金融活动，但是由于金融管理和风险控制经验和技术的缺乏，无法处理金融经营活动中的风险事件，造成了消费者的损失。这些乱象的出现带来了极坏的社会影响，也让互联网金融的发展偏离了普惠金融的方向。

从 2016 年开始，互联网金融行业整顿、规范、加强监管的措施不断出台，整个行业的面貌有了极大的改观，这为互联网金融坚定普惠发展发现提供了制度保证。接下来，应鼓励搭建互联网金融普惠发展导向的政策法规体系和征信服务体系。严

格界定互联网金融交易主体各方的权利和义务，科学合理规范互联网金融监管，厘定其创新边界和发展方向，确保其普惠导向。科学的信用评估、高效的征信服务是互联网普惠金融健康有序发展的基础，要尽快完善互联网普惠金融信用征信体系，为互联网金融回归普惠创造基础性条件。

鼓励传统金融与互联网金融的合作。以互联网银行为例，其以极低的成本进行贷款发放的优势是传统银行无法比拟的。因此，与其通货强制手段让传统银行从事小微金融业务，不如鼓励其与互联网银行合作，发挥各自的优势，联合加大小微贷款规模，把更多的贷款送到小微企业及农村中去。另外，互联网银行也要坚持自己的普惠金融定位，不要又把精力与资源投入到大型理财产品、大型项目上去，形成传统银行的无谓竞争。

通过差异化监管鼓励互联网金融定位于普惠金融业务。在资质门槛、监管指标、评价体系等方面对互联网金融企业实施差异化监管，引导其进行特色经营，而不是与传统金融机构同质化发展。同时，对开业时间不长、业务模式与传统银行存在较大差异的互联网银行建立差异化评价体系。

同时，要对数据垄断导致的金融垄断有所防范。拥有大数据的互联网大公司能够不断优化自己的系统，而别的公司几乎不可能撼动它们的地位。如果不加以引导控制，有可能会出现数据垄断，进而导致金融垄断，带来金融效率的低下和普惠方向的偏离。为此，我们建议：一方面，应通过标准化、共享型的行业政策鼓励数据的有偿或是无偿共享，变相降低有资质、有能力的互联网公司进入金融市场的门槛，形成良性竞争；另一方面，要加快相关立法，保护消费者个人信息。虽然大数据为监测和预示人们的行为提供了可能，然而个人隐私也随之暴露。2018 年 5 月 25 日，欧盟《通用数据保护条例》（*General Data Protection Regulation*，GDPR）正式实施。该条例的实施对中国而言既是一种指引，也是一面镜子。立法当局应该在个人信息立法上合理区分个人信息、个人数据和个人隐私，把重点和核心放在防治对个人信息（个人数据）的滥用问题上。

8.3　鼓励金融创新，善用金融科技

伴随着人工智能、云计算、大数据以及区块链等创新技术的高速发展，互联网金融的更新换代也在加速。通过促进多元化主体间有效竞争、提高金融服务可获得性、降低信息不对称等多个方面，金融科技为金融活动提高效率、降低成本、增强透明、促进普惠的发展方向提供了源源不断的动力。从一定程度上讲，金融科技也是我国金融业供给侧改革的重要组成部分，对促进实体经济健康发展具有重要的推动作用。如何借力金融科技，利用大数据、云计算、人工智能以及区块链等最新的 IT 技术进一步推动金融与科技的深度融合，大幅提升金融发展效率，已成为当今金

融史上最为热门的话题而被业界进行反复讨论和热议。

在过去 5 年中，互联网金融行业经历了快速发展，据不完全统计，互联网金融企业从不足百家增加到 2 万多家，互联网金融用户超过 6 亿户，互联网金融从业人数超过 200 万人。随着从 2016 年开始的严格监管，互联网金融行业开始了大范围、深层次的优胜劣汰，金融科技带来的金融创新也只有在合法守规的前提下才能真正发挥作用。

英国金融市场行为监管局（Financial Conduct Authority，FCA）是当前全球范围内对金融监管最完善、法律执行力最强的金融监管机构，是各国金融监管机构学习的典范，早在 2015 年就提出了"监管科技"的概念，即"采用新型技术手段，以满足多样化的监管要求，简化监管与合规流程的技术及其应用；主要应用对象为金融机构"。面对金融科技对金融业态的影响具有跨界化、去中介化、去中心化和自我强化的特征。这些特征给传统监管体系带来冲击和挑战，迫切需要监管机构改变现有的监管方式、方法，甚至进行流程再造。同时，监管机构也可以利用金融科技手段提高监管效率。监管机构需要在科技方面投入更多人、财、物资源，其中，专业化的科技人才尤为重要，不仅要具备最前沿的金融科技能力，更要具备专业化的金融知识，还要能够加以结合并灵活运用。监管机构可以以适当的方式尝试采用服务外包、技术采购等方式。监管机构还可以与金融机构合作，共同构建监管科技联盟（平台），将金融机构的内部合规系统对接转化为监管机构的检测系统，或者将金融机构的内部合规框架修正拓扑到监管机构系统中。此外，监管机构还应该加强与各方数据信息的合作：第一，统一量纲，规范整个金融系统的数据信息标准；第二，搭建全国范围的数据集合和挖掘分析系统；第三，打通监管机构及其他部门之间的数据隔阂，实现对有效监管数据的共享；第四，构建与金融机构之间单向和双向的数据交换机制；第五，加强数据披露及与研究机构的合作，吸引更多第三方组织参与监管科技工作；第六，加强与国际组织和国际间的合作，中国的金融科技产业目前已经走到国际前列，应该以更积极的态度更多地参与国际规则的制定，防止出现"跨境式"监管套利。

附录 1

表 1   互联网支付领域新规一览（2017 年）

序号	名称	文号	出台时间	主要内容
1	《中国人民银行办公厅关于实施支付机构客户备付金集中存管有关事项的通知》	银办发〔2017〕10 号	1 月 13 日	1. 自 2017 年 4 月 17 日起，支付机构需要根据业务类型的交存比例将部分客户备付金交存至人民银行； 2. 对集中存管的备付金，银行将不再记付利息； 3. 支付机构应交存客户备付金的金额根据上季度客户备付金日均余额与支付机构适用的交存比例计算得出，每季度调整一次，每季度首月 16 日完成资金划转。
2	《关于持续提升收单服务水平，规范和促进收单服务市场发展的指导意见》	银发〔2017〕45 号	2 月 20 日	1. 鼓励收单机构进行包括聚合支付服务创新，持续改善特约商户支付效率和消费者支付体验； 2. 加强特约商户和外包服务机构管理，强化收单机构管理责任； 3. 强化行业自律管理，共同维护收单服务市场秩序； 4. 加强监督管理，加大对违规行为的检查和处罚力度。
3	《中国人民银行关于加强开户管理及可疑交易报告后续控制措施的通知》	银发〔2017〕117 号	5 月 12 日	首次提出了"拒绝开户"的适用范围；同时在加强可疑交易报告后续控制措施时，应当遵循"风险为本"和"审慎均衡"的原则。
4	《关于加强小额支付系统集中代收付业务管理有关事项的通知》	银办发〔2017〕110 号	5 月 17 日	1. 2017 年 12 月 31 前，向不符合规定的单位提供代收付业务的应断开业务，停止服务； 2. 自 2017 年 6 月 30 日起，集中代收付业务的金额上限调整为 5 万元/笔； 3. 集中代收付中心不得将核心业务外包。
5	《义务机构反洗钱交易监测标准建设工作指引》	银发〔2017〕108 号	5 月 19 日	要求包括支付机构、银行等在内的义务机构自主建立交易监测标准和相关系统建设。对于暂不进行反洗钱系统开发的，需要通过评估并获得中央银行及其分支机构的批准。
6	《中国人民银行支付结算司关于将非银行支付机构网络支付业务由直连模式迁移至网联平台处理的通知》	银支付〔2017〕209 号	8 月 4 日	1. 2018 年 6 月 30 日前，支付机构受理的涉及银行账户的网络支付业务全部通过网联平台处理； 2. 2017 年 10 月 15 日前，各银行和支付机构完成接入网联平台和业务迁移相关准备工作。

续表

序号	名称	文号	出台时间	主要内容
7	《关于开展联合整治预付卡违规经营专项行动的通知》	银发〔2017〕189 号	大约在 9 月	1. 重点检查预付卡发行主体合规资质、客户备付金安全、预付卡资金结算以及其他相关业务； 2. 清理整治无证经营多用途预付卡业务的机构； 3. 严厉打击利用预付卡实施的违法犯罪活动。
8	《银行卡收单外包服务机构评级指引》	中支协发〔2017〕84 号	10 月 16 日	收单外包机构也将进行每年一次的分类评级考核，内容包括 5 类 8 级，分为"直接评分"和"综合评分"，涉及经营规模、财务状况、业务情况、风险情况、创新业务等考核内容。
9	《关于进一步加强无证经营支付业务整治工作的通知》	银办发〔2017〕217 号	11 月 13 日	重点检查持证机构给无证机构提供支付清算的违规行为。"整治涉及 11 大类、44 个要点。按照规定，持证机构自查自纠整改将在 12 月底前结束。
10	《中国人民银行关于规范支付创新业务的通知》	银发〔2017〕281 号	12 月 21 日	1. 建立支付创新业务提前评估报告机制； 2. 严禁采用低价倾销、交叉补贴等手段破坏市场秩序； 3. 进一步严控代收业务管理，禁止转接代收交易接口； 4. 严禁为无证机构提供支付接口； 5. 打击直连模式，加大对支付违规的处罚力度等。
11	《中国人民银行关于印发〈条码支付业务规范（试行）〉的通知》	银发〔2017〕296 号	12 月 27 日	1. 对个人客户的条码支付业务进行限额管理； 2. 明确了条码支付业务资质和清算管理要求：持牌经营，规范支付收单业务管理，业务涉及跨行交易时要通过人民银行跨行清算系统或者具备合法资质的清算机构处理； 3. 强调银行、支付机构从事条码支付业务要发挥行业自律作用，应接受中国支付清算协会行业自律管理。
12	《中国人民银行办公厅关于调整支付机构客户备付金集中交存比例的通知》	银办发〔2017〕248 号	12 月 29 日	1. 2018 年起支付机构客户备付金集中交存比例将由现行 20% 左右提高至 50% 左右； 2. 以 2018 年 1 月 8 日、2 月 22 日、3 月 12 日、4 月 9 日为四个时间节点规定了银行卡收单业务、网络支付业务、预付卡发行与受理业务的交存比例。

资料来源：根据中国人民银行网站公开信息整理，齐鲁财富网。

表2　　　　　对支付机构行政处罚金额超过100万元的处罚信息（2017年）

序号	企业名称	行政处罚决定书文号	违法行为类型	行政处罚内容	作出行政处罚决定机关名称	作出行政处罚决定日期
1	易票联支付有限公司	广州银罚字〔2017〕1号	违反支付机构支付服务管理规定和银行卡收单业务管理规定	没收违法所得1779480.59元，并处违法所得2倍3558961.18元罚款，处罚合计人民币5338441.77元。	中国人民银行广州分行	2017年2月15日
2	迅付信息科技有限公司	上海银罚字〔2017〕28号	违反支付业务规定	没收违法所得人民币285696.89元，并处以罚款人民币150万元，共计人民币1785696.89元。	中国人民银行上海总部	2017年8月18日
3	银盛支付服务股份有限公司安徽分公司	福银罚字〔2017〕9号、10号	违反银行卡收单业务相关法律制度规定	2016年1月1日至2016年12月31日，银盛支付福建分公司未按照《支付机构反洗钱和反恐怖融资管理办法》第十九条、第二十条第一款、第二十条第三款、第二十二条第一款、第二十三条第二项的规定履行客户身份识别义务，未按照《支付机构反洗钱和反恐怖融资管理办法》第二十六条、第二十七条、第二十八条的规定履行客户身份资料和交易记录保存义务，未按照《支付机构反洗钱和反恐怖融资管理办法》第十条、第十九条的规定与身份不明的客户进行交易，根据《中华人民共和国反洗钱法》第三十二条第一款第一、第二、第四项规定，处以人民币140万元罚款，并对1名相关责任人员处以人民币13.5万元罚款。	中国人民银行福州中心支行	

续表

序号	企业名称	行政处罚决定书文号	违法行为类型	行政处罚内容	作出行政处罚决定机关名称	作出行政处罚决定日期
4	上海润通实业投资有限公司	上海银罚字〔2017〕49 号	违反支付业务规定	没收违法所得人民币71.5 万元，并处以罚款人民币 71.5 万元，共计人民币 143 万元。	中国人民银行上海总部	2017 年 8 月 29 日
5	嘉联支付有限公司宁波分公司	甬银处罚字〔2017〕42 号	阻碍反洗钱检查、未按照规定履行客户身份识别义务、与身份不明的客户进行交易或者为客户开立匿名账户、假名账户、未按照规定报送可疑交易报告	处以罚款，共计人民币138 万元。	中国人民银行宁波市中心支行	2017 年 12 月 27 日
6	上海大千商务服务有限公司	上海银罚字〔2017〕52 号	违反支付业务规定	没收违法所得人民币62.74 万元，并处以罚款人民币 62.74 万元，共计人民币 125.48 万元。	中国人民银行上海总部	2017 年 8 月 29 日
7	杉德支付网络服务发展有限公司	上海银罚字〔2017〕57 号	违反支付业务规定	没收违法所得349141.81元，并处以罚款850000.00元。	中国人民银行上海总部	2017 年 9 月 5 日
8	上海盛付通电子支付服务有限公司	上海银罚字〔2017〕45 号	违反支付业务规定	没收违法所得人民币59.33 万元，并处以罚款人民币 59.33 万元，共计人民币 118.66 万元。	中国人民银行上海总部	2017 年 8 月 29 日
9	上海便利通电子商务有限公司	上海银罚字〔2017〕50 号	违反支付业务规定	没收违法所得人民币510000 元，并处以罚款人民币 510000 元，共计人民币 1020000 元。	中国人民银行上海总部	

资料来源：根据中国人民银行各分行及中心支行网站公开信息整理，齐鲁财富网。

中国人民银行办公厅关于实施支付机构客户 备付金集中存管有关事项的通知

(银办发〔2017〕10 号)

中国人民银行上海总部,各分行、营业管理部,各省会(首府)城市中心支行,各副省级城市中心支行;各国有商业银行,股份制商业银行,中国邮政储蓄银行;各非银行支付机构:

为贯彻落实党中央、国务院关于互联网金融风险专项整治工作总体部署,根据《国务院办公厅关于印发互联网金融风险专项整治工作实施方案的通知》(国办发〔2016〕21 号)提出的"非银行支付机构不得挪用、占用客户备付金,客户备付金账户应开立在人民银行或符合要求的商业银行。人民银行或商业银行不向非银行支付机构备付金账户计付利息"相关要求,人民银行决定对支付机构客户备付金实施集中存管。现通知如下:

一、自 2017 年 4 月 17 日起,支付机构应将客户备付金按照一定比例交存至指定机构专用存款账户,该账户资金暂不计付利息。

二、人民银行根据支付机构的业务类型和最近一次分类评级结果确定支付机构交存客户备付金的比例,并根据管理需要进行调整。

三、自 2017 年 4 月 17 日起,支付机构交存客户备付金执行以下比例,获得多项支付业务许可的支付机构,从高适用交存比例。

网络支付业务:12%(A 类)、14%(B 类)、16%(C 类)、18%(D 类)、20%(E 类);

银行卡收单业务:10%(A 类)、12%(B 类)、14%(C 类)、16%(D 类)、18%(E 类);

预付卡发行与受理:16%(A 类)、18%(B 类)、20%(C 类)、22%(D 类)、24%(E 类)。

四、支付机构应交存客户备付金的金额根据上季度客户备付金日均余额与支付机构适用的交存比例计算得出,每季度调整一次,每季度首月 16 日完成资金划转(遇节假日顺延)。

五、商业银行为支付机构交存的客户备付金不计入一般存款,不纳入存款准备金交存基数。

六、支付机构和备付金交存银行未按照本通知有关要求执行的，人民银行及其分支机构将视情节轻重，按照《非金融机构支付服务管理办法》第四十一条至第四十三条规定予以处罚，并将支付机构相关行为纳入分类评级管理。

七、人民银行分支机构应根据本通知要求切实履行职责，指导支付机构和备付金交存银行做好相关工作，并加强相关工作的检查、监督。

请人民银行分支机构将本通知转发至辖区内各有客户备付金存管资质的商业银行。执行中如遇问题，请及时告知人民银行支付结算司。

中国人民银行办公厅

2017 年 1 月 13 日

中国银监会、教育部、人力资源和社会保障部关于进一步加强校园贷规范管理工作的通知

（银监发〔2017〕26号）

各银监局，各省、自治区、直辖市及新疆生产建设兵团教育厅（局、教委）、金融办（局）、人力资源和社会保障厅（局），各政策性银行、大型银行、股份制商业银行，邮储银行，中央所属各高等院校：

自中国银监会、教育部等六部委《关于进一步加强校园网贷整治工作的通知》（银监发〔2016〕47号，以下简称银监发47号文）印发以来，各地加大对网络借贷信息中介机构（以下简称网贷机构）校园网贷业务的清理整顿，取得了初步成效。但部分地区仍存在校园贷乱象，特别是一些非网贷机构针对在校学生开展借贷业务，突破了校园网贷的范畴和底线，一些地方"求职贷""培训贷""创业贷"等不良借贷问题突出，给校园安全和学生合法权益带来严重损害，造成了不良社会影响。为进一步加大校园贷监管整治力度，从源头上治理乱象，防范和化解校园贷风险，现就加强校园贷规范管理工作通知如下。

一、疏堵结合，维护校园贷正常秩序

为满足大学生在消费、创业、培训等方面合理的信贷资金和金融服务需求，净化校园金融市场环境，使校园贷回归良性发展，商业银行和政策性银行应在风险可控的前提下，有针对性地开发高校助学、培训、消费、创业等金融产品，向大学生提供定制化、规范化的金融服务，合理设置信贷额度和利率，提高大学生校园贷服务质效，畅通正规、阳光的校园信贷服务渠道。开展校园贷的银行应制定完善的校园信贷风险管理制度，建立风险预警机制，加强贷前调查评估，认真审核评定贷款大学生资质，重视贷后管理监督，确保资金流向符合合同规定。如发现贷款大学生存在资料造假等欺骗行为，应提前收回贷款。银行应及时掌握贷款大学生资金流动状况和信用评分变化情况，评估其还款能力，采取应对措施，确保风险可控。

针对当前各类放贷主体进入校园贷市场，缺乏相应制度和监管约束，以及放贷主体自身风险控制机制缺失等问题，为切实规范校园贷管理，杜绝校园贷欺诈、高利贷和暴力催收等行为，未经银行业监督管理部门批准设立的机构不得进入校园为大学生提供信贷服务。

二、整治乱象，暂停网贷机构开展校园网贷业务

各地金融办（局）和银监局要在前期对网贷机构开展校园网贷业务整治的基础上，协同相关部门进一步加大整治力度，杜绝网贷机构发生高利放贷、暴力催收等严重危害大学生安全的行为。现阶段，一律暂停网贷机构开展在校大学生网贷业务，逐步消化存量业务。要督促网贷机构按照分类处置工作要求，对于存量校园网贷业务，根据违法违规情节轻重、业务规模等状况，制订整改计划，确定整改完成期限，明确退出时间表。要督促网贷机构按期完成业务整改，主动下线校园网贷相关业务产品，暂停发布新的校园网贷业务标的，有序清退校园网贷业务待还余额。对拒不整改或超期未完成整改的，要暂停其开展网贷业务，依法依规予以关闭或取缔，对涉嫌恶意欺诈、暴力催收、制作贩卖传播淫秽物品等严重违法违规行为的，移交公安、司法机关依法追究刑事责任。

三、综合施策，切实加强大学生教育管理

各高校要把校园贷风险防范和综合整治工作作为当前维护学校安全稳定的重大工作来抓，完善工作机制，建立党委负总责、有关部门各负其责的管控体系，切实担负起教育管理学生的主体责任。一是加强教育引导。积极开展常态化、丰富多彩的消费观、金融理财知识及法律法规常识教育，培养学生理性消费、科学消费、勤俭节约、自我保护等意识。现阶段，应向每一名学生发放校园贷风险告知书并签字确认，每学期至少集中开展一次校园贷专项宣传教育活动，加强典型案例通报警示教育，让学生深刻认识不良校园贷危害，提醒学生远离不良校园贷。二是建立排查整治机制。开展校园贷集中排查，加强校园秩序管理。未经校方批准，严禁任何人、任何组织在校园内进行各种校园贷业务宣传和推介，及时清理各类借贷小广告。畅通不良校园贷举报渠道，鼓励教职员工和学生对发现的不良校园贷线索进行举报。对未经校方批准在校宣传推介、组织引导学生参与校园贷或利用学生身份证件办理不良校园贷的教职工或在校学生，要依规依纪严肃查处。三是建立应急处置机制。对于发现的学生参与不良校园贷事件要及时告知学生家长，并会同学生家长及有关方面做好应急处置工作，将危害消灭在初始状态。同时，对发现的重大事件要及时报告当地金融监管部门、公安部门、教育主管部门。四是切实做好学生资助工作。帮助每一名家庭经济困难学生解决好学费、住宿费和基本生活费等方面困难。五是建立不良校园贷责任追究机制。对校内有关部门和院系开展校园贷教育、警示、排查、处置等情况进行定期检查，凡责任落实不到位的，要追究有关部门、院系和相关人员责任。对因校园贷引发恶性事件或造成重大案件的，教育主管部门要倒查倒追有关高校及相关责任人，发现未开展宣传教育、风险警示、排查处置等工作的，予以严肃处理。

四、分工负责，共同促进校园贷健康发展

各部门要高度重视校园贷规范管理工作，明确分工，压实职责，加强信息共享，形成监管合力。各地金融办（局）和银监局要加强引导，鼓励合规机构积极进入校园，为大学生提供合法合规的信贷服务。要制定正负面清单，明确校园贷市场参与机构。要积极配合教育主管部门开展金融消费者教育保护和宣传工作。要加强信息共享与经验交流，以案说法，务求整治实效。各地教育主管部门、各高校要切实采取有效措施，做好本地本校工作分层对接和具体落实，筑好防范违规放贷机构进入校园的"防火墙"，加强风险警示、教育引导和校园管理工作。各地人力资源和社会保障部门要加强人力资源市场和职业培训机构监管，依法查处"黑中介"和未经许可擅自从事职业培训业务等各类侵害就业权益的违法行为，杜绝公共就业人才服务机构以培训、求职、职业指导等名义，捆绑推荐信贷服务。涉及校园网贷整治相关事项，有关部门应按照银监发 47 号文要求抓好贯彻落实。

请各地区、各有关部门认真梳理辖内校园贷规范管理工作落实情况，并于 2017 年 6 月 30 日前将书面报告报送中国银监会、教育部、人力资源和社会保障部。

中国银监会　教育部　人力资源和社会保障部

2017 年 5 月 27 日

网络借贷信息中介机构业务活动信息披露指引

第一章　总　　则

第一条　为规范网络借贷信息中介机构业务活动信息披露行为，维护参与网络借贷信息中介机构业务活动主体的合法权益，建立客观、公平、透明的网络借贷信息中介业务活动环境，促进网络借贷行业健康发展，依据《中华人民共和国民法通则》《关于促进互联网金融健康发展的指导意见》《网络借贷信息中介机构业务活动管理暂行办法》等法律法规，制定本指引。

第二条　本指引所称信息披露，是指网络借贷信息中介机构及其分支机构通过其官方网站及其他互联网渠道向社会公众公示网络借贷信息中介机构基本信息、运营信息、项目信息、重大风险信息、消费者咨询投诉渠道信息等相关信息的行为。

第三条　网络借贷信息中介机构应当在其官方网站及提供网络借贷信息中介服务的网络渠道显著位置设置信息披露专栏，展示信息披露内容。披露用语应当准确、精练、严谨、通俗易懂。

第四条　其他互联网渠道包括网络借贷信息中介机构手机应用软件、微信公众号、微博等社交媒体渠道及网络借贷信息中介机构授权开展信息披露的其他互联网平台。各渠道间披露信息内容应当保持一致。

第五条　信息披露应当遵循"真实、准确、完整、及时"原则，不得有虚假记载、误导性陈述、重大遗漏或拖延披露。

第六条　信息披露内容应当符合法律法规关于国家秘密、商业秘密、个人隐私的有关规定。

第二章　信息披露内容

第七条　网络借贷信息中介机构应当向公众披露如下信息：

（一）网络借贷信息中介机构备案信息

1. 网络借贷信息中介机构在地方金融监管部门的备案登记信息；

2. 网络借贷信息中介机构取得的电信业务经营许可信息；

3. 网络借贷信息中介机构资金存管信息；

4. 网络借贷信息中介机构取得的公安机关核发的网站备案图标及编号；

5. 网络借贷信息中介机构风险管理信息。

（二）网络借贷信息中介机构组织信息

1. 网络借贷信息中介机构工商信息，应当包含网络借贷信息中介机构全称、简称、统一社会信用代码、注册资本、实缴注册资本、注册地址、经营地址、成立时间、经营期限、经营状态、主要人员（包括法定代表人、实际控制人、董事、监事、高级管理人员）信息、经营范围；

2. 网络借贷信息中介机构股东信息，应当包含股东全称、股东股权占比；

3. 网络借贷信息中介机构组织架构及从业人员概况；

4. 网络借贷信息中介机构分支机构工商信息，应当包含分支机构全称、分支机构所在地、分支机构成立时间、分支机构主要负责人姓名，分支机构联系电话、投诉电话，员工人数；存在多个分支机构的应当逐一列明；

5. 网络借贷信息中介机构官方网站、官方手机应用及其他官方互联网渠道信息；存在多个官方渠道的应当逐一列明。

（三）网络借贷信息中介机构审核信息

1. 网络借贷信息中介机构上一年度的财务审计报告；

2. 网络借贷信息中介机构经营合规重点环节的审计结果；

3. 网络借贷信息中介机构上一年度的合规性审查报告。

网络借贷信息中介机构应当于每年 1 月 10 日前披露本条款（一）、（二）项信息；应当于每年 4 月 30 日前披露本条款（三）项信息。若上述任一信息发生变更，网络借贷信息中介机构应当于变更后 10 个工作日内更新披露信息。

第八条 网络借贷信息中介机构应当在每月前 5 个工作日内，向公众披露截至于上一月末经网络借贷信息中介机构撮合交易的如下信息：

（一）自网络借贷信息中介机构成立以来的累计借贷金额及笔数；

（二）借贷余额及笔数；

（三）累计出借人数量、累计借款人数量；

（四）当期出借人数量、当期借款人数量；

（五）前十大借款人待还金额占比、最大单一借款人待还金额占比；

（六）关联关系借款余额及笔数；

（七）逾期金额及笔数；

（八）逾期 90 天（不含）以上金额及笔数；

（九）累计代偿金额及笔数；

（十）收费标准；

（十一）其他经营信息。

第九条 网络借贷信息中介机构应当及时向出借人披露如下信息：

（一）借款人基本信息，应当包含借款人主体性质（自然人、法人或其他组织）、借款人所属行业、借款人收入及负债情况、截至借款前 6 个月内借款人征信报告中的逾期情况、借款人在其他网络借贷平台借款情况；

（二）项目基本信息，应当包含项目名称和简介、借款金额、借款期限、借款用途、还款方式、年化利率、起息日、还款来源、还款保障措施；

（三）项目风险评估及可能产生的风险结果；

（四）已撮合未到期项目有关信息，应当包含借款资金运用情况、借款人经营状况及财务状况、借款人还款能力变化情况、借款人逾期情况、借款人涉诉情况、借款人受行政处罚情况等可能影响借款人还款的重大信息。

本条款（一）、（二）、（三）项内容，网络借贷信息中介机构应当于出借人确认向借款人出借资金前向出借人披露。

本条款（四）项内容，若借款期限不超过六个月，网络借贷信息中介机构应当按月（每月前 5 个工作日内）向出借人披露；若借款期限超过六个月，网络借贷信息中介机构应当按季度（每季度前 5 个工作日内）向出借人披露。若已发生足以导致借款人不能按约定期限足额还款的情形时，网络借贷信息中介机构应当及时向出借人披露。

出借人应当对借款人信息予以保密，不得非法收集、使用、加工、传输借款人个人信息，不得非法买卖、提供或者公开借款人个人信息。

第十条　网络借贷信息中介机构或其分支机构发生下列情况之一的，网络借贷信息中介机构应当于发生之日起 48 小时内将事件的起因、目前的状态、可能产生的影响和采取的措施向公众进行披露。

（一）公司减资、合并、分立、解散或申请破产；

（二）公司依法进入破产程序；

（三）公司被责令停业、整顿、关闭；

（四）公司涉及重大诉讼、仲裁，或涉嫌违法违规被有权机关调查，或受到刑事处罚、重大行政处罚；

（五）公司法定代表人、实际控制人、主要负责人、董事、监事、高级管理人员涉及重大诉讼、仲裁，或涉嫌违法违纪被有权机关调查，或受到刑事处罚、重大行政处罚，或被采取强制措施；

（六）公司主要或者全部业务陷入停顿；

（七）存在欺诈、损害出借人利益等其他影响网络借贷信息中介机构经营活动的重大事项。

第十一条　网络借贷信息中介机构应当向公众披露咨询、投诉、举报联系电话、电子邮箱、通信地址。

网络借贷信息中介机构应当在其官方网站上定期以公告形式向公众披露其年度报告、相关法律法规及网络借贷有关监管规定。

第十二条　披露的信息应当采用中文文本。同时采用外文文本的，应当保证两种文本的内容一致。两种文本产生歧义的，以中文文本为准。

第十三条　披露的信息应当采用阿拉伯数字。除特别说明外，货币单位应当为人民币"元"。

第三章　信息披露管理

第十四条　网络借贷信息中介机构应当建立健全信息披露制度，指定专人负责信息披露事务，确保信息披露专栏内容可供社会公众随时查阅。

第十五条　网络借贷信息中介机构应当对信息披露内容进行书面留存，并应自披露之日起保存五年以上。

第十六条　网络借贷信息中介机构应当按要求将信息披露公告文稿和相关备查文件报送其工商登记注册地地方金融监管部门、国务院银行业监督管理机构派出机构，并置备于网络借贷信息中介机构住所供社会公众查阅。

第十七条　网络借贷信息中介机构的董事、监事、高级管理人员应当忠实、勤勉、尽职，保证披露的信息真实、准确、完整、及时。网络借贷信息中介机构信息披露专栏内容均应当有网络借贷信息中介机构法定代表人的签字确认。

第十八条　借款人应当配合网络借贷信息中介机构及出借人对项目有关信息进行调查核实，保证提供的信息真实、准确、及时、完整、有效。

第十九条　本指引没有规定，但不披露相关信息可能导致借款人、出借人产生错误判断的，网络借贷信息中介机构应当将相关信息予以及时披露。

第二十条　网络借贷信息中介机构拟披露信息属于国家秘密的，按本指引规定披露可能导致其违反国家有关保密法律法规的，可以豁免披露。本指引所称的国家秘密，是指国家有关保密法律法规及部门规章规定的，关系国家安全和利益，依照法定程序确定，在一定时间内只限一定范围的人员知悉，泄露后可能损害国家在政治、经济、国防、外交等领域的安全和利益的信息。

第二十一条　未按本指引要求开展信息披露的相关当事人，由相关监管部门按照《网络借贷信息中介机构业务活动管理暂行办法》第四十条、第四十一条予以处罚。

第二十二条　网络借贷信息中介机构应当按要求及时将信息披露内容报送监管机构。

第四章　附　　则

第二十三条　网络借贷信息中介业务活动信息披露行为，应当依据《网络借贷信息中介机构业务活动管理暂行办法》及本指引，接受国务院银行业监督管理机构及其派出机构和地方金融监管部门的监督管理。

第二十四条　中国互联网金融协会依据本指引及其他有关法律法规、自律规则，对网络借贷行业的信息披露进行自律管理。

　　第二十五条　已开展网络借贷信息中介业务的机构，在开展业务过程中存在不符合本指引要求情形的，应在本指引公布后进行整改，整改期自本指引公布之日起不超过 6 个月。逾期未整改的，按照《网络借贷信息中介机构业务活动管理暂行办法》及《网络借贷信息中介机构备案登记管理指引》的有关规定执行。

　　第二十六条　本指引所称不超过、以内、以下，包括本数。

　　第二十七条　本指引解释权归国务院银行业监督管理机构。

　　第二十八条　本指引自公布之日起施行。

国务院办公厅关于积极推进供应链创新与应用的指导意见

（国办发〔2017〕84号）

各省、自治区、直辖市人民政府，国务院各部委、各直属机构：

供应链是以客户需求为导向，以提高质量和效率为目标，以整合资源为手段，实现产品设计、采购、生产、销售、服务等全过程高效协同的组织形态。随着信息技术的发展，供应链已发展到与互联网、物联网深度融合的智慧供应链新阶段。为加快供应链创新与应用，促进产业组织方式、商业模式和政府治理方式创新，推进供给侧结构性改革，经国务院同意，现提出以下意见。

一、重要意义

（一）落实新发展理念的重要举措

供应链具有创新、协同、共赢、开放、绿色等特征，推进供应链创新发展，有利于加速产业融合、深化社会分工、提高集成创新能力，有利于建立供应链上下游企业合作共赢的协同发展机制，有利于建立覆盖设计、生产、流通、消费、回收等各环节的绿色产业体系。

（二）供给侧结构性改革的重要抓手

供应链通过资源整合和流程优化，促进产业跨界和协同发展，有利于加强从生产到消费等各环节的有效对接，降低企业经营和交易成本，促进供需精准匹配和产业转型升级，全面提高产品和服务质量。供应链金融的规范发展，有利于拓宽中小微企业的融资渠道，确保资金流向实体经济。

（三）引领全球化提升竞争力的重要载体

推进供应链全球布局，加强与伙伴国家和地区之间的合作共赢，有利于我国企业更深更广融入全球供给体系，推进"一带一路"建设落地，打造全球利益共同体和命运共同体。建立基于供应链的全球贸易新规则，有利于提高我国在全球经济治理中的话语权，保障我国资源能源安全和产业安全。

二、总体要求

（一）指导思想

全面贯彻党的十八大和十八届三中、四中、五中、六中全会精神，深入贯彻习近平总书记系列重要讲话精神和治国理政新理念、新思想、新战略，认真落实党中央、国务院决策部署，统筹推进"五位一体"总体布局和协调推进"四个全面"战略布局，坚持以人民为中心的发展思想，坚持稳中求进工作总基调，牢固树立和贯彻落实创新、协调、绿色、开放、共享的发展理念，以提高发展质量和效益为中心，以供应链与互联网、物联网深度融合为路径，以信息化、标准化、信用体系建设和人才培养为支撑，创新发展供应链新理念、新技术、新模式，高效整合各类资源和要素，提升产业集成和协同水平，打造大数据支撑、网络化共享、智能化协作的智慧供应链体系，推进供给侧结构性改革，提升我国经济全球竞争力。

（二）发展目标

到 2020 年，形成一批适合我国国情的供应链发展新技术和新模式，基本形成覆盖我国重点产业的智慧供应链体系。供应链在促进降本增效、供需匹配和产业升级中的作用显著增强，成为供给侧结构性改革的重要支撑。培育 100 家左右的全球供应链领先企业，重点产业的供应链竞争力进入世界前列，中国成为全球供应链创新与应用的重要中心。

三、重点任务

（一）推进农村一、二、三产业融合发展

1. 创新农业产业组织体系。鼓励家庭农场、农民合作社、农业产业化龙头企业、农业社会化服务组织等合作建立集农产品生产、加工、流通和服务等于一体的农业供应链体系，发展种养加、产供销、内外贸一体化的现代农业。鼓励承包农户采用土地流转、股份合作、农业生产托管等方式融入农业供应链体系，完善利益联结机制，促进多种形式的农业适度规模经营，把农业生产引入现代农业发展轨道。（农业部、商务部等负责）

2. 提高农业生产科学化水平。推动建设农业供应链信息平台，集成农业生产经营各环节的大数据，共享政策、市场、科技、金融、保险等信息服务，提高农业生产科技化和精准化水平。加强产销衔接，优化种养结构，促进农业生产向消费导向型转变，增加绿色优质农产品供给。鼓励发展农业生产性服务业，开拓农业供应链金融服务，支持订单农户参加农业保险。（农业部、科技部、商务部、中国银监会、中国保监会等负责）

3. 提高质量安全追溯能力。加强农产品和食品冷链设施及标准化建设，降低流通成本和损耗。建立基于供应链的重要产品质量安全追溯机制，针对肉类、蔬菜、水产品、中药材等食用农产品，婴幼儿配方食品、肉制品、乳制品、食用植物油、白酒等食品，农药、兽药、饲料、肥料、种子等农业生产资料，将供应链上下游企业全部纳入追溯体系，构建来源可查、去向可追、责任可究的全链条可追溯体系，提高消费安全水平。（商务部、国家发展改革委、科技部、农业部、国

家质检总局、食品药品监管总局等负责）

（二）促进制造协同化、服务化、智能化

1. 推进供应链协同制造。推动制造企业应用精益供应链等管理技术，完善从研发设计、生产制造到售后服务的全链条供应链体系。推动供应链上下游企业实现协同采购、协同制造、协同物流，促进大中小企业专业化分工协作，快速响应客户需求，缩短生产周期和新品上市时间，降低生产经营和交易成本。（工业和信息化部、国家发展改革委、科技部、商务部等负责）

2. 发展服务型制造。建设一批服务型制造公共服务平台，发展基于供应链的生产性服务业。鼓励相关企业向供应链上游拓展协同研发、众包设计、解决方案等专业服务，向供应链下游延伸远程诊断、维护检修、仓储物流、技术培训、融资租赁、消费信贷等增值服务，推动制造供应链向产业服务供应链转型，提升制造产业价值链。（工业和信息化部、国家发展改革委、科技部、商务部、中国人民银行、中国银监会等负责）

3. 促进制造供应链可视化和智能化。推动感知技术在制造供应链关键节点的应用，促进全链条信息共享，实现供应链可视化。推进机械、航空、船舶、汽车、轻工、纺织、食品、电子等行业供应链体系的智能化，加快人机智能交互、工业机器人、智能工厂、智慧物流等技术和装备的应用，提高敏捷制造能力。（工业和信息化部、国家发展改革委、科技部、商务部等负责）

（三）提高流通现代化水平

1. 推动流通创新转型。应用供应链理念和技术，大力发展智慧商店、智慧商圈、智慧物流，提升流通供应链智能化水平。鼓励批发、零售、物流企业整合供应链资源，构建采购、分销、仓储、配送供应链协同平台。鼓励住宿、餐饮、养老、文化、体育、旅游等行业建设供应链综合服务和交易平台，完善供应链体系，提升服务供给质量和效率。（商务部、国家发展改革委、科技部、国家质检总局等负责）

2. 推进流通与生产深度融合。鼓励流通企业与生产企业合作，建设供应链协同平台，准确及时传导需求信息，实现需求、库存和物流信息的实时共享，引导生产端优化配置生产资源，加速技术和产品创新，按需组织生产，合理安排库存。实施内外销产品"同线同标同质"等一批示范工程，提高供给质量。（商务部、工业和信息化部、农业部、国家质检总局等负责）

3. 提升供应链服务水平。引导传统流通企业向供应链服务企业转型，大力培育新型供应链服务企业。推动建立供应链综合服务平台，拓展质量管理、追溯服务、金融服务、研发设计等功能，提供采购执行、物流服务、分销执行、融资结算、商检报关等一体化服务。（商务部、中国人民银行、中国银监会等负责）

（四）积极稳妥发展供应链金融

1. 推动供应链金融服务实体经济。推动全国和地方信用信息共享平台、商业银行、供应链核心企业等开放共享信息。鼓励商业银行、供应链核心企业等建立供应链金融服务平台，为供应链上下游中小微企业提供高效便捷的融资渠道。鼓励供应链核心企业、金融机构与人民银行征信中心建设的应收账款融资服务平台对接，发展线上应收账款融资等供应链金融模式。（中国人民银行、国家发展改革委、商务部、中国银监会、中国保监会等负责）

2. 有效防范供应链金融风险。推动金融机构、供应链核心企业建立债项评级和主体评级相结合的风险控制体系，加强供应链大数据分析和应用，确保借贷资金基于真实交易。加强对供应链金融的风险监控，提高金融机构事中、事后风险管理水平，确保资金流向实体经济。健全供应链金融担保、抵押、质押机制，鼓励依托人民银行征信中心建设的动产融资统一登记系统开展应收账款及其他动产融资质押和转让登记，防止重复质押和空单质押，推动供应链金融健康稳定发展。（中国人民银行、商务部、中国银监会、中国保监会等负责）

（五）积极倡导绿色供应链

1. 大力倡导绿色制造。推行产品全生命周期绿色管理，在汽车、电器电子、通信、大型成套装备及机械等行业开展绿色供应链管理示范。强化供应链的绿色监管，探索建立统一的绿色产品标准、认证、标识体系，鼓励采购绿色产品和服务，积极扶植绿色产业，推动形成绿色制造供应链体系。（国家发展改革委、工业和信息化部、环境保护部、商务部、国家质检总局等按职责分工负责）

2. 积极推行绿色流通。积极倡导绿色消费理念，培育绿色消费市场。鼓励流通环节推广节能技术，加快节能设施设备的升级改造，培育一批集节能改造和节能产品销售于一体的绿色流通企业。加强绿色物流新技术和设备的研究与应用，贯彻执行运输、装卸、仓储等环节的绿色标准，开发应用绿色包装材料，建立绿色物流体系。（商务部、国家发展改革委、环境保护部等负责）

3. 建立逆向物流体系。鼓励建立基于供应链的废旧资源回收利用平台，建设线上废弃物和再生资源交易市场。落实生产者责任延伸制度，重点针对电器电子、汽车产品、轮胎、蓄电池和包装物等产品，优化供应链逆向物流网点布局，促进产品回收和再制造发展。（国家发展改革委、工业和信息化部、商务部等按职责分工负责）

（六）努力构建全球供应链

1. 积极融入全球供应链网络。加强交通枢纽、物流通道、信息平台等基础设施建设，推进与"一带一路"沿线国家互联互通。推动国际产能和装备制造合作，推进边境经济合作区、跨境经济合作区、境外经贸合作区建设，鼓励企业深化对外投资合作，设立境外分销和服务网络、物流配送中心、海外仓等，建立本地化的供应链体系。（商务部、国家发展改革委、交通运输部等负责）

2. 提高全球供应链安全水平。鼓励企业建立重要资源和产品全球供应链风险预警系统，利用两个市场两种资源，提高全球供应链风险管理水平。制订和实施国家供应链安全计划，建立全球供应链风险预警评价指标体系，完善全球供应链风险预警机制，提升全球供应链风险防控能力。（国家发展改革委、商务部等按职责分工负责）

3. 参与全球供应链规则制定。依托全球供应链体系，促进不同国家和地区包容共享发展，形成全球利益共同体和命运共同体。在人员流动、资格互认、标准互通、认可认证、知识产权等方面加强与主要贸易国家和"一带一路"沿线国家的磋商与合作，推动建立有利于完善供应链利益联结机制的全球经贸新规则。（商务部、国家发展改革委、人力资源和社会保障部、国家质检总局等负责）

四、保障措施

（一）营造良好的供应链创新与应用政策环境

鼓励构建以企业为主导、产学研用合作的供应链创新网络，建设跨界交叉领域的创新服务平台，提供技术研发、品牌培育、市场开拓、标准化服务、检验检测认证等服务。鼓励社会资本设立供应链创新产业投资基金，统筹结合现有资金、基金渠道，为企业开展供应链创新与应用提供融资支持。（科技部、工业和信息化部、财政部、商务部、中国人民银行、国家质检总局等按职责分工负责）

研究依托国务院相关部门成立供应链专家委员会，建设供应链研究院。鼓励有条件的地方建设供应链科创研发中心。支持建设供应链创新与应用的政府监管、公共服务和信息共享平台，建立行业指数、经济运行、社会预警等指标体系。（科技部、商务部等按职责分工负责）

研究供应链服务企业在国民经济中的行业分类，理顺行业管理。符合条件的供应链相关企业经认定为国家高新技术企业后，可按规定享受相关优惠政策。符合外贸企业转型升级、服务外包相关政策条件的供应链服务企业，按现行规定享受相应支持政策。（国家发展改革委、科技部、工业和信息化部、财政部、商务部、国家统计局等按职责分工负责）

（二）积极开展供应链创新与应用试点示范

开展供应链创新与应用示范城市试点，鼓励试点城市制定供应链发展的支持政策，完善本地重点产业供应链体系。培育一批供应链创新与应用示范企业，建设一批跨行业、跨领域的供应链协同、交易和服务示范平台。（商务部、工业和信息化部、农业部、中国人民银行、中国银监会等负责）

（三）加强供应链信用和监管服务体系建设

完善全国信用信息共享平台、国家企业信用信息公示系统和"信用中国"网站，健全政府部门信用信息共享机制，促进商务、海关、质检、工商、银行等部门和机构之间公共数据资源的互联互通。研究利用区块链、人工智能等新兴技术，建立基于供应链的信用评价机制。推进各类供应链平台有机对接，加强对信用评级、信用记录、风险预警、违法失信行为等信息的披露和共享。创新供应链监管机制，整合供应链各环节涉及的市场准入、海关、质检等政策，加强供应链风险管控，促进供应链健康稳定发展。（国家发展改革委、交通运输部、商务部、中国人民银行、海关总署、税务总局、国家工商总局、国家质检总局、食品药品监管总局等按职责分工负责）

（四）推进供应链标准体系建设

加快制定供应链产品信息、数据采集、指标口径、交换接口、数据交易等关键共性标准，加强行业间数据信息标准的兼容，促进供应链数据高效传输和交互。推动企业提高供应链管理流程标准化水平，推进供应链服务标准化，提高供应链系统集成和资源整合能力。积极参与全球供应链标准制定，推进供应链标准国际化进程。（国家质检总局、国家发展改革委、工业和信息化部、商务部等负责）

（五）加快培养多层次供应链人才

支持高等院校和职业学校设置供应链相关专业和课程，培养供应链专业人才。鼓励相关企业和专业机构加强供应链人才培训。创新供应链人才激励机制，加强国际化的人才流动与管理，吸引和聚集世界优秀供应链人才。（教育部、人力资源和社会保障部、商务部等按职责分工负责）

（六）加强供应链行业组织建设

推动供应链行业组织建设供应链公共服务平台，加强行业研究、数据统计、标准制定及修订和国际交流，提供供应链咨询、人才培训等服务。加强行业自律，促进行业健康有序发展。加强与国外供应链行业组织的交流合作，推动供应链专业资质相互认证，促进我国供应链发展与国际接轨。（国家发展改革委、工业和信息化部、人力资源和社会保障部、商务部、国家质检总局等按职责分工负责）

国务院办公厅

2017 年 10 月 5 日

附录 3

山东省人民政府关于推进普惠金融发展的实施意见

（鲁政发〔2017〕14 号）

各市人民政府，各县（市、区）人民政府，省政府各部门、各直属机构，各大企业，各高等院校：

为贯彻落实《国务院关于印发推进普惠金融发展规划（2016—2020 年）的通知》（国发〔2015〕74 号），积极推进普惠金融发展，逐步建立与我省经济社会发展相适应的普惠金融服务体系，不断提高金融服务的覆盖率、可得性和满意度，提出如下实施意见。

一、发展目标

全面贯彻党的十八大和十八届三中、四中、五中、六中全会精神，紧紧围绕创新、协调、绿色、开放、共享的新发展理念，落实供给侧结构性改革要求，着力增加普惠金融服务和产品供给，不断改善小微企业、农民、城镇低收入人群、贫困人群和残疾人、老年人等特殊群体金融服务，持续提升普惠金融服务的覆盖率、可得性和满意度，为全省实施新旧动能转换重大工程贡献金融新动能。到 2020 年，建立与我省全面建成小康社会相适应的普惠金融组织机构体系、产品服务体系、扶持政策体系、消费者保护体系和协调保障体系，努力实现普惠金融服务能力和服务水平走在全国前列，使最广大人民群众公平分享金融改革发展的成果。

（一）提高金融服务覆盖率

实现乡乡有机构，村村有服务，乡镇一级实现银行物理网点和保险服务全覆盖，完善和优化助农取款服务村级覆盖网络，扩大助农取款服务点的影响力，提高使用率。拓展城市社区金融服务广度和深度，显著改善城镇企业和居民金融服务的便利性。

（二）提高金融服务可得性

大幅改善对城镇低收入人群、失业人员、困难人群以及农村贫困人口、创业农民、创业大中专学生、残疾劳动者等初始创业者的金融支持，完善对特殊群体的无障碍金融服务。提高小微企业和农户贷款覆盖率，实现小微企业和涉农贷款持续增长。提高小微企业信用保险和贷款保证保险覆盖率，力争农业保险参保农户覆盖率提升至 95% 以上。

（三）提高金融服务满意度

有效提高各类金融工具的使用效率。开展广覆盖、全方位、形式多样的金融需求对接，提高小微企业和农户信用档案建档率。规范金融机构经营行为，有效降低金融服务投诉率，进一步提高小微企业和农户申贷获得率和贷款满意度。

二、基本原则

（一）市场主导与政府引导相结合

坚持市场化运作与政府扶持相结合，尊重市场规律，突出商业可持续，充分发挥市场在金融资源配置中的决定性作用。更好地发挥政府在统筹规划、组织协调、均衡布局、政策扶持等方面的引导作用，健全激励约束机制，实现普惠金融可持续发展。

（二）统筹规划与因地施策相结合

突出政策统筹，建立全省普惠金融发展推进机制，健全完善各项财政、税收、金融政策体系，有序推进普惠金融发展。鼓励结合实际大胆探索，先行先试，优先解决欠发达地区、薄弱环节和特殊群体的金融服务问题。

（三）基础服务与改革创新相结合

依托金融机构服务网点和渠道发展，加大对金融服务薄弱环节的渗透，满足各层次不同主体的基础金融服务需求。发挥金融机构产品和服务方式创新主体作用，降低金融服务成本，不断提升金融服务广度和深度。

（四）规范发展与防范风险相结合

坚持发展与规范并行，合理平衡业务风险与社会效益，加强金融风险防控，注重重点领域和薄弱环节的风险控制，维护金融稳定，保障金融安全。

三、建立健全多元化广覆盖的普惠金融机构体系

（一）优化完善银行业市场体系

鼓励开发性政策性银行创新与其他金融机构合作方式，降低小微企业贷款成本。充分发挥国开行、农发行功能定位和金融优势，大力支持扶贫开发、棚户区改造、新型城镇化、现代农业和水利、农业农村基础设施等项目建设。引导进出口银行支持进出口贸易，创新服务中小微企业开拓国际市场，促进开放型经济发展。鼓励大中型商业银行设立普惠金融事业部，国有大型银行要率先做到，实行差别化考核评价办法和支持政策。鼓励商业银行建设面向"三农"、小微企业的专营机构和特色支行，支持中小银行批量申报组建社区支行和小微支行，提高小微金融服务的批量化、规模化、标准化水平。支持农业银行向县域和基层延伸"三农金融事业部"，提升"三农"金融服务水平。引导邮储银行稳步发展小额涉农贷款业务，逐步扩大涉农业务范围。加快推动地方法人银行转型发展，充分发挥管理层级少、贴近客户、机制

灵活等优势，着力做好"三农"和小微企业金融服务。支持城市商业银行审慎开展综合经营，增强单体综合实力，强化服务地方、服务中小企业、服务社区的市场定位，实现县域网点全覆盖。推动省联社加快履职转型，强化服务功能。持续推动农村商业银行完善治理结构，强化支农市场定位。支持村镇银行在乡镇布设网点、拓展业务。积极培育发展民营银行。

（二）规范发展各类新型机构

支持发起设立主要服务小微企业和"三农"的金融租赁公司和融资租赁公司，更好满足小微企业和涉农企业设备投入与技术改造融资需求。加快组建消费金融公司，促进汽车金融公司发展，激发消费潜力，促进消费升级。支持发展政府出资为主的融资担保机构或基金，健全农业信贷担保体系，强化再担保机构功能定位，发挥好融资担保机构股权投资基金的引领带动作用。鼓励社会资本在县域发起设立小额贷款公司、融资担保公司、典当企业等机构，增强资本实力，找准市场定位，发挥小额、分散、便捷优势，提升普惠金融服务能力。深化新型农村合作金融改革试点，积极探索新型农村合作金融发展的有效形式，不断提高试点质量，适时扩大试点规模，初步建立起与山东农村经济相适应、运行规范的新型农村合作金融框架。加强农民合作社的规范化建设和管理，规范发展农民合作社及贫困村内部资金互助业务。规范发展民间资本管理机构、民间融资登记服务机构，推动民间资金供需规范有序对接，促进民间资金有效转化为民间资本，更好地支持创新创业。

（三）稳步构建多层次资本市场服务体系

大力培育挂牌上市主体，支持符合条件的中小微企业、涉农企业在境内外资本市场上市或在全国中小企业股份转让系统、区域股权交易中心挂牌，拓宽企业融资渠道。鼓励和引导符合条件的小微企业和涉农企业在银行间市场发行短期融资券、中期票据、中小企业集合票据等非金融企业债务融资工具，支持符合条件的中小微和涉农企业发行公司债券进行直接融资，降低融资成本。引进培育农业种子基金、农业风险投资基金、涉农私募股权基金、"三农"并购基金、农业产业投资基金，规范新兴产业创业投资基金、天使投资引导基金等政府性引导基金运作，引导社会资金积极参与，促进种子期、初创成长型中小微企业和战略性新兴产业加快发展。

（四）建立完善多种形式的保险保障体系

支持和吸引各类资本在山东发起或参股设立专业化、特色化法人保险机构。优化各地保险机构网点布局，持续加大对农村保险服务网点的资金、人力和技术投入，健全"三农"保险服务体系。鼓励保险机构向乡、村两级延伸保险服务网络，推进保险人员、产品、服务"三下乡"。培育发展相互保险、自保公司等新型市场主体，启动农村保险互助社的试点工作。探索培育服务社区的社区性保险机构。完善保险中介市场，鼓励具有技术优势且服务于普惠金融发展的保险中介机构加快发展，引导各类保险中介机构实现规范化、专业化、规模化、集约化发展。加强与保险资产管理机构对接，扩大保险资金投资渠道，引导保险资金以适当方式服务于城镇化建设、"三农"和小微企业发展。

（五）规范发展"互联网＋"普惠金融

借助数据信息技术，降低普惠金融的信息、经营和管理成本，实现商业可持续发展。鼓励金融机构利用大数据、云计算等信息技术手段，提高金融服务的电子化水平，打造互联网金融服务平台，降低运营成本，向农村地区延伸金融服务。鼓励金融机构与互联网企业开展多元化合作，实现优势互补，紧密结合小微企业和"三农"金融需求，创新产品、服务和商业模式，提升服务效率和水平。鼓励金融机构成立互联网金融专营事业部或独立法人机构。鼓励金融机构与网络支付机构服务电子商务发展。规范发展互联网金融组织，明确行业准入标准和从业行为规范，落实信息披露制度，提高普惠金融服务水平，降低市场风险和道德风险。组建山东省互联网金融协会，加强互联网金融行业自律，促进互联网金融组织规范健康发展。

四、聚焦普惠金融服务主体加快金融创新

（一）改进小微企业金融服务

鼓励金融机构创新小微企业金融产品和服务方式，改造信贷管理制度和信用评级模型，合理设定授信准入门槛，创新动产质押、知识产权质押等担保方式。鼓励开展基于风险评估的续贷业务，推广循环贷款、年审制贷款、小额信用贷款等便利借款人的信贷产品和微贷管理技术。推进银税合作模式，探索实施小微企业和新型经营主体主办银行制度。加大对科技创新创业企业的金融支持，不断完善科技金融服务体系，优化科技金融供给结构，对不同发展阶段科创企业采取分类施策的支持方式，逐步打造覆盖科创企业全生命周期的金融服务模式。鼓励设立科技支行和科技金融专营机构，支持符合条件的银行业金融机构开展"投贷联动"业务。支持地方法人金融机构发行小微企业金融债和"三农"金融债。引导银行业金融机构根据自身风险状况和内控管理水平，适度提高小微企业不良贷款容忍度。落实小微企业贷款尽职免责制度，制定小微企业金融服务从业人员尽职免责办法。鼓励商业银行与保险公司合作，探索以信用保险、贷款保证保险等产品为主要载体，多方参与、风险共担的经营模式，有效缓解中小微企业融资难、融资贵问题。

（二）提高农村金融服务水平

持续加大农村金融资源投入，研究落实银行业金融机构本地存款主要用于本地、农村存款主要用于农业农村的具体措施。引导和调动更多金融资源投向农村基础设施建设、农业设施装备、新型城镇化等重点领域，支持现代农业、绿色农业、休闲农业发展，支持农产品加工业转型升级、农产品流通设施建设和美丽宜居乡村建设，大力支持发展农业"新六产"，促进农村一、二、三产业融合发展。积极探索低成本、可复制、易推广、符合我省特点的农村金融产品和服务方式，创新"三农"服务专门机构和业务模式，推广"涉农龙头企业＋上下游种养殖户/经销商""企业＋农民合作社/家庭农场/基地＋农户"等农业产业链融资模式，稳妥有序推进农村"两权"抵押贷款试点，积极发展大型农机具、海域使用权、林权抵押贷款等信贷产品，支持重点农业基地、林业基地等建设。引导涉农金融机构定向扶持种养大户、家庭农场、专业合作社、产业化龙头企业等新型农业经营主体，加大农业创业创新示范基地、大学生农村创业特色产业示范平台、农民工返乡创业园、电商示范村等各类创业孵化基地和创业示范园区的金融支持，提供一揽子、综合性金融服务。深入实施农村金融服务"三大工程"，加快推进富民惠农金融创新。

（三）提升保险服务的普惠功能

加快发展农业保险，重点发展关系国计民生和粮食安全的农作物保险、主要畜产品保险、重要"菜篮子"品种保险和林果、森林保险，推广农房、农机具、设施农业、渔业、制种保险等业务。在中央财政补贴险种基础上，拓宽农业保险覆盖面和品种，积极探索开展枣、茶叶、葡萄、大小拱棚、中药材等具有我省生产特色的保险险种，满足不同层次农民投保需求。鼓励商业保险机构为低保对象、特困供养人员等经济困难及低收入人群、残疾人等特殊群体提供人身意外伤害保险、商业补充医疗保险和医疗救助服务，围绕失能老年人开发护理保险等保险产品，推动商业保险在养老、护理、健康等领域扩大服务范围。支持商业保险机构承办大病保险，开发多样化的健康保险产品，搞好与基本医疗保险、大病保险、医疗救助的衔接，进一步提高人民群众的医疗保障水平。支持保险机构开展普惠型灾害民生保险、价格指数保险、天气指数保险、巨灾保险业务，最大限度减少灾害保险支出和灾害损失。探索建立重大自然灾害风险保险和农业大灾风险保险分散机制，健全保险经营机构与灾害预报部门、农业主管部门的合作机制。鼓励开展特色农业保险和农产品安全责任保险。在有效控制金融风险的前提下，大力推进科技保险、"政银保"贷款保证保险，支持开展多种形式的互助合作保险。探索保险资金投资我省创业投资基金、私募股权基金的有效途径。

（四）改善民生金融服务

大力发展农村民生金融业务，发挥创业担保贷款的政策扶持作用，完善创业担保贷款管理办法，切实加大对符合条件的城镇登记失业人员、就业困难人员、高校毕业生（含服务基层项目大学生和留学回国学生）、返乡创业农民工、妇女、残疾人等重点群体，以及符合规定条件小微企业的信贷支持力度。稳步扩大创业担保贷款规模，拓宽业务覆盖面。完善生源地助学贷款政策，适当提高助学贷款的资助标准，提高助学贷款满足率。开发适合残疾人、老年人等特殊群体特点的金融产品，引导有条件的金融机构设立无障碍服务网点，完善电子服务渠道，探索实施特殊人群上门服务。加大保障性住房金融支持，优先满足居民首套和改善性住房贷款需求。创新供应链金融、消费金融等适合现阶段弱势群体金融需求特点的信贷技术。规范金融机构经营行为，推进金融服务收费规范化、标准化、分类化建设。最大限度地调整、合并、取消各种同质同类的服务收费项目，缩短企业融资链条，降低企业融资成本。

五、全力推进金融扶贫打好脱贫攻坚战

（一）加大金融扶贫资金投入

在普惠金融政策基础上，对扶贫开发实施倾斜性金融政策，力推精准扶贫、精准脱贫。实施扶贫信贷工程，用好支农再贷款、扶贫再贷款以及各种政策性贷款支持扶贫工作，完善商业性金融综合服务，有效发挥各类金融机构独特优势，持续加大金融资源投入，保持贫困地区、贫困户信贷投入总量持续增长，实现信贷资金投放与脱贫攻坚项目计划、进度要求相匹配。对符合条件建档立卡贫困户的有效信贷需求实行扶贫小额信贷全覆盖，实现贫困地区各项贷款增速高于全省各项贷款平均增速，贫困户贷款增速高于农户贷款平均增速。合理确定扶贫再贷款使用期限，扶贫再贷款执行比支农再贷款更优惠的利率，为金融机构支持脱贫攻坚提供稳定低成本资金来源。优化调整贫困地区贷款结构，鼓励开发性、政策性金融机构增加中长期贷款，引导商业性银行业金融机构在风险可控、商业可持续的前提下加大对贫困地区基础设施建设的支持力度，进一步提高中长期贷款比重，推动贫困地区基础设施早建成、早见效、见长效。

（二）精准聚焦扶贫重点领域

精准对接扶贫对象和扶贫项目的融资需求，突出重点、分类施策。着力满足符合条件建档立卡贫困户的扶贫小额信贷需求，以乡镇为单位全面实行银行"包干服务"制度，保证信贷资金精准到户。加大对产业扶贫、电商扶贫、乡村旅游扶贫、光伏扶贫等特色产业项目的信贷支持，积极支持能吸收贫困人口就业、带动贫困人口增收的特色产业发展。做好易地扶贫搬迁金融服务，精准对接易地扶贫搬迁的贫困人口安置、安居和就业创业各阶段的金融服务需求。加大对 2 个贫困人口集中的市（菏泽、临沂）、20 个脱贫任务比较重的县（市、区）、200 个重点扶持乡镇、2000 个扶贫工作重点村等重点地区脱贫攻坚的支持力度。支持贫困地区交通、水利、电力、能源、生态环境建设等基础设施和文化、医疗、卫生等基本公共服务项目建设，支持农村危房改造、人居环境整治、新农村建设等民生工程建设。推进实施教育扶贫，加大对贫困家庭学生助学贷款、贫困人口创业就业的信贷支持力度。稳步拓宽精准扶贫多元化融资渠道，鼓励保险资金以债权、股权、资产支持计划等多种形式，积极参与贫困地区基础设施、重点产业和民生工程建设，从大病扶贫、农险扶贫、产业扶贫等方面发挥保险在精准扶贫中的作用。

（三）完善金融扶贫工作机制

实施多方联动增信工程，鼓励市、县级政府设立扶贫贷款风险贴息和补偿基金，

建立"政府＋担保＋银行＋保险"四方联动机制，完善金融扶贫工作推进、成效考核、监测统计等机制建设。建立健全与脱贫攻坚战相适应的金融服务体制机制，找准服务定位，发挥好开发性金融、政策性金融和商业性金融在扶贫开发中的互补作用。鼓励国开行、农发行加大贫困地区基础设施、公共服务设施、移民搬迁、生态保护、教育扶贫、黄河滩区脱贫迁建、彭楼灌区扩建工程等领域的资金投放，支持改善贫困地区、贫困人口生产生活条件。支持其他涉农银行业金融机构成立扶贫工作专门组织体系，建立扶贫专项工作机制，对目标任务、责任划分、进度计划、信贷政策、业务授权、金融创新、资源配置、跟踪督察等进行统筹安排。支持商业银行以政策扶持为支撑，主动对接扶贫开发项目，通过市场机制加大对贫困地区主导产业、优势产业、农业现代化以及新型农业经营主体发展规模化生产的支持力度。

六、打造国内领先的普惠金融基础设施

（一）优化农村支付环境建设

规范"村村通"金融服务点，提升服务功能，支持银行机构在乡村布放 POS 机、自动柜员机等电子机具，充分利用移动互联网技术，进一步向乡村延伸银行卡受理网络。鼓励银行机构和非银行支付机构面向全省农村地区提供安全、可靠的网上支付、手机支付等移动金融服务，开展金融 IC 卡技术创新，拓展金融 IC 卡在公共交通等公共服务领域的应用。支持网络支付机构与电子商务平台对接，拓展医疗卫生、交通罚款、生活缴费等公共缴费市场，提供小额、便民、快捷的支付服务。支持村镇银行等农村金融服务机构和网点采取灵活、便捷的方式接入人民银行支付系统或其他专业化支付清算系统。鼓励商业银行代理农村地区金融服务机构支付结算业务。支持农村支付服务市场主体多元化发展。探索通过财政补贴、降低电信资费等方式，支持偏远、特困地区的支付服务网络建设。

（二）健全普惠金融信用信息体系

落实《山东省社会信用体系建设工作方案》要求，以农村和小微企业征信数据库建设为切入点，加快推进农户、小微企业和城镇低收入人群等电子信用档案建设，加强信用信息归集和管理工作，持续开展小微企业信用评价和"信用户""信用村""信用乡镇"评定及结果应用，提高信用信息建档率，到 2020 年，实现全省农户和企业信用信息采集和查询服务全覆盖。加快推进全省信用体系建设，公安、司法、工商、海关、环保、人力资源和社会保障、住房和城乡建设、质监、农业、交通运输、公用事业、卫生计生等部门利用现有信息化系统，依法采集农户、城镇低收入人群和小微企业的政务信息，通过省公共信用信息平台及山东省域征信服务平台，推动政务信息与金融信息互联互通。积极培育从事小微企业和农民征信业务的征信和评级机构，支持有资质的征信机构、信用评级机构依法采集信用信息，构建多元化信用信息收集渠道。扩充金融信用信息基础数据库接入机构，稳步推进符合条件

的保险机构、村镇银行、小额贷款公司、民间资本管理机构、民间融资登记服务机构、融资性担保机构、融资租赁企业、典当企业、互联网金融机构等接入人民银行征信系统，降低普惠金融服务对象征信成本。

（三）建立普惠金融监测统计体系

加强普惠金融指标设计和基础数据统计，科学设定普惠金融发展指标内容，在整合现有各部门涉及的普惠金融管理数据基础上，建立涵盖金融服务可得情况、使用情况、服务质量的符合山东实际的统计指标体系。开展普惠金融专项调查和统计，探索将普惠金融服务调查纳入社会人口、经济普查等调查活动，全面掌握普惠金融服务基础数据和信息。建立普惠金融发展动态评估和考核机制，从区域和机构两个维度，对普惠金融发展情况进行全面评价，督促持续改进普惠金融服务工作。

（四）构建专业化金融服务中介体系

注重发挥齐鲁农村产权交易中心作用，建立健全省市县三级农村产权要素交易平台，有效归集利用农村产权登记信息；建立健全土地经营权、宅基地使用权、林权等各类产权要素的确权颁证、价值评估、抵押登记、交易流转和风险处置机制，有效盘活农村现有资源。探索建立以互联网为基础的集中统一的自助式动产、权利抵质押登记平台，推动开展动产抵质押融资业务。建立省级农业保险管理信息平台，有效对接全国农业保险管理信息平台。培育发展农村资产评估、资信评级、融资咨询、保险经纪等中介服务组织，逐步构建专业化的中介服务体系。

七、健全普惠金融政策激励和风险补偿机制

（一）强化发展普惠金融的政策激励

充分发挥财政资金引领和杠杆作用，逐步优化我省金融发展资金管理办法，重点向普惠金融领域倾斜。完善农村金融机构定向费用补贴、县域金融机构涉农贷款增量奖补政策，引导和鼓励金融机构加大对"三农"信贷投放，扩大农村金融服务覆盖面。认真落实中央财政林业贷款贴息政策，优化财政涉农资金供给机制，支持贫困地区统筹整合使用财政涉农资金。进一步发挥创业担保贷款、小额扶贫信贷等政策优势，服务下岗再就业人员、返乡农民工、大学生创业、贫困人口等就业困难群体。积极支持中小企业拓宽融资渠道，对在境内外资本市场上市或在全国中小企业股份转让系统、区域性股权交易市场挂牌的涉农和中小微企业，按有关规定进行奖励。鼓励各级财政通过贷款贴息、风险补偿、以奖代补等政策措施，激励和引导各类机构加大对小微企业、"三农"和民生尤其是精准扶贫等领域的支持力度。鼓励有条件的市、县（市、区），对在县域及以下新设专门服务于"三农"、小微企业、科创企业等普惠群体的专营机构、特色支行、保险公司营销服务部、营业部，按规定给予一次性新设奖励，对金融机构注册登记、房产确权评估等给予政策支持。严格落实小微企业和"三农"贷款相关税收优惠和补贴扶持政策，对普惠金融成效明

显、贡献突出的金融机构，在税收优惠、财政奖励等各方面给予政策倾斜。

（二）完善风险分担补偿机制

完善省市县级小微企业、"三农"等风险分担与补偿机制，推广企业、政府、银行和保险、担保等机构相互合作的金融服务命运共同体模式，优化普惠金融服务的配套机制。落实有关政策要求，对符合条件的小微企业、涉农企业和扶贫贷款损失，由担保机构、合作银行和财政资金，按分担比例共同承担。积极推动"政银保"合作模式，鼓励金融机构通过保险增信扩大对中小微企业、农业种养大户和农村各类生产经营性合作组织以及城乡创业者的信贷投放，财政部门按有关规定给予保费补贴、超额风险补偿及贷款本金损失补偿。建立从事小额信贷业务金融机构的风险补偿和正向激励机制，完善政府主导的多层次农业信贷担保体系，鼓励银行机构与具有政策性背景的担保机构开展业务合作，构建政银担合作新模式。

（三）严密防控金融风险

各级政府要切实承担起金融风险防控和处置第一责任人的责任，加强对各类金融风险的监测预警，加大各类风险隐患排查和化解力度，及时开展重点领域金融风险专项整治，严厉打击非法集资、非法证券等违法违规金融活动和金融欺诈行为，整顿规范金融秩序，依法妥善处置金融风险事件，加强金融风险舆情应对，筑牢金融风险"防火墙"，防止风险传染，坚决守住不发生系统性金融风险的底线。落实地方政府维护区域金融生态环境的主体责任，加大对恶意逃废债、暴力催收等危害地方金融生态环境行为的打击力度，加强失信行为惩戒，维护良好的金融生态环境。创新完善诉讼外金融纠纷处置工作机制，提高金融纠纷案件审结效率，解决金融案件积压和执行难问题。

八、发挥中央金融监管与地方金融监管的政策合力

（一）发挥货币政策引导作用

积极运用差别化存款准备金等货币政策工具，鼓励和引导金融机构更多地将新增或者盘活的金融资源配置到小微企业和"三农"等领域。完善再贷款、再贴现政策管理，进一步增强支农支小再贷款、扶贫再贷款、再贴现支持力度，加强再贷款、再贴现资金使用情况的监督和考评，引导金融机构扩大涉农、小微企业信贷投放，降低社会融资成本。积极运用信贷资产证券化、不良资产证券化、小微企业金融债、"三农"金融债等方式，提升金融机构支持小微企业和"三农"发展的资金实力，增加金融服务有效供给。

（二）实施差异化金融监管政策

强化正向激励导向，从业务和机构两个方面采取差别化监管政策，将普惠金融推进工作与监管评级、市场准入、高管履职评价等挂钩，引导金融机构将金融资源向普惠金融薄弱群体和领域倾斜。推动落实有关提高小微企业和"三农"不良贷款

容忍度的监管要求，落实尽职免责相关制度。对贫困地区设立分支机构和服务网点，实行更加宽松的准入政策。加强对小微企业和"三农"贷款服务、考核和核销方式的创新，用好用足核销政策。积极发挥全国中小企业股份转让系统、区域性股权市场、债券市场和期货市场作用，引导证券投资基金、私募股权投资基金、创业投资基金增加有效供给，丰富中小企业和"三农"的融资方式。支持保险公司开拓县域市场，对其在县域基层或落后地区设立分支机构适度放宽条件、优先审批。

（三）健全完善地方金融监管体系

推动《山东省地方金融条例》贯彻实施，完善地方金融组织监管细则和考核奖励办法，引导推动小额贷款、融资担保、民间融资、交易市场、农村信用互助等地方金融组织不断放大普惠金融服务功能。促进互联网金融规范发展，制定出台 P2P 网络借贷、互联网私募股权等监管细则，建立健全衔接紧密、切实有效的互联网金融监管服务体系，为充分发挥互联网金融普惠作用创造条件。

（四）加强政策措施协调配合

加强各类政策的衔接和配合，统筹整合各类普惠金融发展扶持政策，增强各项政策的一致性和系统性，共筑政策支撑合力。建立多部门、跨行业的普惠金融发展联席会议机制，加强驻地中央金融监管部门和地方金融监管部门的协调配合，提高金融监管政策的实施效果。完善普惠金融发展信息交流共享平台和普惠金融运行分析、执法协作平台，加快形成条块结合、运转高效、无缝衔接、全面覆盖的普惠金融发展监管协调机制，着力提升监管有效性。

九、构筑普惠金融教育与消费者权益保护长效机制

（一）加大金融知识普及宣传力度

加强金融知识普及教育系统规划，统筹政府措施和民间行动，建立以各级政府为主导、消费者权益保护部门为依托、金融机构广泛参与、各类社会组织积极活动的全民全面金融知识教育模式，广泛利用电视广播、书刊杂志、数字媒体等渠道，多层面、广角度长期有效普及金融基础知识。实施基础金融知识扫盲工程，针对城镇低收入人群、失业人员、困难人群，以及农村贫困人口、创业农民、创业大中专学生、残疾劳动者等初始创业者开展专项教育，使其掌握符合需求的金融知识，推动金融知识进社区、进企业、进乡村。注重培养社会公众的信用意识和契约精神。建立金融知识教育发展长效机制，将金融知识宣传和投资者教育逐步纳入国民教育体系，推动大中小学积极开展金融知识普及教育，鼓励高校开设金融基础知识相关公共课。

（二）培育金融消费者风险防范意识

持续开展"金融知识进万家""金融知识普及月""3·15 金融消费者权益日"和"保险公众宣传日"等活动，强化金融风险宣传教育，提高公众金融风险防范意

识。以金融创新业务为重点，针对金融案件高发领域，运用各种新闻信息媒介开展金融风险宣传教育，提高公众对非法集资行为的认知度和辨识度，增强群众风险防范意识与能力。推动培养金融消费者"收益自享、风险自担"观念，重点加强与金融消费者权益有关的信息披露和风险提示，引导金融消费者根据自身风险承受能力和金融产品风险特征理性投资与消费。

（三）加强金融消费者权益保护

督促金融机构落实在客户权益保护方面的义务与责任，切实担负起受理、处理金融消费纠纷的主体责任，不断完善工作机制，改进服务质量。建立完善金融消费者权益保护协调机制、金融消费者权益争议处理机制和监管执法合作机制。畅通金融机构、行业协会、监管部门、仲裁、诉讼等金融消费争议解决渠道，发挥非诉第三方社会组织在解决金融纠纷中的重要作用，逐步建立符合基层实际的多元化金融消费纠纷解决机制。强化行业自律。加强金融消费者权益保护监督检查，及时查处侵害金融消费者合法权益行为。

十、完善普惠金融发展保障机制

（一）加强组织保障

建立省金融办、山东银监局、人民银行济南分行、省扶贫办、省发展改革委、省经济和信息化委、省民政厅、省财政厅、省农业厅、省商务厅、省林业厅、省公安厅、省人力资源和社会保障厅、省教育厅、省残联、山东证监局、山东保监局等单位共同参加的山东省推进普惠金融发展工作联席会议制度，统筹推进普惠金融工作，制定普惠金融发展政策，协调解决重大问题，推进规划实施和政策落实，防范化解金融风险。联席会议办公室设在省金融办，具体负责联席会议日常工作，各成员单位按照工作职责各负其责、协同推进，根据职责分工完善并推动落实各项配套政策措施。各市要加强组织领导，建立相应的普惠金融发展工作协调机制，结合本地经济金融发展实际，制订具体落实方案，细化支持政策和配套措施，扎实推进各项工作。工作推进中出现的新情况、新问题要及时报联席会议办公室。

（二）实施专项工程

围绕普惠金融发展重点领域、重点人群，集合资源，大力推进金融知识扫盲工程、移动金融工程、就业创业金融服务工程、金融扶贫工程、大学生助学贷款工程等专项工程，促进普惠金融加快发展。各市可在风险可控、依法合规的条件下，探索普惠金融创新先行先试，探索发挥基层组织在推进普惠金融发展中的作用。

（三）强化政策监督落实

研究建立普惠金融发展统计指标体系，制定普惠金融发展考核评价标准。将推进普惠金融发展工作纳入全省金融业发展绩效考核框架。建立推进普惠金融发展监测评估体系和统计信息共享机制，加强对推进普惠金融发展的动态监测与跟踪分析，适时对普惠金融发展贯彻落实情况、目标完成情况进行督导检查。

各市、各有关部门要结合各自实际，制定本地、本部门具体落实意见，切实加大普惠金融发展的推进力度。

山东省人民政府

2017 年 6 月 16 日

参考文献

［1］孙国茂，李猛．网络借贷模式异化与普惠金融使命漂移［J］．金融发展研究，2017（12）：3－12．

［2］孙国茂，李猛．区块链技术在个人征信领域应用研究——基于数字普惠金融视角［J］．公司金融研究，2017（1）．

［3］孙国茂．金融改革的目标是实现金融服务的普惠性［J］．国际融资，2017（11）：29－30．

［4］孙国茂．区块链技术的本质特征及在证券业的应用［N］．上海证券报，2017－02－08（008）．

［5］孙国茂．降低M2增速并不等同于去杠杆［N］．上海证券报，2017－07－20（012）．

［6］孙国茂，孙同岩．金融相关比率、证券化率与全要素生产率的关系研究——以山东省数据为例［J］．山东社会科学，2017，（03）：89－95．

［7］孙国茂．民间投资下降为哪般？［N］．中国城市报，2016－08－29（007）．

［8］孙国茂．尽快推进普惠金融制度体系建设［N］．经济参考报，2017－03－03（008）．

［9］孙国茂．P2P问题平台的风险特征与原因［N］．证券时报，2016－09－08（A11）．

［10］孙国茂．互联网金融：本质、现状与趋势［J］．理论学刊，2015，（03）：44－57．

［11］孙国茂，陈国文．大学教育基金管理问题及对策研究［J］．清华大学教育研究，2015，（05）：53－59．

［12］孙国茂，陈国文．金融业利润增长对制造业的影响［J］．中国工业经济，2014，（04）：45－57．

［13］孙国茂，陈国文．商品价格特点变化及原因研究［J］．宏观经济研究，2015，（04）：60－70．

［14］孙国茂，范跃进．金融中心的本质、功能与路径选择［J］．管理世界，2013，（11）：1－13．

［15］孙国茂．从根本上改革股票发行制度［J］．理论学刊，2014，（03）：50－60．

［16］孙国茂．金融创新的本质、特征与路径选择——基于资本市场的视角［J］．理论学刊，2013，（06）：35－42＋127．

［17］孙国茂．经济发展需要"金融深化"［N］．上海证券报，2006－04－11（A09）．

［18］孙国茂．经济发展中的金融深化研究——山东经济发展中的问题与对策［J］．东岳论丛，2006，（01）：85－89．

［19］孙国茂．企业年金进入证券市场的制度性条件研究［J］．东岳论丛，2012，（01）：145－151．

［20］孙国茂．上海股票市场IPO定价实证分析［J］．上海经济研究，2003，（10）：26－34．

［21］孙国茂．释放资本市场改革的更大红利［N］．人民日报，2014－10－29（007）．

［22］孙国茂．中国股市与经济运行背离的原因分析［J］．理论学刊，2012，（02）：49 - 53 + 128.

［23］孙国茂．中国式庞氏融资的成因及治理研究［J］．山东社会科学，2012，（02）：134 - 139.

［24］孙国茂．山东省互联网金融发展报告［M］．北京：中国金融出版社，2015.

［25］孙国茂．山东省互联网金融发展报告［M］．北京：中国金融出版社，2016.

［26］孙国茂．山东省互联网金融发展报告［M］．北京：中国金融出版社，2017.

［27］白澄宇．普惠金融体系下的扶贫小额信贷微型金融与农村扶贫开发［M］．北京：中国财政经济出版社，2009.

［28］蔡彤，唐录天，郭亮．以小额信贷为载体发展普惠金融的实践与思考［J］．甘肃金融，2010（10）：22 - 24.

［29］蔡洋萍，谢冰．我国农村普惠金融内生化发展机理、障碍及对策研究［J］．金融与经济，2016（2）.

［30］蔡洋萍．我国农村普惠金融内生化发展现状、障碍及对策研究［J］．浙江金融，2016（1）.

［31］曹凤岐．建立多层次农村普惠金融体系［J］．农村金融研究，2010（10）：64 - 67.

［32］陈华，李国峰．互联网金融：现状、存在问题及应对策略［J］．金融发展研究，2014（5）.

［33］大众理财顾问杂志社．P2P 借贷的逻辑［M］．北京：机械工业出版社，2016.1.

［34］戴宏伟，随志宽．中国普惠金融体系的构建与最新进展［J］．理论导刊，2014（5）：48 - 53.

［35］杜晓山．发展农村普惠金融的思路和对策［J］．金融教学与研究，2015（3）：3 - 12.

［36］杜晓山．建立普惠金融体系［J］．中国金融家，2009（1）：140 - 142.

［37］杜晓山．小额信贷的发展与普惠性金融体系框架［J］．中国农村经济，2006（8）：70 - 73.

［38］杜晓山．小额信贷与普惠金融体系［J］．中国金融，2010（10）：14 - 15.

［39］樊月英．小微金融机构与普惠金融问题研究——以山西晋中为例［J］．华北金融，2014（10）：58 - 60.

［40］范秀红．国外普惠金融发展实践［J］．中国金融，2014（22）：71 - 72.

［41］范秀红．国外普惠金融可持续发展对我国的启示［J］．经济研究参考，2014（59）：93 - 96.

［42］高阳．中国农村普惠金融目标实现路径研究［M］．山东人民出版社，2014.

［43］郭田勇，丁潇．普惠金融的国际比较研究——基于银行服务的视角［J］．国际金融研究，2015（2）：55 - 64.

［44］郭兴平．基于电子化金融服务创新的普惠型农村金融体系重构研究［J］．财贸经济，2010（3）：13 - 19.

［45］韩俊．建立普惠型的农村金融体系［J］．中国金融，2010（3）：11 - 12.

［46］何德旭，苗文龙．金融排斥、金融包容与中国普惠金融制度的构建［J］．财贸经济，2015（3）：5 - 16.

［47］何广文．建立普惠金融体系应搞活小额信贷［N］．中国经济时报，2010 - 01 - 12.

［48］胡国晖，雷颖慧．基于商业银行作用及运作模式的普惠金融体系构建［J］．商业研究，2012（1）：91 - 95.

［49］胡智强．普惠金融视野下我国民间借贷的发展与规制［J］．审计与经济研究，2014（3）：3 - 9.

［50］黄国平，伍旭川．中国网络信贷行业发展报告：P2P 网贷平台风险评级与分析［R］．北京：社会科学文献出版社，2015.4.

［51］焦瑾璞，黄亭亭，汪天都，等. 中国普惠金融发展进程及实证研究［J］. 上海金融，2015（4）：12－22.

［52］焦瑾璞. 构建普惠金融体系的重要性［J］. 中国金融，2010（10）：12－13.

［53］焦瑾璞. 普惠金融的国际经验［J］. 中国金融，2014（10）：68－70.

［54］鞠荣华，何广文. 担保创新让农村普惠金融越来越近——基于江苏姜堰农商行金阳光富民担保模式的调查［J］. 农村工作通讯，2015（3）：54－56.

［55］李爱君. 互联网金融法律与实务［M］. 北京：清华大学出版社，2015.

［56］李东荣. 以移动金融促普惠金融发展［J］. 中国金融，2014（18）：10－11.

［57］李明贤，樊英. 普惠金融目标实现的企业组织形式创新研究［J］. 银行家，2010（11）：96－99.

［58］李明贤，叶慧敏. 普惠金融与小额信贷的比较研究［J］. 农业经济问题，2012（9）.

［59］梁骞，朱博文. 普惠金融的国外研究现状与启示——基于小额信贷的视角［J］. 中央财经大学学报，2014，1（6）：38－44.

［60］刘政. 关于互联网金融法律监管问题的探讨［J］. 中国市场，2015（27）：146－147.

［61］马延霞，潘璐. 普惠金融视阈下的社区银行发展研究［J］. 山东社会科学，2016（5）.

［62］潘士远，罗德明. 民间金融与经济发展［J］. 金融研究，2006（4）：134－141.

［63］邱洪涛. 从供需双视角看基层普惠金融［J］. 金融发展研究，2015（2）：81－88.

［64］沈炳熙. 普惠金融：寻求政府与金融机构"合力"［J］. 当代金融家，2014（2）：71－73.

［65］唐宁. 发展普惠金融的三部曲与三支撑［J］. 清华金融评论，2014（7）.

［66］万联供应链金融研究院. 中国供应链金融白皮书（2017）［R］. 2017.

［67］王安军，王广明. 贫困地区金融供求分析与建立普惠金融服务体系的建议［J］. 海南金融，2007（8）：68－71.

［68］王婧，胡国晖. 中国普惠金融的发展评价及影响因素分析［J］. 金融论坛，2013（6）：31－36.

［69］王丽艳. "金智惠民"创业贷款模式：普惠金融的实践与思考［J］. 金融研究，2008（2）.

［70］王睿，明悦，蒲勇健. 普惠性金融体系下中国农村小额信贷机构的研究分析［J］. 重庆大学学报：社会科学版，2008，14（5）：28－34.

［71］王曙光，孔新雅，张棋尧. 将互联网金融思维植入普惠金融［J］. 中国金融家，2014（6）.

［72］王雪玉. 普而不惠何以称"普惠金融"？［J］. 金融科技时代，2014（7）：14－14.

［73］王兆茹. 普惠金融理念下我国小额信贷监管法律问题研究［D］. 西南财经大学，2014.

［74］吴国华. 进一步完善中国农村普惠金融体系［J］. 经济社会体制比较，2013（4）：32－45.

［75］吴晓灵. 构建普惠金融体系，促进社会和谐发展［N］. 金融时报，2010－08－03.

［76］武文全. 山西省小微金融机构发展普惠金融情况的探索与思考［J］. 时代金融，2015（11）.

［77］夏园园. 普惠金融视角下小额信贷机制发展研究［J］. 湖北社会科学，2010（9）：88－91.

［78］谢平，邹传伟. 金融危机后有关金融监管改革的理论综述［J］. 金融研究，2010（2）：1－17.

［79］徐华. 把互联网金融和普惠金融更好融合起来［J］. 中国农村金融，2014（9）.

［80］晏海运. 中国普惠金融发展研究［D］. 中共中央党校，2013.

［81］杨琳，虞斌. 普惠金融文献综述［J］. 海南金融，2014（2）.

［82］壹零研究院. P2P网贷理财产品体验报告［R］. 北京：东方出版社，2015.6.

［83］壹零研究院．百变互联网理财．更多网络理财篇：互联网金融类产品体验报告［R］．北京：东方出版社．2015.6.

［84］张平．发展农村小额信贷，完善普惠金融体系建设［J］．开发研究，2011（2）：108－110.

［85］张亚枝．普惠金融视角下村镇银行信贷运行机制研究［D］．山东大学，2014.

［86］张郁．结构视角下中国农村普惠金融发展的现实困境与制度选择［J］．南方金融，2015（9）：91－95.

［87］郑振龙，林海．民间金融的利率期限结构和风险分析：来自标会的检验［J］．金融研究，2005（4）：133－143.

［88］郑中华，特日文．中国三元金融结构与普惠金融体系建设［J］．宏观经济研究，2014（7）：51－57.

［89］中国农业银行山东省分行课题组，宋秀峰，赵崇民．商业银行深化互联网金融服务的探索与思考［J］．金融发展研究，2014（3）：35－38.

［90］中国银监会合作部课题组．普惠金融发展的国际经验及借鉴［J］．国际金融，2014（3）：17－22.

［91］周立，陈桔．探索社会金融理论促进普惠金融建设［J］．银行家，2010（11）：92－95.

［92］周孟亮，李明贤，孙良顺．基于普惠金融视角的小额贷款公司发展研究［J］．西北农林科技大学学报：社会科学版，2012，12（4）：1－7.

［93］周孟亮，王琛．普惠金融与新型农村金融组织的目标重构［J］．农村经济，2014（10）：54－59.

［94］周孟亮，张国政．基于普惠金融视角的我国农村金融改革新方法［J］．中央财经大学学报，2009（6）：37－42.

［95］周源．互联网金融的普惠特征［J］．中国金融，2014（8）：86－86.

［96］年志远，贾楠．互联网金融监管与传统金融监管比较［J］．学术交流，2017（1）：117－122.

［97］庞敏，邱代坤．互联网金融风险产生的路径与防范对策分析［J］．理论探讨，2017（4）：116－120.

［98］鲁钊阳．论我国互联网金融市场准入法律制度的完善［J］．现代经济探讨，2017（2）：88－92.

［99］徐卫东，郭千钰．互联网金融监管困境及其破解——基于众筹金融视阈的分析［J］．当代经济研究，2017（1）：89－96.

［100］赵增奎．以区块链技术推动互联网金融稳健发展研究［J］．经济纵横，2017（11）：112－117.

［101］张屹山，王大明．互联网金融过度创新风险的随机监管研究［J］．经济纵横，2017（7）：100－105.

［102］潘静．从政府中心规制到社会共治：互联网金融治理的新视野［J］．法律科学（西北政法大学学报），2018（1）：67－77.

［103］袁达松，刘华春．互联网金融信息披露豁免制度的建构［J］．国家行政学院学报，2017（3）：92－96.

［104］黎来芳，牛尊．互联网金融风险分析及监管建议［J］．宏观经济管理，2017（1）：52－54.

［105］姚珊珊，滕建州，王元．我国互联网金融发展的问题与对策［J］．税务与经济，2017（2）：

25 – 29.

［106］艾瑞咨询.2017 年中国互联网金融行业发展报告［R］.2017.12.

［107］艾瑞咨询.2017 年中国互联网消费金融行业报告［R］.2018.1.

［108］艾瑞咨询.2017 年众筹行业年报［R］.2018.1.

［109］网贷之家.2017 年中国网络借贷行业年报［R］.2018.1.

［110］第一网贷.2017 年 P2P 网贷行业年度报告［R］.2018.1.

金融科技：回归实体，规范发展

（代后记）

孙国茂

7月初，中国人民银行召集国家互联网金融风险专项整治工作领导小组成员单位召开了一次不同不寻常的会议。这次会议目的是贯彻落实党中央、国务院关于打好防范化解重大风险攻坚战的决策部署和新一届国务院金融稳定发展委员会第一次会议精神，对下一阶段互联网金融风险专项整治工作进行部署和动员。这次会议向社会公众释放了一个重要信息：国家对互联网金融风险的专项整治工作还将持续1～2年。

国家之所以下大力气对互联网金融风险进行专项整治，是因为自2017年以来，各种互联网金融风险不断爆发。进入2018年后，以P2P网络借贷为代表的问题平台数量不断增加，出现了一些大型P2P网络借贷平台"爆雷"现象。统计显示，2018年6月问题平台多达60多家，进入7月更是出现一些百亿级别的大平台发生"爆雷"。大量的P2P网络借贷平台风险爆发，无论是对于投资者、监管部门，还是对于社会，都是一个可能引发系统性风险爆发的因素。对于P2P网络借贷行业来说，已经无法再用以往"大规模、大平台"的眼光去判断风险与否。P2P网络借贷平台风险集中爆发的现象说明，在现实情况下监管部门必须对互联网金融行业进行持续的专项整治。

其实，国家对互联网金融风险开展专项整治工作始于两年多前。2016年4月，国务院出台了《互联网金融风险专项整治工作实施方案》。按照方案，国务院成立了互联网金融风险专项整治工作领导小组；专项整治工作的摸底排查于2016年7月底完成；清理整顿工作及同步进行的督查和评估工作于2016年11月底前完成；专项整治验收总结工作于2017年3月底前完成，领导小组对各领域、各地区清理整顿情况进行验收，并由领导小组办公室汇总形成总体报告和建立健全互联网金融监管长效机制的建议。但是，2017年7月召开的第五次全国金融工作会议决定设立国务院金融稳定发展委员会，这意味着，我国的金融监管模式将发生重大改革，金融的所有业务都要纳入监管，坚持问题导向，实行综合监管，突出功能监管和行为监管，强化金融监管的专业性、统一性和穿透性。习近平总书记在金融工作会议上也提出要"加强互联网金融监管"。党的十九大提出守住不发生系统性风险的底线，是对全国金融工作会议精神的延续，再一次强调了金融监管的必要性。

尽管开展专项整治工作开展以来，互联网金融总体风险水平显著下降，监管制度体系逐步完善，行业野蛮生长和无序发展的局面有所改善，但是，互联网金融领域风险防范化解任务仍然艰巨，适应互联网金融特点的监管体制机制有待进一步完善。当前，国家对互联网金融专项整治工作进入关键阶段，在强监管和防风险的大背景下，互联网金融发展仍然面临着四大风险。一是流动性风险。以P2P网络借贷为代表的互联网金融机构往往是通过高收益、高流动性产品吸引更多的投资者，看似诱人的回报背后实际隐藏着时间错配问题，从而导致流动性风险。在当下专项整治情况下，一旦投资者发生赎回行为，P2P网络借贷平台很难应对。加之互联网金融投融资者数量庞大，大部分投融资者不具备起码的金融专业知识，风险承受能力较差，容易给互联网金融机构带来流动性风险。二是经济下行给互联网金融各参与方带来的经营风险。随着实体经济下行和金融风险的增加，中小企业经营更加困难，债务违约可能性增大，导致互联网金融平台对接的主要资产质量下降，逾期率和不良率上升。同时，普通投资者情绪和市场预期波动增大，资金流不稳定性提高，使得平台经营压力持续增加。三是合规转型期的转型风险。在合规化转型过程中，有一部分从业机构试图继续经营，但因前期存在期限错配、资金池、大额标的等不规范经营行为，导致积累的风险敞口较大，转型难度高，无法平稳退出，可能引发社会问题和金融风险。四是严监管下风险处置期的次生风险。当前，互联网金融风险专项整治进入清理整顿阶段，由于互联网金融风险涉众性、交叉性和传染性较强，风险处置过程中可能产生跨机构、跨区域、跨市场的连锁反应。

互联网金融的上述风险决定了行业专项整治不会一蹴而就。十九大提出的三大攻坚战，防范化解重大风险尤其是金融风险是当前及今后一段时间的首要工作任务。互联网金融风险是金融风险的重要方面，国务院决策部署再用1到2年时间完成互联网金融风险专项整治，化解存量风险，消除风险隐患，初步建立适应互联网金融特点的监管制度体系十分必要。随着监管的不断完善和逐步升级，一大批互联网金融平台主动或者被迫退出市场，行业发展正趋向成熟化、理性化。从目前现状来看，国内互联网金融行业短期内将迎来四大趋势。

第一，互联网金监管趋于规范化，合规经营将成为互联网金融行业持续发展的基础。自 2015 年 7 月中国人民银行等十部委《关于促进互联网金融健康发展的指导意见》出台后，中国互联网金融行业就开始回归普惠金融的本质。进入行业专项整治后，随着金融监管部门一系列监管措施的出台，整个行业开始从"脱实向虚"重回服务实体经济的轨道，普惠金融得到长足发展。从全国金融工作会议到大的十九大，越来越严、越来越细的监管措施释放出强烈的政策信号：合规是互联网金融行业生存的前提和发展的基石。经历了将长达几年的野蛮生长阶段，互联网金融平台的核心竞争力已不再是单纯的"高利率"，而是平台的合规化程度，这将成为平台吸引投资者、增强用户黏性的重要方式。

第二，人工智能技术的应用将成为互联网金融发展的重要趋势。金融的本质就是跨时间、跨空间的价值交换，技术创新对金融的影响也体现在跨时间、跨空间两个方面。早期的互联网金融更多的是将金融业务简单地应用到互联网上，利用互联网开放属性，打破传统金融与用户之间的信息不对称问题，实现精准匹配。但是随着互联网金融进入"下半场"，金融消费者更多地追求个性化金融需求和优质的金融服务。一些具有远见的互联网金融平台已经开始将人工智能、云计算、生物识别这些技术运用到互联网金融领域，以实现更加智能的金融服务，从而提升金融服务质量，这将成为互联网金融行业的一大趋势，是互联网金融机构实现差异化经营的重要路径。

第三，更加注重用户体验、更加开放。随着智能移动通信工具的普及，移动互联网已成人们日常生活的重要"伴侣"。以移动支付为切入口，伴随移动互联网与金融的深入结合，移动金融产品更加丰富和多样化，如移动基金、移动银行、移动保险等。通过手机移动端，人们足不出户便可享受"远方"的金融服务。同时，互联网金融也将变得更加开放，平台以开放的思维拥抱第三方合作者将成为重要发展趋势。"开放"已逐渐成为互联网金融平台的关键词，这与互联网所代表的开放精神和共享精神一脉相承。在"大竞合时代"，能够最后胜出的，一定是秉持开放思维，积极拥抱监管、合作机构的平台。

第四，互联网金融回归服务实体经济功能增强。金融的基本功能是资金融通，而现实中，金融交易最大的困难是信息不对称。以中小微企业融资为例，一边是中小微企业无法获得信贷资金，另一边是中国金融体系非常庞大的信贷资金不断流向影子银行。由于信息不对称等原因，中小微等企业很难得到传统金融机构的金融支持。互联网金融的出现恰好能有效解决信息不对称问题。通过利用互联网开放属性，能够将资金需求方和资金供给方需求实现透明化、精准对接，让资金流向最需要的中小微企业和低收入人群，从而实现服务实体经济。十九大提出要"深化金融体制改革，增强金融服务实体经济能力"，习近平总书记在全国金融工作会议上将服务实体经济作为金融天职和宗旨，在此背景下，回归服务实体经济也是互联网金融行业未来的发展趋势。

为了配合对国家互联网金融行业专项整治，适应互联网金融行业发展，我们将今年的报告更名为《山东省金融科技发展报告》。与以往连续三年的报告相比，今年我们又增加了第 5 章"区块链技术与数字货币发展报告"。整个报告第 1 章由孙国茂、杨杨编写；第 2 章由闫小敏、刘叶编写；第 3 章由孙国茂、孙婷婷编写；第 4 章由孙国茂、刘叶和姚丽婷编写；第 5 章由孙国茂、李猛编写；第 6 章和第 7 章由孙国茂、刘叶编写；第 8 章由杨杨编写；报告附录部分由刘叶编写和整理。整个报告由孙国茂审核定稿。

编写组对一如既往地感谢四年来以各种方式对《山东省金融科技发展报告》编写提供支持的机构和个人。由衷地感激中国社科院金融研究所所长助理、国家金融与发展实验室副主任杨涛教授对编写组的悉心指导并本报告作序；感谢中国金融出版社编辑肖丽敏四年来为报告编辑和出版所付出的心血和耐心。

孙国茂

2018 年 8 月 8 日于江西宜春明月山